스파르타! 파이썬 포렌식
:쉽고, 빠르고, 강력한 무기

Python Forensics
A Workbench for Inventing and Sharing
Digital Forensic Technology

by Chet Hosmer

Copyright © 2014 Elsevier Inc.
ISBN: 9780124186767
Translated Edition ISBN: 978-89-94774-94-7
Publication Date in Korea: April 28, 2015
Translation Copyright © 2015 by Elsevier Korea L.L.C

Translated by Bjpublic
Printed in Korea

SYNGRESS

쉽고 빠른 파이썬으로 강력한 포렌식 도구 만들기

파이썬 포렌식

쳇 호스머 지음   이은희 옮김

SYNGRESS

BJPUBLIC

서문

2008년 6월 16일 케일리 앤서니 2세의 집에서 인터넷 사용자가 질식 용어에 대해 검색을 했다. 잠시 후, 동일한 사용자가 케이시 앤서니의 프로필과 함께 마이스페이스(MySpace) 웹사이트에 접속했다. 몇 달 후 경찰은 어린 소녀의 부패된 유해를 발견했다. 검찰은 일급 살인으로 케이시 앤서니를 체포했고 3년 후에 그녀는 재판을 받았다. 재판은 6개월 동안 지속되었고, 이 사건과 관련된 400조각 이상의 고유한 증거가 있었다. 하지만 안타깝게도 컴퓨터 검색의 세부사항은 증거로 채택되지 않았다. 컴퓨터 포렌식 조사관은 브라우저 이력 결과를 검색할 수 있는 도구를 사용했는데, 해당 도구를 사용할 때 단지 인터넷 익스플로러 브라우저 기록만 검색했고 파이어 폭스 브라우저는 검색하지 않았다. 이 이야기의 교훈은 우리가 도구를 사용할 때, 그것이 어떻게 작동하는지에 대해 우리가 이해하는 선 안에서만 사용한다는 것이다.

우리는 컴퓨터 포렌식 조사관의 실패와는 대조적으로, 우리에게 가장 두려운 군사력을 고려해 보자 — 스파르타 군대의 힘은 군인들의 전문성에서 비롯되었다. 엘리트 전사는 어릴 때부터, 하나의 직업을 배웠다 — 그들은 전쟁을 치르기 위해 무기와 갑옷의 품질을 중요시했다. 발급된 자신의 무기와 갑옷을 전쟁에 가져가는 것은 모든 스파르타 전사의 책임이었다. 아버지는 전투에 들어가기 전에 자신의 아들들에게 이러한 무기를 건네주었다. 이처럼, 다음 페이지에서 쳇 호스머(Chet Hosmer)는 현대적인 도구와 무기를 독자들에게 전달한다. 포렌식 수사관으로서, 여러분의 지형은 테르모필레의 패스 대신에 하드 드라이브의 할당되지 않은 공간을 포함할 수 있을 것이다. 그러면 마치 스파르타 장로처럼 쳇은 자신의 도구를 연마하는 방법을 가르쳐줄 것이다. 여러분 자신의 무기를 구축하는 것은, 브라우저 가공품을 분실한 위의 포렌식 조사관의 실수를 되풀이하지 않게 하기 위함이다.

각 장에서는 해시, 키워드 검색, 메타 데이터, 자연어 처리, 네트워크 분석, 클라우드 다중 처리 활용 등에 대해 다룬다. 쳇은 파이썬 프로그램 언어로 여러분 자신의 무기를 만들 수 있도록 가르치면서 흥미로운 주제의 범위를 다룬다. 유티카 대학의 사이버 보안 대학원 프로그램에서 객원 교육자이자 실무자인 쳇은 마흔이 넘어서 사이버보안, 디지털 포렌식 및 정보 보증 연구 프로그램의 책임 연구원을 역임했고 국제적인 인정과 상을 받았다. 그는 스파르타의 원로들처럼, 자신의 지식을 새로운 유형의 전문가들의 성장을 위해 희망을 갖고 해석할 것이다. 그러니 다음 페이지를 즐겨라. 스파르타 전사들의 부인들은, 전투를 시작하자마자 승리의 방패와 함께 돌아온 남편들에 대해 이야기하곤 했다.

티제이 오코너

SANS Red&Blue 팀 사이버 관리자

추천사

"호스머는 포렌식 분석의 모든 수준에 대하여 뛰어난 파이썬 포렌식 가이드를 제공하는 것뿐만 아니라 풍부한 협업 환경의 기초를 제시하여 개인, 조직 및 포렌식 분야 전체적으로 역량을 상당히 증진시켰습니다. 이 책은 분석가, 수사관, 관리자, 연구자, 학자 등 디지털 포렌식에 관심이 있는 사람이라면 누구나 읽어야 합니다!"

- 미케일 듀런 (CISSP)

"디지털 포렌식 도구 및 업무 기술은 단지 부분적인 효력을 유지한 것을 신속하게 현재의 급속한 변화와 함께 변화할 것을 강요 받고 있습니다. 게다가 과거에 의지했던 기술은 빠르게 구식이 되고 있습니다. 그럼에도 불구하고 파이썬 언어는 새로운 도구와 방법을 제공하고 수사관에 의해 활용될 수 있는 최적의 위치 중 하나입니다. 『파이썬 포렌식』은 매우 알기 쉽게 시대를 앞서가는 책이며, 그렇기 때문에 초보자와 숙련된 수사관 모두를 위한 완벽한 책입니다. 챗 호스머는 독자가 오래된 기술을 새롭게 하고, 단계별 지침 제공에 의해 새로운 것을 만들고, 최대의 이해와 상황 인식을 위해 현명하게 정보를 구성하는 것을 돕는 훌륭한 일을 했습니다. 이 책으로부터 배우는 기술들은 여러분이 앞으로 몇 년간 사용할 수 있는 유연하고 혁신적인 툴킷을 개발하는 데 도움이 될 것입니다."

- 그렉 키퍼

"이 책은 포렌식 수사관이 이해해야 하는 모든 지식과 언어의 강점과 약점에 대한 귀중한 통찰력을 포함해 디지털 포렌식에서 현대적인 파이썬 사용에 관하여 신선하고 현실적인 견해를 제시하고 있습니다."

- 러스 로저스

"이 책은 파이썬 프로그래머, 프로그래밍 경험이 없거나 적은 사람들, 경험이 있는 프로그래머에게 참조 설명서로 대단히 유용합니다. 이 책은 시험과 유효성 검증을 포함하는 다우버트에 관련한 현안을 고려하고 있고, 이것은 포렌식 솔루션에 대한 인증을 위해서 매우 중요합니다."

- 제논 그래딧

"변함없이 쳇 호스머는 디지털 포렌식에 적용할 수 있는 당대의 플랫폼에 대한 포괄적이고 혁신적인 평가를 제공합니다. 매우 잘 쓰여지고 사용자 친화적인 이 책은 모든 수준의 범죄 과학 수사 파이썬 프로그래머를 위하여 단단한 기초를 제공하고 실증적인 검증에 꼭 필요한 논의를 포함합니다. 아주 알기 쉽게 쓰여진 이 책은 디지털 포렌식 라이브러리를 유지하는 모든 사람들에게 꼭 필요한 책입니다."

- 머지 티. 브리츠 박사

저자 서문

지난 20년 동안 필자는 전세계의 헌신적인 포렌식 수사관들과 함께 명예를 가지고 일해왔다. 이 사람들은 이상적이지 않은 조건 아래, 실제 마감의 스트레스 속에서 진실을 찾기 위해 쉬지 않고 일한다. 그들은 아동 학대자, 범죄 단체, 테러리스트, 돈을 훔치려는 구식 범죄자를 추적하면서 많은 스트레스를 받고 있지만, 자신의 손끝에서 최고의 결과를 내기 위해 노력한다.

필자는 최신 법의학 제품을 개발하는 업계 리더들과 정기적으로 연락을 주고 받으며 가능한 한 폭 넓은 독자들의 요구를 충족시키기 위해서 그들의 현재 소프트웨어 기준을 진화시키고 있다. 또한 고객의 어려운 질문에 대한 즉각적인 답변을 요구하는 현실 세계의 문제를 해결하고자 노력하고 의사 소통하고 있지만, 보류해둔 답변의 데이터 양은 초단위로 더커지고 있는 실정이다.

연구원 및 교육자로서 필자는 학생들, 법 집행 요원, 정보기술전문가, 독특한 수사 기술, 문제에 대한 이해, 가장 중요한 가까운 곳의 문제에 대한 혁신적이 아이디어에서 감증을 목격했다. 하지만 그들이 원인에 직접 기여하기 위해 필요한 핵심 컴퓨터 과학 기술은 아직 부족하다.

파이썬 프로그래밍 언어는 글로벌 환경과 함께 새로운 혁신을 위한 방향을 제공하는 것을 지원한다. 가장 중요한 것은 언어가 포렌식 증거를 둘러싼 수집, 처리, 분석, 추론을 혁신할 수 있도록 넓은 포용과 무료 도구 및 기술 참여를 위해 문호를 개방하는 것이다. 이 책은 프로그래밍 지식이 없거나 작은 지식을 가진 사람들이 접근 할 수 있도록 폭넓은 예제를 제공한다. 뿐만 아니라 믿음직한 개발자 기술로 포렌식 영역에서 파이썬의 확장된 사용에 참여하고, 활성화에 힘을 기울이며 탐구하는 것을 바란다. 필자는 여러분이 열정적으로 참여해서 지식을 공유하고, 이를 근거로 도약하는데 도움이 되기를 바란다.

저자 소개

쳇 호스머 Chet Hosmer

WetStone Technologies, Inc의 창립자이자 수석 연구원이다. 20년 이상 스태가노그래피와 디지털 수사, 포렌식을 포함하는 교육 및 기술 개발 연구를 하고 있다. 내셔널 퍼블릭 라디오의 Kojo Nnamdi 쇼, ABC의 프라임 타임 목요일, NHK 일본, TechTV의 범죄 범죄, 호주 ABC 뉴스를 포함하여 새로운 사이버 위협을 논의하기 위해 수많은 방송에 출연했다. 또 IEEE, 뉴욕 타임즈, 워싱턴 포스트, 정부 컴퓨터 뉴스, Salon.com 및 와이어드 매거진 등에 사이버 보안과 포렌식에 관한 기술에 대해 인터뷰 및 기사를 기고하고 있다. Utica 대학에서 사이버보안 대학원 과정을 가르치는 초빙 교수 및 Champlain 대학에서 디지털 과학 수사 석사 과정의 겸임 교수를 역임하고 있으며, 매년 전세계의 다양한 사이버 보안 관련 주제로 기조 연설과 본회의 회담을 하고 있다.

기술 편집자 소개

 **게리 C. 케슬러** Gary C. Kessler

CCE, CCFP, CISSP 자격을 보유한 엠브리 – 리들 항공 대학 국토 안보부의 부교수이다. 북부 플로리다 아동대상 인터넷 범죄 전담반의 일원이며, 디지털 포렌식과 컴퓨터 및 네트워크 보안을 전문으로 하는 회사 Gary Kessler Associates의 사장이자 관리자이다. 게리는 버몬트 ICAC의 파트 타임 구성원으로 전문 서적과 70개가 넘는 논문을 공동 집필하였고 지역, 국가, 국제 콘퍼런스에서 여러 번 연설하였으며 과거에 디지털 포렌식 보안 및 법률 저널의 편집장을 지냈다. 게리에 대한 자세한 내용은 그의 웹 사이트 http://www.garykessler.net에서 찾을 수 있다.

감사의 글

이 책을 만드는데 도움을 준 많은 사람들에게 진심으로 감사를 드린다.

게리 케슬러는 이 책의 기술 편집자이다. 그의 통찰력, 새로운 관점, 깊은 기술적 이해와 지침은 이 책에 커다란 가치를 더해주었다. 그의 지속적인 격려와 우정이 집필 과정을 즐겁게 해주었다.

Elsevier에 Ben Rearick과 Steve Elliot이 보내준 이 주제에 대한 열의와 모든 지침, 지원에 고마움을 전한다. 이 마음은 그들이 아는 것 이상으로 도움을 주었다.

선생님들은(Ron Stevens, TomHurbanek, Mike Duren, Allen Guillen, Rhonda Caracappa, Russ Rogers, Jordon Jacobs, Tony Reyes, Amber Schroader, and Greg Kipper) 필자가 가지고 있는 소프트웨어 개발과 포렌식에 대한 수년간의 경험을 이 책의 내용으로 구체화하는데 도움을 주었다.

Joe Giordano는 1998년에 범죄과학수사의 정보전을 연구하는 최초의 미 공군 연구 계약을 만들어냈다. 이 하나의 계약은 많은 새로운 회사와 분야에 새로운 시도, 디지털 포렌식 연구 워크샵(DFRWS) 및 Utica 대학에 컴퓨터 포렌식 연구 개발 센터 설립을 위한 기폭제가 되었다. 그는 진정한 개척자이다.

역자 소개

이은희

컴퓨터시스템응용기술사, CEH, CHFI이다. 학부시절 전산정보처리학을 전공하였고, IT
업계에 입문하여 10여 년 동안 GIS, 공공SI 분야에서 Delphi, C++, Visual C++, Java 등의
언어를 활용하여 개발자로 활동했다. 이후 정보 보호 석사과정을 거쳤다. IT업계에서 개
발자로 활동하면서 정보처리 분야의 컴퓨터응용시스템기술사, 정보시스템 수석 감리원,
CEH(Certified Ethical Hacker), CHFI(Computer Hacking Forensic Investigator)로도 활동
하고 있다. IT현장에서 많은 지식과 경험을 갖춘 사람들과의 교류를 통해서 부족한 부분을
채우고, IT분야로 진로를 선택한 후배들에게 경험을 나누어주고자 노력하고 있다.

역자의 글

파이썬 포렌식은 증명된 파이썬 라이브러리, 포렌식 모듈 및 솔루션을 활용하여 사이버 범죄 수사뿐만 아니라 감시 및 모니터링 측면에서 모두 활용될 수 있다. 이 책은 파이썬 포렌식 환경설정, 파일 해시, 검색 및 색인, 증거 추출, 네트워크 시간, 자연어 처리 툴킷, 네트워크 포렌식, 다중처리 등 포렌식 관련 거의 전분야에 대한 기술을 다루고 있기 때문에 보안전문가, 포렌식 수사관, 프로그램 경험이 거의 없는 일반인 등 모두가 관심을 갖고 읽을 수 있다.

이 책을 읽음으로써 사이버 범죄에 대한 조사 기능을 빠르게 구현할 수 있을 것이다. 또한 각 장에서 다루어지는 예제의 자세한 지침과 설명은 디지털 데이터의 훼손, 디지털 증거의 조작에 따른 위협을 이해하고 이에 대처하도록 도움을 줄 것이다.

소개

대상 독자

필자는 포렌식 및 디지털 수사 문제에 파이썬 언어를 활용하는 방법을 배우기 희망하는 사람들이 볼 수 있는 책을 집필하였다. 필자는 이 세상과 함께 공유할 무언가 대단한 것을 만들도록 영감을 불어넣고, 성공하길 바라는 마음이 이 일의 진입로이자 시작이라고 생각한다.

선행 조건

배움에 대한 열정을 가지고 인터넷 접속 및 Windows, Linux, Mac과 같은 운영체제에 친숙해지기.

이 책의 구성

이 책의 처음 두 개의 장은 소개 자료와 무료 파이썬 개발 환경 설정에 관한 소재로 구성되었다. 3장에서 11장까지는 디지털 수사 내에 상이한 문제 또는 과제에 중점을 두었고 핵심 사항들의 초점을 맞춘 참조 구현과 함께 가이드 솔루션을 제공한다. 제공된 솔루션을 이용 및 확장시켜 발전하기를 바란다. 12장에서는 앞선 내용을 되돌아보고 앞으로의 방향에 대해 고찰한다.

지원되는 플랫폼

이 책의 모든 예제는 가장 우수한 플랫폼 호환성을 제공하기 위해서 파이썬 2.7.x로 작성되었다. 관련 웹 사이트는 파이썬 2.7.x 및 3.x 를 위한 솔루션을 언제든지 제공한다. 많은 타사 라이브러리들이 파이썬 3.x를 완벽하게 지원하므로 이 책의 모든 예제는 파이썬 2.7.x와 3.x에서 이용할 수 있다. 대부분의 예제는 윈도우, 리눅스 및 Mac 운영 체제에서 테스트되었고, 적어도 파이썬 2.7.x를 충분히 지원하는 다른 환경에서 올바르게 활용할 수 있을 것이다.

소프트웨어 다운로드

웹 사이트 python-forensics.org에서 책에 있는 소스 코드 예제(파이썬 2.7.x 및 3.x 모두 가능)를 다운로드할 수 있다.

논평, 질문 및 의견제시

python-forensics.org의 소스 코드 라이브러리에 질문, 논평 그리고 의견제시는 모두에게 가능하도록 만들 것이다. 여러분의 아이디어, 지식 및 경험을 모두가 공유하기를 바란다.

차례

1 왜 파이썬 포렌식인가?   1

쉽고, 빠르고, 강력한 무기

차례

③ 우리의 첫 번째 파이썬 포렌식 앱(App)   61

파이썬을 이용한 포렌식 검색과 색인　　103

⑨ 네트워크 포렌식: 2부   265

쉽고, 빠르고, 강력한 무기

차례

1

왜 파이썬 포렌식인가?

▶▶ **이 장에서 다루는 내용**

| 소개

파이썬 프로그램 언어와 환경은 쉽게 배우고 사용할 수 있다는 것이 검증되었고 모든 영역과 어려운 문제에 적응시킬 수 있다. 구글, 드롭박스, 디즈니, 산업 빛과 매직, 유튜브 같은 몇몇 회사는 그들의 작업에 파이썬을 사용하고 있다. 또한 NASA의 제트 추진 연구소와 같은 조직; 기상청; 스웨덴 기상 및 수문학 연구소 (SMHI); 로렌스 리버모어 국립 연구소는 모델 설계와 예측, 실험, 그리고 핵심 운영 시스템 제어를 위해 파이썬 언어를 필요로 한다.

바로 입문하기 전에 여러분에게 파이썬과 같은 프로그램 환경은 디지털 수사와 어떻게 일치하고 무엇이 다루어질 것인가에 관한 정보를 조금 더 주고자 한다. 또한 여러분은 이 책의 전반에 걸쳐서 어떤 것을 배울지, 제시한 개념과 실제 사례를 어떻게 적용할 수 있는지를 알기 위해서 관심을 가질 수 있다.

이 책의 주된 목적은 여러분에게 사이버 범죄 및 디지털 수사 영역 내에서 어떻게 파이썬을 사용해 문제와 과제를 설명하고 해결할 수 있는지를 보여주는 것이다. 필자는 자세한 설명과 함께 전체 소스 코드와 실제 예제를 제공할 것이다. 따라서 이 책은 프로그램 매뉴얼의 종류, 이행 참조의 세트가 될 것이고, 여러분 자신의 파이썬 포렌식 응용 프로그램을 개발하는데 참여하는 희망을 갖게 될 것이다.

필자는 여러분의 프로그래밍 전문 지식(또는 그것의 부족)에 관해서 선입견이 없는 자료를 제시할 것이다. 단지 여러분이 이 책의 예제를 사용함으로써 범위를 확장하거나 상황과 도전 문제에 적합한 파생물 개발에 관심을 갖기를 기대한다. 한편 이것은 초보적인 프로그래밍 책이 아니며, 예제의 대부분은 파이썬을 위해 다양한 온라인 리소스와 함께 제공된다.

사이버 범죄 및 디지털 수사에서 직면한 몇 가지 과제에 대한 정의를 시작하자. 이러한 과제는 책을 집필하는 과정의 모든 촉매제였고 이는 지난 20년 간의 법 집행을 지원하는 솔루션 작업에서 비롯되었다(국방부 및 법인에 대해 디지털 증거를 수집하고 분석한다).

| 사이버 범죄 수사의 과제

사이버 범죄 수사에서 직면한 몇 가지 어려운 문제:

수사의 성격 변화: 지난 20년 동안 대부분의 작업은 정보의 사후 수집, 검색, 형식, 그리고 다양한 미디어 타입을 포함하는 정보의 표현에 초점을 맞추고 있다. 필자는 거의 20년 전,

뉴욕 주 경찰서에서 론 스티븐스(Ron Stevens)와 톰 허베넥으로부터 받은 전화를 분명하게 기억할 수 있다. 그들은 리눅스 컴퓨터 관련 사건을 수사 중이었고 수사를 방해하기 위해 삭제되었을지 모르는 파일 및 기타 데이터에 대해 매우 우려했다. 그 시점에 비록 몇몇 솔루션에는 당시 윈도우 플랫폼용이 존재했지만, 삭제된 리눅스 아이노드 안에 파묻힌 삭제된 파일이나 조각을 추출하기 위한 어떠한 기술도 존재하지 않았다. 우리는 법 집행을 위해 무료로 제공되는 "extractor"라고 명명된 도구로 함께 알고리즘 개발을 위해 작업했다.

단순히 데이터를 추출하는 것으로부터 이동, 삭제된 파일을 복구, 할당되지 않았거나 여유 공간을 수색하는 것은 지난 몇 년 동안 빠르게 변화했다. 오늘날 여러분은 스마트 모바일 기기, 동적 메모리 변경, 클라우드 응용 프로그램, 실시간 네트워크 포렌식, 자동차 데이터 분석 그리고 날씨 기반의 포렌식 등 몇 가지를 언급하는 것들에 관심을 가진다. 또한 새로운 작업은 즉시 사용 가능한 전자 정보의 넓은 범위와 함께 디지털 포렌식 증거의 관계를 설명하고 있다. 이 정보는 테스트 메시지, 페이스 북 게시물, 트위터, 링크드인 협회, 디지털 사진 또는 동영상이 포함된 메타데이터, 우리의 움직임을 추적하는 GPS데이터나 모든 웹 사이트 검색으로 남겨지는 디지털 지문 제공 여부와 관련된 모든 민사 또는 형사 사건에서 사용할 수 있다. 문제는 과학수사 효능을 유지하면서 어떻게 이런 점을 연결할 수 있는 것인지에 대한 것이다.

기술 개발자와 수사관 사이의 격차: 수사관, 검사관, 사고 대응 요원, 감사(관), 규제 준수 전문가들은 사회 과학의 배경지식과 함께 이 분야에 들어오는 경향이 있는 반면 기술 개발자들은 컴퓨터 과학 및 기술의 배경 지식을 가지고 하는 경향이 있다. 분명 이들은 양쪽 분야 모두에 걸쳐서 활동하는 일부 우수한 사례가 있지만 어휘, 사고 과정 그리고 문제 해결에 대한 접근 방식이 매우 다를 수 있다. 우리의 목표는 그림 1.1과 같이 격차를 좁히고 컴퓨터 과학 및 사회 과학이 함께 하는 협력적인 환경을 만들기 위해서 포렌식 파이썬 솔루션을 활용하는 것이다.

문제는 플랫폼을 개발하는 것, 사회 과학자와 컴퓨터 과학자 모두 편안하게 의사소통할 수 있고 새로운 포렌식 솔루션을 개발하는 과정에 동등하게 참여할 수 있는 특유의 환경을 만드는 것이다. 파이썬 환경은 새로운 혁신과 사상이 드러날 수 있는 공평한 경쟁의 장 또는 공통 기반을 제공한다. 이것은 이미 우주 비행, 기상, 수문학, 시뮬레이션, 인터넷 기술 발전 및 실험 같은 다른 과학 분야에서 사실로 나타났다. 파이썬은 이미 이러한 영역에서 가치 있는 기여를 제공하고 있다.

새로운 도구의 비용과 가용성: 몇 가지 예외(예를 들면 EnCase® App Central)와 제조 업체 유통 체계를 통해 들어오는 대부분의 새로운 혁신과 기능은 개발하는데 시간이 걸리고 수사관의 툴킷에 상당한 비용을 추가할 수 있다. 과거에 수사관들은 디지털 증거를 추출하고 보존하는데 사용되는 소수의 하드웨어와 소프트웨어 도구를 가지고 다녔다. 오늘날 발생할 수 있는 상황의 넓은 범위를 다루기 위해 획득한 30~40개의 소프트웨어 제품은 디지털 범죄 현장의 가장 기본적인 분석을 수행할 필요가 있다. 물론 이것은 단지 수사 과정에 대한 시작이고 분석 도구의 종류와 수는 계속 늘어나고 있다.

실제 비용과 이러한 기술의 소유 비용은 교육과 훈련을 고려할 때 엄청날 수 있다. 이 분야에 진입 장벽은 5~6가지에 이른다. 이것은 전 세계의 법 집행 기관에서 계속 증가하고 있는 분야이다. 백로그(Backlog) 또한 인적 자원 행위를 처리하는 법인체, 산업 스파이, 내부자 유출 및 엄청난 양의 규제 요구사항들이 증가하고 있다.

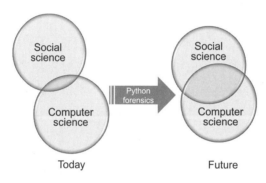

그림 1.1 사회 과학과 컴퓨터 과학의 격차

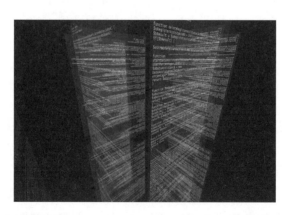

그림 1.2 미래의 디지털 범죄 현장

디지털 수사 분야에 더 쉽고 능률적으로 진입하고 참여하기 위해 관심과 적성을 모두 가지고 있는 개인에게 더 나은 진입 램프와 새로운 방법이 필요하다는 것은 분명하다. 여러분은 앞으로 시간이 이동함에 따라 디지털 범죄 현장이 그림 1.2의 표현과 같이 점점 더 많이 늘어나는 것을 볼 수 있을 것이다.

데이터 vs. 의미: 제한된 자원, 새로운 기술과 혁신으로 인해 우리는 간단한 데이터 분석에서 빠른 의미를 이해할 수 있는 검색과 상황 인식으로 이동해야만 한다. 수사관들은 수사 범위 안에 있는 대상 또는 핫스팟(hotspot)을 향하고, 더 나은 자원 적용과 중요한 단서를 식별할 수 있게 도와줄 수 있는 도구가 필요하다. 이는 특히 디지털 요소를 가지고 있는 적극적인 사기 사건, 서비스 거부 공격, 정교한 악성 코드 침해, 살인, 아동 납치, 강간 등 강력 범죄, 가중 폭행 같이 진행 중에 있는 수사의 현실이다.

또한 그들이 현장을 떠나기 전에 여러분은 가장 노련한 수사관의 지식과 프로세스를 파악해야 한다. 디지털 증거에 대한 조사 분석의 대부분이 오늘날 조사자의 귀를 통해 발생하므로, 그 지식과 경험을 표현하려면 좀 더 나은 방법이 필요하다. 차이를 설명하기 위해서 그림 1.3은 데이터에 의한 의미 vs. 언어학적 의미론에 의한 의미가 무엇을 뜻하는지 보여준다. 왼쪽 이미지는 여러분이 일반적으로 이미지, 모바일 기기 또는 온라인 거래에서 추출한 GPS 좌표를 나타낸다. 오른쪽 이미지는 위치를 매핑(다른 단어들이 의미나 GPS위치의 매핑된 데이터로 해석)한 것을 나타낸다. 이러한 GPS 데이터도 특정 날짜와 시간에 특정한 위치에서 기기를 배치할 수 있는 타임스탬프를 포함한다.

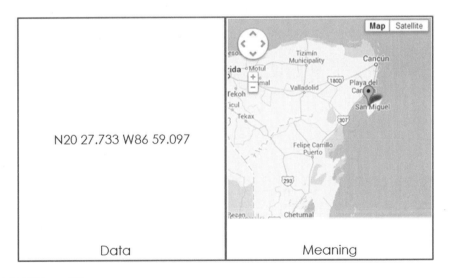

그림 1.3 데이터 vs. 의미

차세대 수사관: 여러분은 최고의 인재를 사이버 범죄 수사 경력자로 유치하기 위해서 이러한 전문 분야로 연구에 대한 관심을 가져와야만 한다. 이를 위해서 새로운 품종은 도구 및

기술 사용을 필요로 할 뿐만 아니라 연구, 정의, 평가 그리고 심지어 일부 이러한 높은 수요와 정교한 차세대 기능을 개발하는 것에도 중요한 역할을 수행해야 한다(그림 1.4).

공동 연구 환경의 부족: 사이버범죄가 가진 풀려진 공동 작업의 이점은 분산 공격과 정교한 사이버 범죄 활동의 실행을 지원하는 자원에 접근하는 것이다. 새로운 방식과 기술에 대해 수사관들과 개발자들은 이와 같은 이점이 필요하다. 그들은 직접 그때 그 상황에 적용될 수 있는 새로운 혁신에 대한 접근과 공동 개발 및 공동 연구를 위한 플랫폼이 필요하다.

그림 1.4 차세대 사이버 전사

| 어떻게 파이썬 프로그래밍 환경은 이러한 과제를 충족시킬 수 있는가?

사회 과학자와 컴퓨터 과학자들이 함께 공동 연구 및 작업할 수 있는 환경을 만드는 것은 어렵다. 이 장의 처음에 설명된 디지털 수사 문제의 폭넓은 범위를 해결하는 새로운 기술 기반의 솔루션을 개발할 수 있는 플랫폼을 만드는 것 또한 어려운 일이다. 둘 다 함께 하는 것은 실제로 더 어렵다. 그러므로 이 같은 과제를 맡게 될 때는 언제나 성공을 위해 최고의 기회를 만들어낼 수 있도록 토대를 고려하는 것이 중요하다.

필자에게는 개인적으로 수년간 제공된 몇 안 되는 중요한 고려사항이 있다. 그것을 여러분과 여기에서 공유할 것이다.

1. 여러분이 구축한 플랫폼은 업계의 폭 넓은 지지를 받고 있는가?

2. 재능이 있는 큰 핵심 그룹 또는 주제 전문가에 따라 기술적인 데이터의 충분한 공급이 가능한가?

3. 여러분이 고려하고 있는 개방형 또는 비공개 기술 플랫폼이 있는가?

4. 기술은 라이프사이클을 따라 어디에 존재하는가(즉, 너무 일찍, 너무 늦거나 성숙, 진화)?

5. 진입하는데 비용 또는 다른 장벽은 무엇인가(특히 참석자들의 광범위한 유치를 시도하는 경우)?

6. 마지막으로, 우리가 사회 과학과 컴퓨터 과학 사이의 격차를 해소하기 위해 노력한 후, 환경은 학제 간 공동 작업에 매우 적합해졌는가?

파이썬에 대한 전 세계적인 지원

파이썬은 1980년대 후반에 모든 사람을 위한 프로그램이라는 기본 전제로 귀도 반 로섬 (Guido van Rossum)에 의해 만들어졌다. 이것은 광범위한 특수 영역 연구자들, 일반 소프트웨어 개발 커뮤니티, 그리고 다양한 배경과 능력을 가진 프로그래머들의 지지를 받아 만들어졌다. 파이썬 언어의 일반적인 목적은, 프로그래머가 아닌 사람들이 이해할 수 있게 읽기 쉬운 코드를 생산하는 것이다. 또한, 파이썬의 본질적인 확장성 때문에 타사 라이브러리와 모듈이 많이 존재한다. 수많은 웹 사이트는 정보, 요령, 예제 코드, 그리고 언어 속으로 깊숙이 들어가는데 필요한 교육을 제공한다. 파이썬은 2013년에 codeeval.com(그림 1.5 참조)에 의해 처음으로 자바 대신에 프로그램 언어로 1위에 선정되었다. 시작하기에 좋은 파이썬 프로그래밍 언어의 공식 웹 사이트는 python.org 이다.

정교한 통합 소프트웨어 개발 환경은 초보 개발자라 하더라도 새로운 아이디어와 설계를 혁신하고 발명과 프로토타입을 만들어낸다. 파이썬은 인터프리터 언어임에도 불구하고 컴파일러도 사용할 수 있다. 그림 1.6에 나타낸 바와 같이 개발자는 테스트 후 소스 코드 유효성 확인 방식을 채택한다.

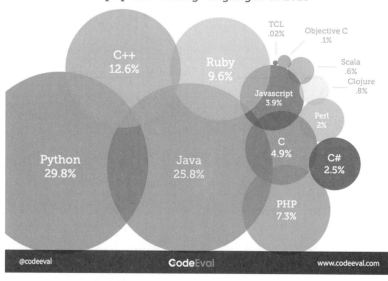

Most popular coding languages of 2013

그림 1.5 codeview.com 기준에 의한 프로그래밍 언어 인기

파이썬 셸을 사용함으로써 경험자와 초보 사용자 모두 완전한 프로그램이나 응용 프로그램을 통합하기 전에 언어, 라이브러리, 모듈 및 데이터 구조를 테스트할 수 있다. 파이썬 셸은 성능 고려 사항 및 라이브러리와 언어와 실험, 언어 구조, 객체 실험을 촉진하고 사용자가 탐색 할 수 있다. 또한 적정성 검토는 실습에 앞서 접근한다. 일단 언어에 대한 특성 및 행위, 사용에 자신감이 생기면 작업 프로그램 통합은 더 원활하게 진행하는 경향이 있다. 또한 시험 고려사항으로 이어지는 실험은 테스트-코드-유효성 검사 주기를 완성하는 방식으로 가공 프로그램에 적용할 수 있다.

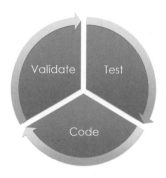

그림 1.6 테스트-코드-유효성 검사 주기

오픈 소스 및 플랫폼 독립성

파이썬은 개방형 소스 환경이기 때문에 개발자는 여러 플랫폼에서 호환되는 버전을 계속해서 만들고 있다. 파이썬 실행은 여러분이 예상하는 대로 윈도우, 리눅스, 맥 운영체제 X를 포함하여 오늘날 대부분의 일반적인 플랫폼에 존재한다. 하지만 파이썬에 대한 지원은 훨씬 더 광범위하다. 안드로이드, 아이폰 운영체제, 윈도우 8과 같은 모바일 기기를 위한 지원 역시 가능하며, AIX, AS / 400, VMS, 솔라리스, 팜 OS, OS / 2, HP-UX 등의 플랫폼에서도 지원된다. 이것은 사이버 범죄 수사관들에게 과거와 현재, 미래의 플랫폼에 대한 파이썬 응용 프로그램의 이식성을 의미한다.

2013년 3월에 병렬 NVIDIA는 NVIDIA CUDA를 사용하여 병렬 처리 기능을 허용하고 사실상 파이썬으로 개발된 응용프로그램의 성능을 향상시키는 GPU 가속 컴퓨팅에 문호를 개방하여 파이썬 개발자들에 대한 지원을 발표했다. 이것은 대용량 데이터를 다루고 처리할 수 있는 기능을 제공하고 고급 분석 작업을 수행, 연역적 및 귀납적 추론을 수행, 그리고 미래에 컴퓨터를 이용한 도전을 충족한다. 이는 컴퓨터 플랫폼의 다른 묘미를 이용하는 동료들과 함께 사용 및 공유할 수 있도록 새로운 조사 솔루션 제작에 이루어지는 투자를 보장한다.

기술의 수명 주기(Lifecycle)

오늘날 파이썬은 수사를 위한 응용 프로그램에 활용될 수 있는 가장 최적의 위치에 자리 잡고 있다. 파이썬 언어는 성숙하고 수많은 개발자들에 의해서 경험되었다. 또 강력한 지원 조직이 준비되어 있어 확장할 수 있는 라이브러리가 풍부해 파이썬으로 구현된 응용 프로그램은 광범위한 플랫폼에 이식할 수 있다. 소스 코드는 개방적이고 자유로운 성격이다. 그리고 핵심 언어에 새로운 혁신은 하드웨어 및 운영 체제의 발전과 보조를 맞추고 있다.

비용과 진입 장벽

파이썬의 성공 열쇠 중 하나는 사실상 거의 모든 진입장벽이 없다는 것이다. 개발환경이 무료이고 언어의 플랫폼은 독립성을 가지고 있으며 소스 코드는 읽고 쓰기가 쉬워 전 세계적으로 광범위하게 지원된다. 필자는 파이썬으로 새로운 사이버 범죄에 대한 수사 및 사고 대응 기반 솔루션 개발에 혁신을 일으켜야 한다고 생각한다. 그 핵심은 사이버 범죄의 가장 일반적인 정의 안에 사회 과학자, 컴퓨터 과학자, 법 집행 기관, 수사 연구소, 표준 기관, 사고 대응 팀, 교수자, 학생들 등 전문 지식을 갖춘 누구에게나 문호를 열고 적극적인 활동을 유치하고 발전시키는 것이다.

| 파이썬과 다우버트 증거 표준

우리가 발견한 많은 다우버트(Daubert) 표준은 미국에서 약 3분의 1 가량의 과학적인 데이터를 포함하는 전문가 증언의 증거 능력을 다루는 것과 함께 미국 연방 수준에서 증거의 규칙을 제공한다. 디지털 데이터는 포렌식 소프트웨어를 사용할 수 있는 "전문가"에 의해 수집 및 분석된다. 쉽게 설명하자면 다우버트 행위를 억제하거나 기술활용에 의해 생성된 증거의 효력의 적법성에 이의를 제기한다.

2003년에 브라이언 캐리어[캐리어]는 다우버트를 포함하는 증거 표준에 대한 규칙을 조사하고, 개방형 및 폐쇄형 소스 포렌식 도구를 비교 대조한 논문을 발표했다. 그의 주요 결론 중 하나는 "다우버트 시험의 가이드 라인을 사용하여 폐쇄형보다 개방형 소스 도구가 더 명확하고 포괄적 지침의 요구 사항을 충족시킬 수 있음을 보여 주었다."이다.

단지 소스가 개방된 결과는 물론 자동이 아니다. 오히려 설계, 개발 및 검증에 구체적인 조치들이 뒤따라야 한다.

1. 프로그램 또는 알고리즘이 설명될 수 있는가(이 설명은 코드뿐만 아니라 서술적으로도 표현되어야 한다)?

2. 프로그램을 검사하기 위해 완벽한 테스트가 개발될 수 있도록 충분한 정보가 제공되었는가?

3. 오류 비율은 독립적으로 검증 및 계산되었는가?

4. 프로그램은 세심하게 계획되고 검토되고 있는가?

5. 이 프로그램은 일반적으로 사회에서 인정받았는가?

당면한 문제는 '파이썬이 포렌식 프로그램 개발 기준을 어떻게 충족할 수 있는가?'이다. 3장에서 11장까지 각 장에 포함된 예제를 통해 다음과 같은 다우버트 표준을 다루려고 한다.

1. 문제에 대한 정의

2. 요구 사항 정의

3. 테스트 세트 개발

4. 설계 대안 및 의사결정

5. 알고리즘 설명

## 1 장

6. 코드 개발 및 워크스루(walk-through)

7. 테스트 및 검증 절차

8. 오류 비율 산출

9. 공동체 참여

이러한 접근법은 두 가지 장점을 제공할 것이다. 첫째, 제공된 예제들은 실무에서 유용하게 사용되어질 것이고 증거 표준 규칙을 충족하거나 초과할 것이다. 둘째, 정의된 절차는 경험자 및 초보 개발자 모두에게 디지털 조사 및 포렌식 솔루션 개발에 대한 도움을 줄 것이다. 이 책의 예제들은 파이썬을 사용하여 실용적인 교육 예제로 설계된 모델 또는 참조 구현을 제공한다.

┃이 책에서 다루는 내용

사이버 범죄 수사의 새로운 기술로 잠재적인 참여자에 대한 폭 넓은 지원을 위해 필자는 프로그래밍 경험이 거의 또는 전혀 없는 사람들뿐만 아니라 일부는 보다 향상된 해결 방법으로 접근할 수 있도록 책을 집필했다.

2장에서는 처음으로 파이썬 소프트웨어 환경을 원하는 사람들을 위해 설치 단계별로 차례차례 보여준다. 이 장의 단계별 내용에서는 리눅스와 윈도우 플랫폼을 위한 파이썬 2.x 및 3.x의 고려사항이 포함되어있다. 또한 이 책 전반에 걸쳐 타사 라이브러리의 설치 및 설정을 다룰 것이고 통합 개발 환경에 따라 여러분의 프로젝트를 쉽게 관리할 수 있을 것이다.

3장에서는 기본적인 파이썬 응용 프로그램 구현으로 가장 일반적인 디지털 수사 응용 프로그램 중에 하나인 파일의 해시를 다룰 것이다. 직접 핵심 파이썬 배포판 내에서 구현되는 단방향 해시 알고리즘이 광범위하게 적용된다. 이 장에서는 간단한 응용 프로그램을 즉시 적용하기 보다는 정교한 사이버 보안 및 조사 도구로 변환할 수 있는 방법을 보여준다.

4장에서 11장까지 각 장에서는 고유의 사이버 범죄 수사의 문제를 자유롭게 사용하고 공유하여 확장할 수 있는 파이썬 솔루션을 제공하다. 여러분은 파이썬 미래의 발전에 참여할 수 있다.

12장에서는 사이버 범죄 수사 내에서 파이썬의 응용 프로그램에 대한 장래의 기회를 살펴보고 사이버 보안 애플리케이션에 대한 고성능 하드웨어 가속 및 임베디드 솔루션을 조사한다.

마지막으로, 각 장은 대학 및 대학 교육 환경에서 사용하기에 적합한 책을 다루는 주제, 과제 및 검토 질문에 대한 요약이 포함되어 있다.

| 복습

이 장에서 우리는 사이버 범죄 수사관 및 사고 대응 인력, 많은 소스에서 다양한 디지털 증거를 다루고 있는 포렌식 조사자가 직면하고 있는 과제를 살펴 보았다. 또한 과학 수사/조사 기술에 대한 사용자와 솔루션 개발자 사이에 존재하는 컴퓨터 과학 및 사회 과학 격차를 논의하였고 이러한 문제를 적합하게 해결할 수 있도록 파이썬 프로그래밍 환경에 대한 주요 특징을 살펴 보았다. 파이썬 환경의 특징은 개방형 소스, 플랫폼의 독립적인 운영모델, 유용한 기술 자료 및 글로벌한 지원과 파이썬 언어의 기술적으로 성숙한 라이프 사이클의 위치를 포함한다. 뿐만 아니라 파이썬으로 개발된 솔루션은 증거 요건에 대한 다우버트 규칙을 충족할 것이다. 마지막으로 이 책은 구성은 다음 장에 대한 이해를 돕기 위해 설명했다.

| 요약 질문

1. 포렌식 수사관이 직면하고 있는 문제와 장래에 잠재적인 영향을 초래할 수 있는 핵심 과제 중 일부는 무엇인가?

2. 여러분의 연구 및 경험을 바탕으로 제시되거나, 이와 관련한 내용에서 포렌식 수사관에게 파이썬이 가져올 수 있는 주요 이점은 무엇이라고 생각하는가?

3. 파이썬을 사용하는 다른 조직은 어떤 체계적인 활동을 하고 있으며, 파이썬의 사용이 그들의 일에 어떻게 영향을 미치는가?

4. 오픈 소스, 공통 사용이 가능한 플랫폼(cross-platform), 전 세계적인 지원, 낮은 진입장벽, 쉬운 이해, 컴퓨터 과학자와 사회 과학자 둘 사이의 협업을 위해 사용할 수 있는 다른 소프트웨어 언어 또는 플랫폼은 무엇이라고 생각하는가?

5. 여러분이 구매하기에 고가이거나 현재 가지고 있지 않은 포렌식 및 조사 응용 프로그램은 무엇이라고 생각하는가?

| 참고 문헌

Open Source Digital Forensic Tools-The Legal Argument. Digital-Evidence.org, http://www.digital-evidence.org/papers/opensrc_legal.pdfhttp; 2003.

Python Programming Language-Official Website. Python.org, http://www.python.org.

Basu S. Perl vs Python: why the debate is meaningless. The ByeBakerWeb site, http://byteba ker.com/2007/01/29/perl-vs-python-why-the-debate-is-meaningless/; 2007[29.01. 07].

Raymond E. Why Python? The Linux Journal 73, http://www.linuxjournal.com/article/3882; 2000 [30.04.03].

파이썬 포렌식 환경 설정

▶▶ 이 장에서 다루는 내용

소개

파이썬 포렌식 환경 설정하기

올바른 파이썬 포렌식 환경

파이썬 버전 선택하기

윈도우 환경에서 파이썬 설치하기

파이썬 패키지와 모듈

표준 라이브러리에 무엇이 포함되어 있나?

타사 패키지 및 모듈

통합 개발 환경

모바일 기기에서 파이썬

가상 머신

복습

요약 질문

미리보기

참고 문헌

| 소개

20여 년 전에, 필자는 큰 방위 산업 업체에서 보안 임베디드 장치를 개발하는 팀의 일원으로 일하고 있었다. 입사 초기에 팀에서 사용하기 위한 개발 환경을 설정하는 역할을 담당했었는데 이 일은 아주 간단한 작업처럼 보였다. 그러나 완성된 보안 하드웨어가 필자에게 넘겨졌을 때 기본적인 기기 자체의 운영체제나 라이브러리가 포함되지 않은 상태였다. 그런 이유로 첫 번째 임무는 하드웨어에 프로그램을 적재하도록 부트 로더를 개발하는 것이었다. 일단 부트 로더 개발이 완성되자 온라인 기기 안에 들어있는 보안 하드웨어에 추가적인 소프트웨어(운영체제, 공유라이브러리, 응용 프로그램 등)를 적재하고 연계할 수 있는 기능을 개발하는 것이 필요했다.

연계 소프트웨어는 장치가 실행되는 동안 팀에 의해 개발된 운영체제 및 응용 소프트웨어를 제어하기 위해 디버거를 포함할 필요가 있었다. 예를 들어 프로그램을 시작하고 중지하는 기능과 변수 및 레지스터 등을 점검하는 기능, 하나의 단계를 수행하고 코드에 중단점을 설정하는 기능 등 이 모든 19,200개의 전송이 RS232 인터페이스를 통해서 이루어졌다.

여러분은 "이 20세기의 사례가 파이썬과 어떤 관계가 있는가?"라고 물어올 수도 있다. 대답은 간단하다. 안정적인 다양한 기능 개발 환경에 대한 요구는 21세기에도 여전히 존재하지만 지금 우리는 현대적인 도구를 가지고 있다. 적절한 개발 환경 없이 성공적으로 고품질, 풍부한 기능의 포렌식 또는 디지털 수사 소프트웨어 개발 가능성은 매우 낮다.

| 파이썬 포렌식 환경 설정하기

환경 설정하기 전에 많은 고려 사항들이 있다. 여러분이 환경 설정할 때 고려해야 하는 핵심 영역의 일부를 살펴보고자 한다. 몇 가지 중요한 고려 사항은 다음과 같다

1. 여러분의 상황에 적합한 환경은 무엇인가? 전문적인 소프트웨어 개발인가? 탐구하고 싶은 확실한 수사 기술과 아이디어를 가진 초보 개발자인가? 새로운 도구와 방법을 가지고 포렌식 연구실에서 일하거나 사고 대응 팀을 지원하는가? (어쩌면 여러분은 회사 IT 보안 그룹에서 작업하고 네트워크 상에서 무슨 일이 일어나고 있는지를 수집하고 분석하기 위해 더 나은 방법이 필요할 수도 있다)

2. 어떻게 적절한 타사 라이브러리 및 모듈을 선택해 여러분의 프로그램을 향상시키고 시간 낭비 없이 응용 프로그램에 초점을 맞출 수 있는가?

3. 통합 개발 환경(IDE)에 무엇이 적합하고 어떤 기능이 포함되어야 하는가?

    a. 자동 완성 기능을 제공하는 코드 정보, 내장형 오류 표시 소스 브라우저, 코드 색인과 빠른 부호 검색

    b. 중단점 설정, 단계별 코드, 데이터 보기, 그리고 변수를 검사할 수 있는 강력한 그래픽 디버거

    c. 파이썬 언어 규칙의 완벽한 이해, 고급 검색 도구, 북마크, 코드 하이라이트 기능을 가지는 매우 효과적인 프로그래머 편집기

    d. 교차 사용 가능한 플랫폼 지원 등 플랫폼 환경(윈도우, 리눅스, Mac) 선택 및 파이썬 2.x, 3.x, 그리고 무적재(Stackless) 파이썬 버전 선택

무적재 파이썬은 파이썬 프로그램이 C 스택 크기에 의해 제한되지 않고 실행할 수 있도록 허용하는 비교적 새로운 개념이다. 대부분의 환경에서, 스택 메모리의 크기는 힙 메모리의 양에 비해 제한된다. 무적재 파이썬은 힙을 이용하고 스택이 아닌 것으로 엄청난 양의 분산 처리 가능성을 제공한다. 예를 들어, 독립적으로 공급될 수천 개의 태스크릿 실행을 허용한다. 온라인 다중 사용자 게임 플랫폼은 동시에 수천 명의 사용자를 지원하기 위해서 태스크릿을 사용한다. 필자는 장차 여러분이 이러한 환경에서도 몇 가지 흥미로운 디지털 조사 및 포렌식 응용프로그램을 상상할 것이라고 확신한다.

---

    e. unittest, doctest, 그리고 nose 같은 파이썬 표준 라이브러리에서 제공하는 테스트 관련 모듈에서 코드를 확인할 수 있는 단위테스트 기능 제공

    f. Mercurial, Bazaar, Git, CVS, 그리고 Perforce 같은 인기 있는 재버전 관리 시스템을 이용하여 직접적인 통합과 함께 고급 프로젝트를 위한 내장형 버전 관리. 대규모 응용 프로그램을 구축할 경우 여러 차례 개정 관리가 포함된 움직임이 많은 컴포넌트의 관리가 중요.

    이러한 선택은 디지털 수사와 포렌식 응용 프로그램에 대한 필수적인 성분이 개발 도구 및 응용 프로그램의 품질 기준을 충족하는 경우에 최종적으로 결정하면 된다.

이 책을 이해하기 위해 중요한 것은 다우버트 표준을 충족시키는 포렌식 응용 프로그램 제작에 관한 것이다. 따라서 정상적으로 실패하거나 모든 시간을 작업해야 하는 코드가 아니

라, 대부분의 시간을 작업할 수 있는 코드를 남겨 두었다. 가장 중요한 것은 법정에서 인정될 수 있는 증거를 생성하는 코드를 개발해야 하는 것이다.

▎올바른 파이썬 포렌식 환경

여러분이 초기에 하는 선택 중 하나는 파이썬 포렌식 응용 프로그램의 개발을 위해 사용하려는 플랫폼을 결정하는 것이다. 앞서 1장에서 설명하고 있는 바와 같이 파이썬과 파이썬 프로그램은 최신 데스크탑, 모바일 기기, 심지어 레거시 시스템을 포함하여 다양한 플랫폼에서 실행된다. 그러나 그 플랫폼에 대한 응용프로그램을 개발해야 한다는 의미는 아니다. 대신 가장 최신의 개발 도구를 지원하는 윈도우, 리눅스, 맥 플랫폼에서 여러분의 응용 프로그램을 개발하고 있을 것이다.

파이썬에 관한 하나의 좋은 점은 여러분이 규칙을 준수했는지, 양질의 프로그램을 개발했는지, 교차 사용 가능한 플랫폼의 특성을 확인했는지, 개발을 위해 어떤 플랫폼을 선택했는지와 상관없이 사용자가 만든 파이썬 프로그램을 쉽게 다양한 운영체제에서 실행한다면 그것은 제대로 설치된 파이썬 시스템을 가지고 있다는 것이다.

파이썬 셸

파이썬 셸은 객체지향과 내장형 자료 구조 및 광범위한 표준 라이브러리를 포함하는 고수준의 프로그래밍 언어를 제공한다. 파이썬은 누구나 배울 수 있는 구문을 사용하고, 타사 패키지 및 모듈에 대한 지원을 제공하며 프로그램 코드 재사용과 공유를 장려하므로 거의 모든 주요 플랫폼에서 지원되어 자유롭게 배포할 수 있어 손쉽게 쓰인다.

디지털 수사관이나 포렌식 전문가에게 무엇을 어떻게 전해주는가는, 현재의 도구를 대체하거나 증가시킨 후 즉시 커뮤니티와 공유하는 프로그램을 빠르게 개발할 수 있는 능력이다. 기계어로 해석되는 환경의 다른 장점 중에 하나는 먼저 프로그램을 개발하지 않고 표준 라이브러리, 타사 모듈, 함수 및 패키지를 실험할 수 있다는 것이다. 이렇게 하면 여러분이 사용하기 위해 계획한 명령, 함수, 모듈이 기대하고 있는 결과와 성능을 제공하는지 확인할 수 있다. 현장에서는 나날이 이러한 기능에 대한 많은 옵션과 소스가 있기 때문에, 인터프리터는 최종 진입 전에 쉽게 시험할 수 있다.

파이썬 버전 선택하기

모든 프로그래밍 환경에서와 마찬가지로 파이썬에도 현재 지원되는 많은 버전을 사용할 수 있다. 그렇지만 오늘날 파이썬의 두 가지 기본 표준 버전은 2.x와 3.x이다. 파이썬 2.x에서 3.x으로의 변화는 몇 가지 이식성에서 오는 어려움과 2.x용으로 작성된 프로그램 및 라이브러리를 3.x 내에서 작동하도록 수정이 필요했기 때문이다.

파이썬 핵심 기능의 일부는 버전 3.x에서 유니코드의 전폭적인 지원을 위해서 바뀌었다. 이것은 프로그램에 영향을 줄 뿐만 아니라 파이썬 3.x에 대한 검증 이전 모듈 또는 개발되어 아직 포팅되지 않은 모듈에 영향을 미친다. 이러한 어려운 문제를 바탕으로 필자는 더 많은 플랫폼에서의 호환성과 광범위한 타사 모듈에 대전 접근을 제공하는 2.x 표준을 따라서 이 책에서 제공된 예제를 개발하기로 결정했다. 이 책의 소스 코드는 파이썬 2.x 및 3.x. 버전에서 모두 이용 가능할 뿐만 아니라 온라인으로도 사용할 수 있다.

게다가 파이썬 2.x의 클래스는 검증 및 다양한 애플리케이션에 배치되어 입증되었다. 따라서 파이썬 2.x 버전을 활용하여 포렌식 또는 디지털 조사 응용 프로그램을 개발하는 것은 견고한 기반과 다양한 배포 플랫폼을 여러분에게 제공할 것이다. 또한 파이썬 3.x 버전이 폭넓게 포용되고 타사 라이브러리를 사용할 수 있게 보증되면 여러분은 필요한 모든 정보를 갖고 이 책의 예제 프로그램을 향상시킬 수 있다.

이제 시작하기 위한 버전을 선택했으니 윈도우 바탕 화면에서 파이썬을 선정하는 과정을 안내한다.

윈도우 환경에서 파이썬 설치하기

여러분이 구글에서 "파이썬 설치"를 검색하면 이와 관련된 수백만 개의 페이지 조회수를 볼 수 있을 것이다. 필자는 테스트된 표준 파이썬 설치 파일을 가장 안전하게 구할 수 있는 곳은 파이썬 프로그래밍 언어 공식 웹 사이트인 www.python.org라고 생각한다. 그림 2.1에 표시된 바와 같이 파이썬 프로그래밍 언어 공식 웹 사이트에서 파이썬 버전 2.7.5을 선택한다.

다음 다운로드 페이지로 이동하여 여러분의 운영체제 환경에 적합한 버전을 선택한다. 이 책에서는 아래와 같은 버전을 선택하고자 하다.

Python 2.7.5 Windows x86 MSI installer 2.7.5 (sig)

그림 2.2에서 표시된 바와 같이 윈도우 런타임 환경을 다운로드한다. 또한 다운로드를 검증할 수 있도록 파일의 해시를 확인한다.

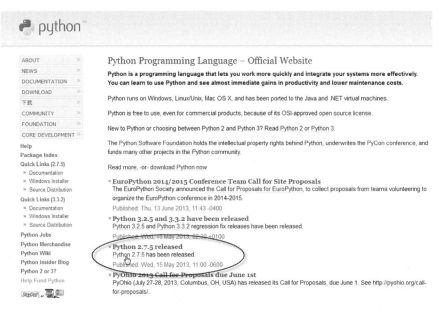

그림 2.1 파이썬 프로그래밍 언어 공식 웹 사이트.

This is a production release. Please report any bugs you encounter.

We currently support these formats for download:

- XZ compressed source tar ball (2.7.5) (sig)
- Gzipped source tar ball (2.7.5) (sig)
- Bzipped source tar ball (2.7.5) (sig)
- Windows x86 MSI Installer (2.7.5) (sig)
- Windows x86 MSI program database (2.7.5) (sig)
- Windows X86-64 MSI Installer (2.7.5) [1] (sig)
- Windows X86-64 program database (2.7.5) [1] (sig)
- Mac OS X 64-bit/32-bit x86-64/i386 Installer (2.7.5) for Mac OS X 10.6 and later [2] (sig). [You may need an updated Tcl/Tk install to run IDLE or use Tkinter, see note 2 for instructions.]
- Mac OS X 32-bit i386/PPC Installer (2.7.5) for Mac OS X 10.3 and later [2] (sig).

The source tarballs are signed with Benjamin Peterson's key (fingerprint: 12EF 3DC3 8047 DA38 2D18 A5B9 99CD EA9D A413 5B38). The Windows installer was signed by Martin von Löwis' public key, which has a key id of 7D9DC8D2. The Mac installers were signed with Ned Deily's key, which has a key id of 6F5E1540. The public keys are located on the download page.

MD5 checksums and sizes of the released files:

```
b4f01a1d0ba0b46b05c73b2ac909b1df  14492759  Python-2.7.5.tgz
6334b666b7ff2038c761d7b27ba699c1  12147710  Python-2.7.5.tar.bz2
5eea8462f69ab1369d32f9c4cd6272ab  10252148  Python-2.7.5.tar.xz
e632ba7c34b922e4485667e332096999  18236482  python-2.7.5-pdb.zip
55cc56948dcee3afb53f65d8bb425f20  17556546  python-2.7.5.amd64-pdb.zip
83f5d9ba639bd2e33d104df9ea969f31  16617472  python-2.7.5.amd64.msi
0006d6219160ce6abe711a71c835ebb0  16228352  python-2.7.5.msi
ead4f83ec7823325ae28729519364a47  20395084  python-2.7.5-macosx10.3.dmg
248ec7d77220ec6c770a23df3cb537bc  19979778  python-2.7.5-macosx10.6.dmg
```

[1] *(1, 2)* The binaries for AMD64 will also work on processors that implement the Intel 64 architecture (formerly EM64T), i.e. the architecture that Microsoft calls x64, and AMD called x86-64 before calling it AMD64. They will not work on Intel Itanium Processors (formerly IA-64).

[2] *(1, 2)* There is important information about IDLE, Tkinter, and Tcl/Tk on Mac OS X here.

그림 2.2 윈도우 설치 프로그램 다운로드.

여러분이 예상한 대로 다운로드 페이지에서 링크를 선택하면 설치 파일을 저장하려는 것을 확인하기 위한 윈도우 대화 상자를 표시한다. [확인]을 선택하면 파일을 다운로드하여 다운로드 디렉토리에 저장된다.

여러분의 다운로드 디렉토리를 조사하면 실제로 최신 파이썬 2.x 및 3.x 버전이 다운로드된 것을 볼 수 있다. 그림 2.4와 같이 이 책에서 선택한 파이썬 2.7.5 설치 파일을 실행하려고 한다.

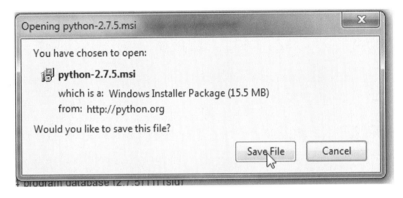

그림 2.3 다운로드 확인 창

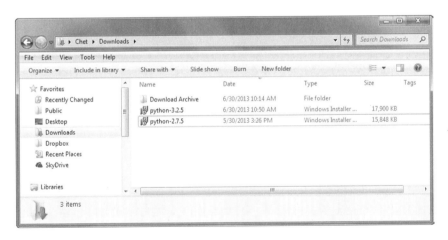

그림 2.4 파이썬 2.7.5 설치 프로그램 실행 화면

설치 프로그램을 실행하면 파이썬이 현재 사용자 또는 이 컴퓨터의 모든 사용자에 대한 설치 여부를 결정하라는 메시지를 표시한다. 물론 이것은 여러분의 선택이지만 모든 사용자에 대해 설치하도록 선택하는 경우 신뢰할 수 있는지 확인하고 위험성을 알아야 한다. 파

이썬 환경은 높은 특권 레벨에서 실행하고 모두가 반드시 필요로 하는 운영체제 기능(그림 2.5)에 접근할 수 있다.

여러분은 파이썬이 설치될 위치를 선택할 수 있다. 다른 위치를 지정할 수 있지만 파이썬 2.7.5의 기본 위치는 **C:\Python27** 이다(그림 2.6). 저장된 디렉토리와 파일을 참조할 수 있도록 설치된 경로를 기록해 둔다. 나중에 특정 라이브러리, 모듈, 도구 및 관련 문서를 찾을 때 도움이 될 것이다.

필자는 로컬 하드 드라이브에 저장된 파이썬 문서에 언제든지 접근하고자 설치 위치를 사용자로 지정하려고 한다. 이는 TCL/TK 그래픽 사용자 인터페이스(GUI) 모듈을 필요로 하지 않는다. 이 모듈은 필요시에만 설치를 선택한다. 여러분의 디스크 용량에 제한이 없는 경우 TCL/TK 모듈을 포함하는 것은 문제가 되지 않는다. 이 책에서는 나중에 GUI 패키지 및 모듈을 활용하기 위해서 다른 쉬운 설치를 할 것이다(그림 2.7 및 2.8).

윈도우 환경에서는 프로그램 관리자 수준 권한의 변경을 필요로 할 때 여러분의 컴퓨터를 제어하는데 도움을 줄 수 있는 일반적인 사용자 계통 제어(UAC)를 표시한다(그림 2.9). 또한 윈도우는 파이썬의 디지털 서명을 확인하고 설치 프로그램을 서명하는데 사용되는 인증서와 인증기관을 표시한다. [예]를 선택하면 사용자가 관리자 권한을 가지고 해당 시스템의 적절한 변경을 제공하도록 허용한 후 파이썬을 설치할 것이다. [예] 또는 [아니오]가 선택될 때까지 윈도우는 다른 모든 프로그램 접근을 차단한다.

그림 2.5 파이썬 설치 사용자 선택.

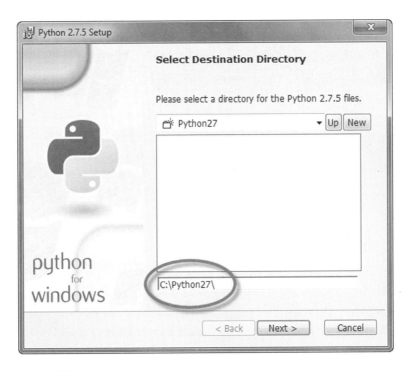

그림 2.6 파이썬 설치 디렉토리.

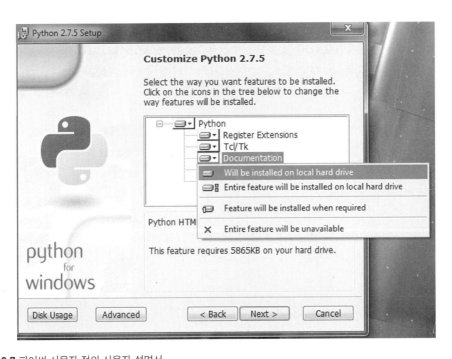

그림 2.7 파이썬 사용자 정의 사용자 설명서.

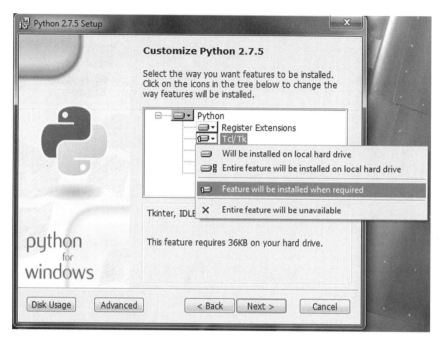

그림 2.8 필요한 경우 TCL/TK 설치.

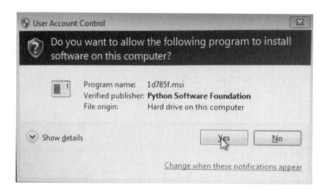

그림 2.9 윈도우 사용자 계정 제어.

마지막으로 그림 2.10에 나타난 바와 같이 파이썬 설치가 성공적으로 완료되었음을 표시하고 있다.

그림 2.10 파이썬 2.7.5의 설치 완료.

C:\Python27 디렉토리 또는 파이썬을 설치하기 위해 지정된 경로로 이동하여 설치된 내용을 확인한다. 그림 2.11에서 볼 수 있듯이 리드미(Readme), 라이선스 키 파일과 함께 DLL, Lib 문서들이 포함된 폴더 및 도구가 있다. 가장 중요한 두 개의 응용 프로그램 파일은 **Python**과 **pythonw**이다. Python은 실행파일 이다.

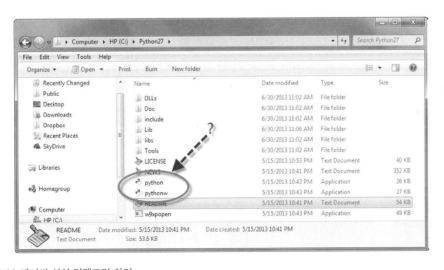

그림 2.11 파이썬 설치 디렉토리 화면

Python 실행파일을 더블 클릭하여 파이썬 대화형 인터프리터를 사용한다. 기존 파이썬 프로그램을 가지고 있고, 인터프리터 창을 표시하지 않는 것을 원한다면 **Python** 실행 파일과 함께 **pythonw**를 실행한다. 즉각적인 사용을 위해서 여러분은 파이썬 응용프로그램 파일을 사용하게 될 것이다. 여러분이 쉽게 접근할 수 있도록 윈도우 작업 표시줄에 파이썬 응용 프로그램을 추가할 수 있으며 그림 2.12에서와 같이 강조된 파이썬 아이콘이 표시된다.

그림 2.12 윈도우 작업 표시줄에서 파이썬 아이콘

그림 2.13과 같이 작업 표시줄의 파이썬 아이콘 클릭을 시작으로 파이썬 대화창이 표시된다. 필자는 책으로 보기 편하게 하기 위해서 창을 블랙 화이트로 설정하여 여러분의 창과 조금 다르게 보일 것이다. 제목 표시줄의 응용프로그램 디렉토리는 **C:\Python27**에서 시작되었음을 보여주고 있다. 초기 텍스트 행은 Python 2.7.5의 경우 파이썬 버전, 프로세서에 대한 정보 및 빌드된 날짜를 보여주고 win32의 경우에는 윈도우 버전을 보여준다. 다음 행은 라이선스, 신용도, 도움말 및 저작권 메시지로 몇 가지 유용한 명령을 제공한다. >>> 로 시작하는 다음 행은 명령을 기다리는 파이썬 프롬프트이다. 여기에 그림 2.14와 같이 파이썬에서 전통 표준 프로그래밍 언어의 Hellow World 프로그램을 작성하면 설치를 테스트하는 과정이 될 것이다. 필자는 HASP 필요 없이 파이썬으로 개방되고 자유로운 포렌식 소프트웨어에 대한 생각을 두 번째 인쇄 명령에 추가하였다.

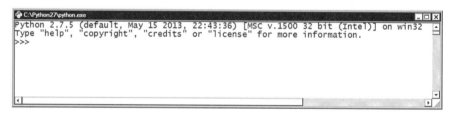

그림 2.13 파이썬 시작 프롬프트 및 메시지

```
C:\Python27\python.exe
Python 2.7.5 (default, May 15 2013, 22:43:36) [MSC v.1500 32 bit (Intel)] on win32
Type "help", "copyright", "credits" or "license" for more information.
>>> print("Hello World !")
Hello World !
>>> print("Welcome to Python Forensics ... HASP free")
Welcome to Python Forensics ... HASP free
>>>
```

그림 2.14 파이썬 Hellow World.

HASP(소프트웨어 불법 복제에 대한 하드웨어, 때로는 '동글'이라고도 함)에 익숙하지 않은 사람들을 위해서 특정 소프트웨어 프로그램에 대한 복사 방지를 제공하는 장치이다. HASP 삽입 없이 소프트웨어는 동작하지 않고, 단일 기기 또는 네트워크상에서 허가된 사용자만이 이용하도록 허용한다.

지금까지 여러분은 파이썬 인터프리터가 명령을 실행하고 받아들이는 것을 확인했다. 여러분이 사용할 수 있는 명령, 언어 구조, 패키지, 모듈에 대해 알아보자.

| 파이썬 패키지와 모듈

기존 프로그래밍 언어에 핵심적인 기능을 추가하는 것은 소프트웨어 개발의 표준이다. 새로운 방법과 혁신이 만들어짐에 따라 개발자는 패키지 및 모듈과 같은 기능적인 구성요소들로 채운다. 파이썬 네트워크 내의 다수의 모듈 및 패키지는 무료이며, 전체 소스 코드를 포함하여 독립적으로 코드를 검증하고 제공된 모듈들의 동작을 향상시킬 수 있도록 한다. 파이썬에 타사 모듈을 추가하기 전에 여러분은 무엇이 표준에서 벗어나거나, 무엇을 더 구체화할지, 어떤 것이 **파이썬 표준 라이브러리**에 포함되어야 할지를 이해할 필요가 있다. 필자는 파이썬 언어 자체에 내장된 표준 라이브러리의 일부로 제공되는 능력을 생각한다.

파이썬 표준 라이브러리

파이썬의 표준 라이브러리 "표준 라이브러리"는 매우 광범위하고 폭넓은 내장 기능을 제공한다. 이러한 내장형 함수들은 처리 속도와 추상화를 위해서 주로 C 언어로 작성되었다. 표준 라이브러리 계층은 시스템에서 호환되기 때문에 파이썬 프로그래머를 위해서 플랫폼의 API(응용 프로그래밍 인터페이스)들은 추상화 또는 정규화된다.

27

수사관이 수행하는 기본적인 동작 중에 하나는 단방향 암호화 해시 값의 생성이다.

단방향 암호화 해시는 문자열의 길이에 관계없이(일반적으로 메시지 다이제스트라고도 함) 서명을 생성하는 데 사용된다. 단방향 해시의 네 가지 기본 특성: (1) 메시지 다이제스트를 쉽게 계산하고 생성하는 함수이다. (2) 메시지 다이제스트 값은 원본 메시지 또는 파일에 대해 어떠한 단서도 제공하지 않는다. (3) 메시지 다이제스트에 관련된 것을 변경하지 않고 메시지 또는 파일의 내용을 변경하는 것은 불가능(또는 어려운)하다. (4) 내용에서 차이가 큰 두 가지 메시지나 파일을 발견할 수 있지만 같은 메시지 다이제스트를 산출하는 것은 불가능하다. 이것은 MD5와 SHA-1처럼 알려진 해시 방법에 대한 공격 상황에서 특히 주의해야 한다.

파이썬 표준 라이브러리는 단방향 암호화 해시를 수행할 수 있는 내장형 모듈 hashlib가 포함되어 있다. 다음의 간단한 해싱(hashing) 예제는 윈도우, 리눅스, Mac, iOS, 윈도우 8 폰, 안드로이드 등 거의 모든 파이썬 플랫폼에서 실행할 수 있고 같은 결과를 얻을 수 있을 것이다.

```
#
# 파이썬 포렌식
# SHA-256을 생성하기 위한 쉬운 프로그램
# 주어진 문자열에 대한 단방향 암호화 해시

# 1단계
# 표준 라이브러리 모듈인 hashlib를 가져온다

import hashlib

# 사용자에게 메시지를 인쇄하도록 인터프리터에 지시

print
print("Simple program to generate the SHA-256 Hash of the String 'Python
forensics'")
print

# 원하는 텍스트 문자열을 정의
myString = "Python forensics"

# sha256 형식으로 지정된 해시 객체를 생성
hash = hashlib.sha256()

# myString에 대한 SHA-256 해시를 생성하기 위해서 해시 객체의 업데이트 방법을 이용
```

```
hash.update(myString)
```

hexdigest 방법을 이용하여 객체로부터 SHA256 해시에 대한 16진수 값을 구한다.

```
hexSHA256 = hash.hexdigest()
```

모든 16진수 문자를 대문자로 변환하기 위해서 upper 메소드를 이용하여 결과를 출력한다.

```
print("SHA-256 Hash: " + hexSHA256.upper())
print

print("Processing completed")
```

이렇게 간단한 예제는 어떻게 파이썬 표준 라이브러리의 기능에 접근하고 활용하는지, 어떻게 동일한 코드가 서로 다른 플랫폼에서 실행되면서 정확한 SHA256 해시 값을 생성하는지를 보여준다(그림 2.15와 그림 2.16).

3장에서는 디지털 수사 및 포렌식에서 사용하기 위한 단방향 암호화 해시 알고리즘의 응용프로그램 적용에 초점을 맞추어 진행할 것이다.

다음 절에서는 파이썬 표준 라이브러리에 깊게 들어가 보자.

```
C:\Windows\system32\cmd.exe

C:\Users\0\Desktop>python hashPrint.py
Simple program to generate the SHA-256 Hash of the String Python Forensics
SHA-256 Hash: 7A0BDF5725E0E032349871C8409522C0BF6971975C63F3F8041E2522148B9CF3
Processing completed
C:\Users\0\Desktop>
```

그림 2.15 hashPrint.py의 윈도우 실행

```
chet@PythonForensics: ~/Desktop/Python Samples

chet@PythonForensics:~/Desktop/Python Samples$ python hashPrint.py
Simple program to generate the SHA-256 Hash of the String Python Forensics
SHA-256 Hash: 7A0BDF5725E0E032349871C8409522C0BF6971975C63F3F8041E2522148B9CF3

Processing completed
chet@PythonForensics:~/Desktop/Python Samples$ ▮
```

그림 2.16 hashPrint.py의 우분투 리눅스 실행

| 표준 라이브러리에 무엇이 포함되어 있나?

파이썬 표준 라이브러리는 광범위한 범주로 분류된다. 필자는 포렌식 또는 디지털 수사가 가치를 가지거나 고유하다고 믿고 있는 각 범주의 내용을 간략하게 요약해서 설명을 제공하고자 한다. 그것은 다음과 같다.

내장형 함수

내장형 함수라는 이름에서 알 수 있듯이, 파이썬 프로그래머가 항상 이용할 수 있도록 언어 자체에 부가된 기본적인 기능을 제공한다.

hex 함수와 bin 함수

포렌식 수사관들이 자주 접하는 기능 중에 하나는, 예를 들어 10진수(기본 10), 2진수(기본 2), 16진수(기본 16)와 같이 이질적인 변수를 표시할 필요가 있다는 것이다. 이러한 표시 기능은 내장형 함수의 일부이다. 그림 2.17에 묘사된 간단한 파이썬 셸 세션은 이러한 내장형 함수의 동작을 보여준다. 이 예에서 여러분은 10진수 27에 대한 동일한 변수를 설정한다. 그런 다음 이를 hex 함수로 실행하면 16진수를 나타내는 접두어로 '0x'가 고정되어 사용되는 16진수 형태의 값을 표시한다. 바이너리 변환을 활용하는 bin 함수는 10진수 값 27에 대해서 2진수를 나타내는 접두어로, '0b'가 고정되어 사용되는 1과 0 바이너리 문자들로 '11011'을 표현한다.

그림 2.18과 같이 16진수로 변수를 지정하고 2진수 또는 10진수로 변수를 표시하여 역으로 수행할 수 있다. 이러한 예제에서 보여진 변수 a 또는 b에 저장된 단순한 정수 값이므로 hex 함수, bin 함수, str 함수는 16진법, 2진법, 10진법으로 변수를 간단하게 표현한다. 다르게 말하자면 변수를 보는 방법일 뿐이지, 변수 값 자체가 바뀌지는 않는다.

```
C:\Python27\python.exe
Python 2.7.5 (default, May 15 2013, 22:43:36) [MSC v.1500 32 bit (Intel)] on win32
Type "help", "copyright", "credits" or "license" for more information.
>>>
>>> a = 27
>>>
>>> hex(a)
'0x1b'
>>>
>>> bin(a)
'0b11011'
>>>
```

그림 2.17 hex 함수 와 bin 함수를 사용한 파이썬 셸 세션

그림 2.18 16진수 값을 입력한 파이썬 셸 세션

range **함수**

또 다른 유용한 내장형 함수가 range 함수이다. 여러분은 종종 항목에 대한 목록을 생성해야 하고, 자동으로 목록을 만드는 내장형 함수를 지원할 수 있다. **리스트**(List), **튜플**(Tuple), **사전**(Dictionary)은 파이썬에서 매우 강력한 구조이다. 이 책을 통해서 시험 문제들을 해결하기 위해 이들을 각각 사용할 것이다. 지금은 여러분에게 단지 기본을 보여주려고 한다.

그림 2.19와 같이 파이썬 셸을 활용하여 몇 가지 예제를 실행했다. 첫 번째는 0부터 시작하여 20까지의 정수 목록을 생성한다. 두 번째는 4에서 시작하여 22에서 끝나는 목록(이 목록은 22에서 멈추고 목록에 포함되지 않는다)을 생성한다. 마지막으로, 4에서 22까지 3을 건너뛰는 정수 목록을 생성한다.

그림 2.19 내장된 표준 라이브러리 함수 range를 사용하여 목록을 생성하는 파이썬 셸

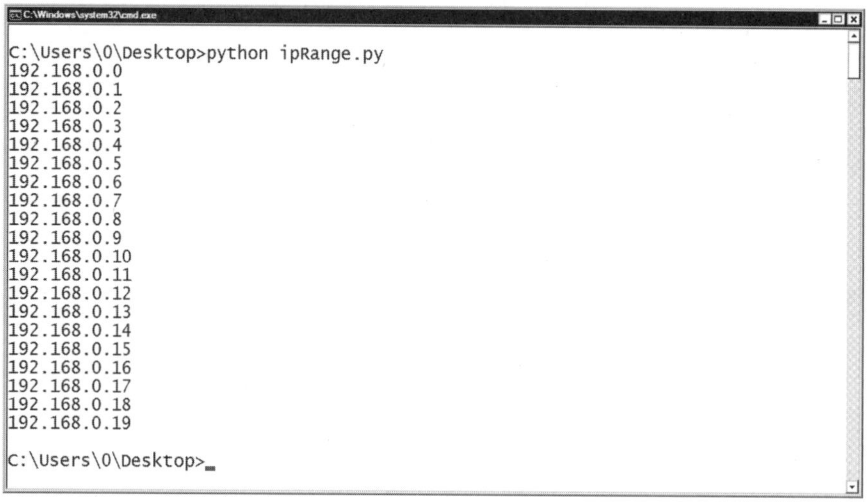

그림 2.20 ipRange 실행 결과 화면

여러분은 나중에 range 함수를 어떻게 사용하고 유용한 값 목록을 자동으로 생성하는데 도움이 되는지 볼 수 있을 것이다. 예를 들어 다음 프로그램은 192.168.0으로 시작하는 클래스 C 주소와 함께 20개 호스트의 IP 주소를 가져와서 목록을 생성한다. 그림 2.20에서 프로그램의 결과를 볼 수 있다.

```
# 기본 주소를 나타내는 문자열을 보유하는 변수를 정의
baseAddress = "192.168.0."
# range 함수를 사용하여 호스트 주소의 목록을 정의
# 표준 라이브러리 함수 range(20)은 0에서 19까지의 값을 가져다 준다.
hostAddresses = range(20)
# IP 문자열을 저장할 배열을 정의
# 간단한 빈 배열로서 시작
ipRange = []
# 파이썬에서 루프를 만들고 0에서 19까지의 hostAdressses 목록에 호스트 주소를 반복한다.
# 반복 계수 값만큼 반복하여 hostAddress에 저장된 각각의 목록 요소에 처리한다.
for i in hostAddresses:
# ipRange 목록에 결합된 IP 문자열을 추가한다.
# ipRange가 목록 객체이기 때문에, 객체는 속성과 메소드를 가지고 있다.
# 매번 반복문을 통해 append 메소드를 호출할 것이다.
# 그리고 정수의 문자열과 함께 기준 주소 문자열을 연결한다.
  ipRange.append(baseAddress+str(i))
#       |        |          |        |      |__ 호스트 주소에 대한 값
#       |        |          |        |__ 정수를 문자열로 변환하기 위한 함수
#       |        |          |__ "192.168.0" 문자열
#       |        |__ ipRangem 목록의 추가 메소드
#       |__ ipRange 목록 객체
```

```
     #
     # 일단 인쇄할 IP 범위 목록이 완료됐다.
     # 여기에 print 함수를 이용하여 출력하도록 지시한다.
     # ipRange 목록 객체 각각의 항목을 출력하고자 한다.
     # 한 번에 한 항목의 ipRange 목록 객체를 반복하므로 별도의 행에 ip 주소를 출력한다.
     for ipAddr in ipRange:
          print ipAddr
```

다른 내장형 함수들

다음은 파이썬 표준 라이브러리 문서에서 가져온 내장형 함수의 전체 목록이다. 여러분은 http://docs.python.org/2/library/functions.html에서 각 기능에 대한 자세한 정보를 얻을 수 있다.

파이썬 2.x 버전에 대한 내장형 함수는 표 2.1에 제시된 바와 같다.

이 책에서는 3장에서 11장까지 상당히 많은 내장형 함수들을 사용할 것이다.

표 2.1 파이썬 2.7의 내장형 함수

abs()	divmod()	input()	open()	staticmethod()
all()	enumerate()	int()	ord()	str()
any()	eval()	isinstance()	pow()	sum()
basestring()	execfile()	issubclass()	print()	super()
bin()	file()	iter()	property()	tuple()
bool()	filter()	len()	range()	type()
bytearray()	float()	list()	raw_input()	unichr()
callable()	format()	locals()	reduce()	unicode()
chr()	frozenset()	long()	reload()	vars()
classmethod()	getattr()	map()	repr()	xrange()
cmp()	globals()	max()	reversed()	zip()
compile()	hasattr()	memoryview()	round()	__import__()
complex()	hash()	min()	set()	apply()
delattr()	help()	next()	setattr()	buffer()
dict()	hex()	object()	slice()	coerce()
dir()	id()	oct()	sorted()	intern()

내장 상수

파이썬 내에는 몇 가지 기본 상수가 있다. 상수는 이름에서 알 수 있듯이, 변수와는 달리 변화가 없다. 반면 변수는 값을 변경하는 동시에 끊임없이 변화할 수 있다.

파이썬에서 가장 중요한 두 가지 내장 상수는 부울 값으로 true와 false가 있다. 그림 2.21을 보면, false = 0과 true = 1의 두 변수를 정의하기 위해서 파이썬 셸을 사용했다. 변수의 타입을 식별하기 위해서 파이썬 내장 함수 type()을 사용하는 경우, 여러분은 true와 false 모두 int(정수)의 값을 반환하는 것을 알 수 있다. 그러나 내장 상수 True와 False에 대해 type 함수를 사용하는 경우, bool(불리언) 형식을 반환한다.

같은 맥락으로 그림 2.22에서와 같이 a = True와 b = False를 만들고 type 내장 함수로 검사하면 bool(불리언) 형식인 것을 볼 수 있다. 파이썬은 강력하게 형식화된 언어는 아니지만, 이것에 너무 의존하지 말아야 한다. 강하게 형식화된 언어에서 변수는 프로그램의 수명 동안에 선언된 타입을 바꿀 수 없다. 파이썬은 이러한 제한이 없다. 매우 쉽게 바로 다음 문장에서 a = range(100, 400, 2)를 선언하고 목록 안에 변수의 타입을 변경할 수 있다. Ada, C#, 자바, 파스칼과 같이 **강력하게 형식화된 언어**의 핵심 개발자에게 구조의 부족은 그들을 도망치게 할 것이다. 그러나 우리는 혼란의 대부분을 개체 명명의 적절한 훈련으로 제어할 수 있다.

```
C:\Python27\python.exe
Python 2.7.5 (default, May 15 2013, 22:43:36) [MSC v.1500 32 bit (Intel)] on win32
Type "help", "copyright", "credits" or "license" for more information.
>>>
>>> false = 0
>>> true = 1
>>>
>>> type(false)
<type 'int'>
>>> type(true)
<type 'int'>
>>>
>>> type(True)
<type 'bool'>
>>> type(False)
<type 'bool'>
>>>
>>>
```

그림 2.21 내장된 True와 False 상수

```
C:\Python27\python.exe                                          _ □ x
Python 2.7.5 (default, May 15 2013, 22:43:36) [MSC v.1500 32 bit (Intel)] on win32
Type "help", "copyright", "credits" or "license" for more information.
>>>
>>> a = True
>>> b = False
>>>
>>> type(a)
<type 'bool'>
>>>
>>> type(b)
<type 'bool'>
>>>
>>> a = range(100, 400, 2)
>>> type(a)
<type 'list'>
>>>
```

그림 2.22 파이썬이 강력한 형식화 언어가 아님을 입증하는 사례

3장에서는 처음으로 실제 응용프로그램을 개발할 때, 약하게 형식화된 언어를 사용하여 과학적 증거 음향 프로그램을 개발하는 방법에 대한 몇 가지 팁을 다룰 것이다.

강력하게 형식화된 언어는 특정 형식과 함께 변수 또는 객체를 정의해야만 한다. 이러한 형식은 선언된 즉시 변경해서는 안되고, 프로그래머가 아닌 컴파일러 자체는 입력 규칙을 적용해야 한다. 예를 들어 변수가 정수로 선언된 경우, 변수에 값 3.14를 할당하는 것은 옳지 않은 것이 된다.

내장 타입

파이썬에는 포렌식 응용프로그램에서 유익하게 활용할 수 있는 많은 내장형 타입이 있다. 표준 내장형 타입에 대한 각각의 자세한 설명과 가장 최신의 정보를 http://docs.python. org/2/library/stdtypes.html에서 확인할 수 있다.

기본적인 타입 종류는 다음과 같다.

숫자 타입: int, float, long and complex

배열 타입: list, tuple, str, unicode, bytearray, buffer

세트(Set) 타입: set, frozenset

매핑 타입: dict 또는 dictionary

파일 객체: file

메모리 타입: MemoryView 타입

여러분은 이미 간단한 예제를 실행하는 동안에 이들의 특징 몇 가지를 보았다. 여러분은 이 책의 예제 프로그램에서 포함하는 bytearray, lists, dictionaries, unicode, sets, frozensets, MemoryView 타입을 더 진보된 형태로 활용할 것이다. 이 모든 것에는 매우 독특한 포렌식 응용프로그램들이 있다.

파이썬에 포함되는 비트 연산 중에 일부는 많은 포렌식 및 조사 활동에 있어서 대단히 중요하다. 그것들은 아주 일반적이지만, 여러분에게 가능한 것이 무엇인지의 묘미를 제공하기 위해 다룰 가치가 있다. 비트 연산은 거의 모든 크기의 정수 데이터 타입에 배타적이다. 다음의 예에서 x와 y의 값은 정수이다.

> x | y: 변수 x와 y에 대한 논리합(OR)
>
> x ^y: 변수 x와 y에 대한 배타적 논리합(OR)
>
> x & y: 변수 x와 y에 대한 논리곱(AND)
>
> x << n: 변수 x가 n 비트만큼 왼쪽으로 이동
>
> x >> n: 변수 x가 n 비트만큼 오른쪽으로 이동
>
> ~x: 변수 x의 비트 반전(역)

그림 2.23에서 많은 단방향 해시와 암호화 연산에 배타적 논리합(XOR) 연산을 사용한다. 변수 x와 y의 값을 설정함으로써 시작한다. x = 152와 y = 103으로 둘 다 10진수이다. 다음에 z는 x와 y에 대한 배타적 논리합(XOR)의 결과를 설정한다. 그 다음에는 결과에 대한 10진수, 16진수, 2진수 표현을 출력할 수 있다.

여러분은 단순한 논리합(OR) 연산과 다른 배타적 논리합(XOR) 연산을 볼 수 있다. 배타적 논리합(XOR)은 x와 y 값이 둘 다 같지 않을 때 배타적 논리합의 결과는 1이다. 예를 들어 다음과 같다.

> Binary 101
>
> Binary 001
>
> Produces : 100

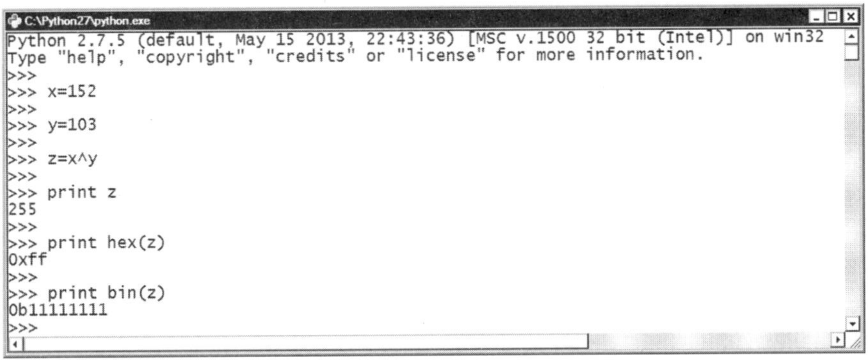

```
Python 2.7.5 (default, May 15 2013, 22:43:36) [MSC v.1500 32 bit (Intel)] on win32
Type "help", "copyright", "credits" or "license" for more information.
>>>
>>> x=152
>>>
>>> y=103
>>>
>>> z=x^y
>>>
>>> print z
255
>>>
>>> print hex(z)
0xff
>>>
>>> print bin(z)
0b11111111
>>>
```

그림 2.23 배타적 OR 적용

각각의 이진 값의 최하위 비트가 1이므로 배타성 시험을 충족하지 않고, 그 결과 값은 0이다.

다른 더 복잡한 `Memory view` 타입, `byte arrays`, `list`, `unicode`, `dict`와 같은 종류의 내장형 타입은 이용할 수 있는 가장 복잡한 디지털 증거 유형에 대한 난해한 데이터 조각, 검색, 색인, 이론적 분석을 다루기 위해서 구성요소들을 제공한다. 이 장의 예제 속으로 이동하여 광범위하게 활용할 것이다.

내장 예외

대부분의 최신 소프트웨어 언어들이 그때그때 즉시 예외 처리를 지원하는데 파이썬도 다를 바가 없다. 대부분의 응용프로그램에서 예외 처리가 중요하듯이 포렌식 및 디지털 조사 응용프로그램 내에서도 이것은 매우 중요하다. 이러한 응용프로그램들을 개발하는 경우, 모든 가능한 상황을 처리하는 것을 보여주는 것이 중요하다. 필자가 알고 있는 최고의 소프트웨어 인재 중에 하나인 론다(Ronda Caracappa)가 몇 년 전에 만들어낸 문구인 "행복 모드 테스트"에서는 응용프로그램을 개발할 때 우리가 사용하는 코드를 모두 테스트하는 경향이 있다. 이것은 우리가 예상한 것처럼 모든 입력, 이벤트 및 타사 모듈과 정확하게 프로그램의 정상적인 흐름을 테스트하는 것을 의미한다. 만약 지금까지 이렇게 했을 경우, 문제는 거의 없다.

예외 처리를 용이하게 하기 위해서, 파이썬은 `try/except` 모델을 사용한다. 예를 들어보자. 정수 27을 0으로 나누기 위한 프로그램을 설정한다. 프로그램을 실행하는 동안에 이러한 오류를 포착하기 위한 설정이 없는 경우, 프로그램이 장애 및 충돌할 것이다. 그러나 예외 처리를 사용하면 문제를 방지하고 결함을 처리할 수 있다. 3장에서 예외 처리가 매우 중요한 몇 가지 실제 조건들을 접할 것이다. 그리고 파이썬에 내장된 예외 처리의 도움으로 잠재적인 위험을 쉽게 다루고 처리하기 어려운 것을 기록하기 위한 예외를 사용할 수 있다.

```
x = 27
y = 0
try:
    z = x / y
except:
    print("Divide by Zero")
```

이것은 실행 기반의 예외를 포착하는 방법으로 try/except 메소드를 사용하는 간단한 예제이다. 이 책의 예제에서 운영체제, 파일 처리 및 네트워크 예외를 다루어 설명할 것이다.

파일 및 디렉토리 접근

파이썬 표준 라이브러리는 파일 및 디렉토리 접근에 대한 다양한 서비스를 제공한다. 이 서비스는 파일을 열고, 읽고, 쓰는 기능뿐만 아니라, 예를 들어 공통 경로 이름 조작과 같은 몇 가지의 매우 독특한 내장된 기능을 포함한다. 운영체제 및 플랫폼은 디렉토리 경로를 다르게 처리(즉 윈도우는 C:\users\...로 표기, 유닉스 환경은 /etc/...로 표기를 활용)하고, 일부 운영 환경은 파일과 디렉토리 명명규칙으로 단순한 아스키(ASCII)를 지원한다. 반면에 다른 운영 환경에서는 완전한 유니코드 명명규칙을 지원한다. 모든 파일 및 디렉토리 접근 기능들이 이러한 차이를 균일하게 지원하지 않았으면 크로스 플랫폼(cross-platform) 작업은 불가능했을 것이다. 또한 파이썬 표준 라이브러리 파일에는 디렉토리 비교 기능, 임시 디렉토리에 대한 자동 생성, 초보자와 전문가 모두 쉽게 파일 시스템을 다루게 하는 높은 수준의 파일 입력 처리 기능이 내장되어 있다.

데이터 압축 및 파일 보관

zip과 tar 같은 표준 압축 및 파일 보관 기능을 수행하기 위해서 타사 라이브러리의 사용을 대신하는 기능이 내장되어 있다. 이것은 압축 및 압축 해제뿐만 아니라 압축 파일에 대한 내용 정보 추출을 포함하고 있다. 수사 도중에 우리는 암호화된 압축 파일들을 종종 접하고 있고, 파이썬은 이들을 처리한다(만일 비밀번호를 가지고 있거나 사전 공격 또는 무작위 공격 방법을 적용할 수 있는 경우).

파일 형식

내장된 표준 라이브러리는 특별한 파일 형식(예를 들어 쉼표 값으로 분리된 파일(CVS), 하이퍼 텍스트 마크 업 언어(HTML), 확장형 마크업 언어(XML), JSON(JavaScript Object Notation) 형식 등)을 처리할 수 있는 모듈이다. 여러분은 웹 페이지 및 다른 인터넷 콘텐츠의 데이터를 조각하고, 보고서를 생성하기 위한 표준 XML 출력 파일을 만드는 이러한 모듈을 이 장의 뒷부분에서 활용하게 될 것이다.

암호화 서비스

여러분은 3장에서 디지털 수사관이 직면하는 몇 가지 기본적인 문제를 해결하기 위해서 hashlib 암호화 모듈을 다방면에 걸쳐서 이용할 것이다. hashlib 모듈은 MD5와 같은 과거의 단방향 암호화 해싱(hashing)뿐만 아니라 SHA-1, SHA256, SHA512 같은 최신의 단방향 해싱 알고리즘을 지원한다. 안정적인 통합과 최적화된 성능을 포함하는 이러한 라이브러리의 사용은 디지털 수사에 필수적인 기능들에 직접적인 접근을 제공한다.

운영체제 서비스

운영체제(OS) 서비스는 플랫폼에서 작동하는 핵심 OS 기능에 대한 접근을 제공한다. 그림 2.24에서는 현재 작업하는 디렉토리에 대한 내용을 나열하기 위해서 OS 모듈을 활용한다. 단계는 비교적 간단하다.

1. OS 모듈을 가져온다.

2. 현재 작업 중인 디렉토리 경로를 검색하기 위한 운영체제 모듈 os.getcwd() 메소드를 사용한다.

3. 변수 myCWD에 현재 작업 디렉토리 경로 값을 저장한다.

4. 다음으로 현재 작업 디렉토리 안에 있는 파일 및 디렉토리 이름을 얻기 위해서 os.listdir() 메소드를 사용한다.

5. os.listdir() 결과를 출력하는 대신에 dirContents라고 명명된 리스트 객체에 결과 값을 저장한다.

6. dirContents의 각각의 이름을 별도의 행에 출력하기 위하여 간단한 **for 반복문**과 함께 목록을 처리한다.

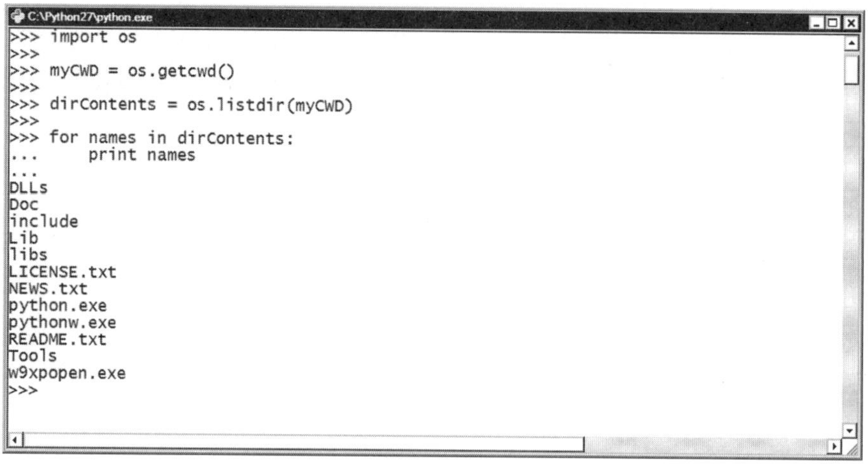

```
C:\Python27\python.exe
>>> import os
>>>
>>> myCWD = os.getcwd()
>>>
>>> dirContents = os.listdir(myCWD)
>>>
>>> for names in dirContents:
...     print names
...
DLLs
Doc
include
Lib
libs
LICENSE.txt
NEWS.txt
python.exe
pythonw.exe
README.txt
Tools
w9xpopen.exe
>>>
```

그림 2.24 표준 라이브러리에서 OS 모듈을 사용하는 예제

목록에 있는 파일을 갖는 것은 필요에 따라서 파일 또는 디렉토리를 각각 처리하는 것이 가능하다.

스트림 기반 io, 시간, 로깅(logging), 파싱(parsing), 플랫폼 모듈들과 같은 다른 운영체제 서비스는 모든 운영체제 서비스에 쉽게 접근을 제공한다. 다시 말해, 교차 사용이 가능한 플랫폼에 근거하여 윈도우, 리눅스, 맥(Mac), 그리고 수많은 레거시 시스템이 쉽게 처리하기 위한 방법이다.

표준 라이브러리의 개요

지금까지는 빠른 입문과 파이썬에 직접 내장된 표준 라이브러리 기능 몇 가지에 대한 여행이었다. 파이썬 포렌식에 더 깊은 탐구를 원하는 사람들을 위해서 좋은 참조를 갖춘 완전한 책이 되고자 최선을 다하고 있다. 다양한 사용 지침서를 찾고 코드 예제, 모든 표준 라이브러리의 데이터 타입, 모듈, 속성 및 메소드에 대해 지원할 수 있는 Python.org에서 온라인 리소스도 즉시 이용할 수 있다. 여기에서 필자의 목표는 여러분이 어떤 표준 라이브러리를 사용하더라도 쉽게 이용할 수 있는 방법을 제공하는 것이다.

다음 절에서는 사용하게 될 타사 라이브러리의 일부를 소개할 것이다.

| 타사 패키지 및 모듈

앞서 언급한 바와 같이, 많은 타사 패키지와 모듈을 사용할 수 있도록 3장에서 11장까지의 각 장에서 그에 걸맞는 예제를 소개할 것이다. 더불어 필자는 디지털 수사를 위해서 가져오는 기능의 종류와 왜 타사 모듈들을 이용하고자 하는지를 말하고자 한다.

자연어 툴킷

오늘날 조사, 전자 발견(e-discovery) 또는 사고 대응을 수행할 때, 자연어 툴킷(NLTK)은 전자 메일, 문자 메시지, 작성된 문서 및 기타 통신을 통해서 어떤 내용이 전달되었는지를 알아내는데 중요하다. 여러분은 간단한 키워드 및 그렙(Grep) 같은 문구를 검색하고, 이러한 통신을 구문 분석하여 밝혀내기 위해서 가공하지 않은 도구와 기술을 활용한다.

글로벌 정규 표현식 인쇄에 대한 준말인 그렙(Grep)은 정의된 정규 표현식에 대한 발견을 위해 사용자 텍스트를 검색할 수 있다. 정규 표현식은 컴퓨터 프로그램의 정교하거나 간단한 패턴 정합을 수행할 수 있도록 메타 문자와 패턴을 가지고 나타내는 텍스트 문자의 순서로 구성된다.

문제는 언어 또는 의미를 고려하지 않는 기술에 있다. 따라서 특정 통신을 놓치거나 오해하기 쉽다. NLTK 모듈은 실제 자연 언어 프로그램과 크고 작은 말뭉치를 구축할 수 있는 기반 구조를 제공한다.

말뭉치(Corpus)는 가장 자주 쓰여진 재료의 집합체이지만, 재료 역시도 사용할 수 있다. 디지털 방식으로 조직화된 재료는 의미를 이해하는 데 도움을 주는 언어학적 구조에 대한 연구에 적합하다.

자연어 툴킷은 우리에게 검색, 이해, 의미를 추론할 수 있는 기능을 제공한다. 여러분은 디지털 수사관을 지원하는 특정 응용프로그램의 제작을 도와주기 위해 이 책의 예제 중에 하나인 NLTK를 사용하게 될 것이다.

트위스트 매트릭스

모든 것이 연결된 세상에서 증거를 수집하고 조사하는 능력은 사전과 사후 조사 방식 모두를 필요로 한다. 이것은 오픈 소스와 파이썬으로 작성된 비동기 및 이벤트 기반 환경을 제공하는 신뢰성 있는 네트워크 라이브러리를 가지고 있어야 한다는 것을 의미한다. 트위스트 매트릭스(TWISTED)는 꽤 많은 TCP, UDP, 웹 서비스, 메일 서비스, 인증, 보안 셸 지원을 포함한다.

┃ 통합 개발 환경

필자가 이 장에서 처음에 언급한 바와 같이, 성공의 열쇠 중 하나는 가치 있고, 자신감을 심어주고, 개발 과정의 효율성을 만들어줄 수 있는 통합 개발 환경(IDE)의 설치가 될 것이다. 이 책의 경우, 여러분이 만들고자 하는 통합 개발 환경이 증거의 기준을 능가하는지 확인하라. IDE를 위한 몇 가지 옵션이 있다. 일부는 완전 무료이고 일부는 명목상의 비용이 있다 — 일부는 완전 무료이고 일부는 명목상의 비용이 있다. 여러분은 Nike®와 Adidas®를 선택하는 것처럼 자신이 좋아하고 편한 여러 가지 방법으로 경로를 선택할 수 있다.

어떤 옵션들이 있나?

사실상 이 질문에 대답하기 위해서는 책 전체 내용을 요구할 수 있다! 여기에서 사용 가능한 간단한 옵션은 IDLE, PyCharm, PyDev, WingIDE, mDev이고, 필자는 IDLE와 WingIDE로 초점을 좁힐 것이다.

» IDLE

특가한 통합 개발 환경과 이름을 나타내는 IDLE는 파이썬의 창시자인 귀도 반 루썸(Guido Van Russom)에 의해 선택되었다. IDLE는 파이썬으로 작성되었고 통합 개발의 기본적인 처리를 특징으로 하는 좋은 세트(set)를 가지고 있다. 이것은 명령어와 함께 파이썬 셸을 포함한다. 또 소스 코드 하이라이트와 크로스 플랫폼(cross-platform) 지원을 제공한다. IDLE는 사용자가 중단점을 설정하고 코드를 통해서 단계별 디버거를 수행할 수 있도록 지원한다(그림 2.25). 그러나 이것은 간단한 응용프로그램을 개발하는 사용자 및 언어를 배우는 학생들을 지원하지만, 전문 개발 환경 정도로 개발되지는 않았다. 가장 좋은 것은 완전 무료라는 것이다. 다만 한 가지 유념할 것은 여러분 중에 많은 사람들은 IDLE를 가지고 매우 복잡한 응용 프로그램을 개발했고, 필자는 그것을 인정하지만 파이썬 IDLE를 사용하는 그

밖의 많은 개발자들은 전문적인 개발 환경만큼이나 그것을 고려하지 않는 것에 관한 나의 진술에 동의하지 않을 것이다. 그러나 현재의 디지털 수사 응용 프로그램을 개발하기 위해서는 더 고급 기능을 가진 몇 가지 다른 대안이 있다고 생각한다.

그림 2.25 파이썬 IDLE 통합 개발 환경

» WingIDE

반면에 WingIDE는 무료가 아니다(여러분이 학생 또는 무급 오픈 소스 개발자인 경우, 무료 버전을 얻을 수 있다). 하지만 복잡한 파이썬 응용프로그램에 대한 개발을 쉽게 지원하는 풍부한 기능을 가지고 있다. WingIDE는 사용 목적에 따라서 세 가지 유형이 있다.

1. WingIDE 무료(Free): 학생들과 무료 오픈 소스 개발자를 위한 버전

2. WingIDE 개인용: 일부 기능을 제한한 버전

3. WingIDE 전문가용: 모든 기능과 지원을 원하는 사람들. 예를 들어 버전 단위 테스트, 개정 제어 시스템과 함께 직접적인 인터페이스, 고급 디버깅 및 중단점 설정, pyLint 통합이 포함된 버전

---

pyLint는 문제가 있는 코딩 습관을 식별하고 잠재적인 버그를 지적하며 결함 가능성에 관해서 경고하는 파이썬 소스 코드 분석기이다. 이것은 여러분이 지속적으로 개선하는데 도움을 주기 위해서 코드에 대한 전체 점수를 부여한다.

여러분은 그림 2.26에서 필자가 WingIDE에 대해 선택한 레이아웃을 볼 수 있다. WingIDE 는 GUI를 사용자가 정의할 수 있도록 설정 및 크기를 조정할 수 있다. 필자는 다음과 같이 주요 섹션(Section)에 대해 분류했다.

섹션 A: 중단점에서 일시적으로 프로그램이 중지된 후부터 현재 실행 중인 프로그램과 연관된 지역 및 전역 변수를 찾을 수 있다. 그림 2.26처럼 상단에 보이는 텍스트 상자는 현재 ipRange.py 모듈의 열 번째 라인을 처리하고 있다. 이 창에 변수 `baseAddressd`가 현재 담고 있는 문자열 "192.168.0."을 나타내고 있다.

섹션 B: 지금까지의 프로그램 출력을 표시한다. 초기 출력문은 문자열 "Generating ip Range."을 성공적으로 인쇄했다. 여러분은 창 하단에서 몇 가지 다른 옵션을 볼 수 있다. 현재 선택된 옵션은 "Debug I/O"이다. 또 다른 매우 유용한 옵션은 "파이썬 셸(Python Shell)"이다. 여러분이 이러한 옵션을 선택한 경우, 파이썬의 모든 기능을 실험하거나 학습하고 심지어 코드화하기 전에 문장의 순서를 작성하는 것을 실행할 수 있다(그림 2.27).

섹션 C: 이 창은 프로젝트 정보가 포함되어있다. 이 창에 표시된 모든 것은 단 하나의 파일, ipRange.py를 포함하는 매우 단순한 프로젝트이다. 이 창은 더 복잡한 응용프로그램을 구축하는 만큼 여러분의 프로그램에 대한 모든 구성 요소를 추적하는 데 도움이 될 것이다.

섹션 D: 이 창은 디버그 설정과 함께 현재 프로그램의 소스 코드가 포함되어 있다. 주목해 보자. 프로그램이 중단점이 있는 지점에 도달하게 되면 실행을 중지시키기 때문에 열 번째 행에 중단점이 설정되어 있고, 강조되어 있다.

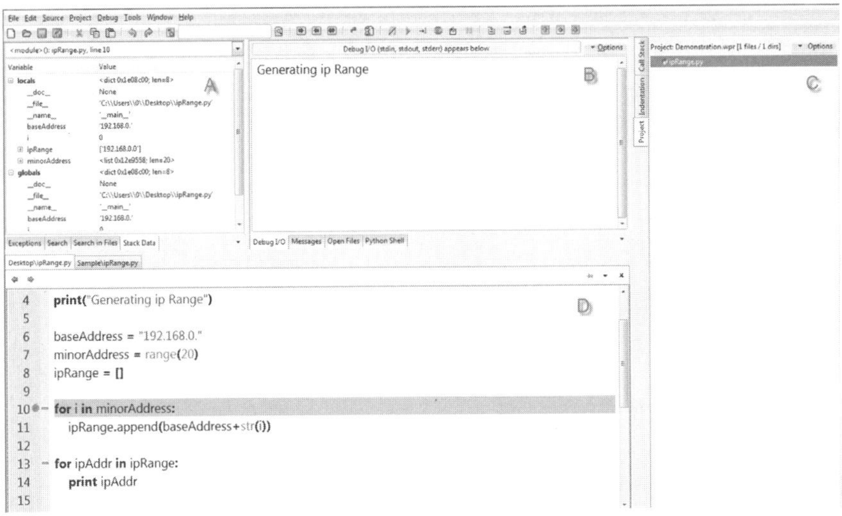

그림 2.26 WingIDE 4.1 Personal 버전의 스냅샷

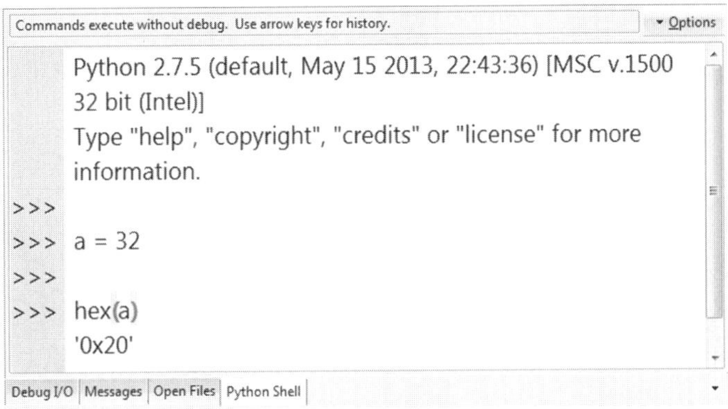

그림 2.27 WingIDE 파이썬 셸 창

이제 여러분은 가장 일반적인 생각을 가지고 WingIDE로 간단한 프로그램을 통해서 발을 내딛고 변화가 일어나는 것을 볼 수 있다. 그림 2.28과 같이 다음의 코드로 넘어가서 ipRange 초기화를 실행하기 전에 중지한다(필자는 이 작업을 수행하기 위해서 F6 키를 사용했다. 여러분 또한 디버그 메뉴의 옵션을 선택할 수 있다).

```
baseAddress = "192.168.0."
minorAddress = range(20)
ipRange = []
```

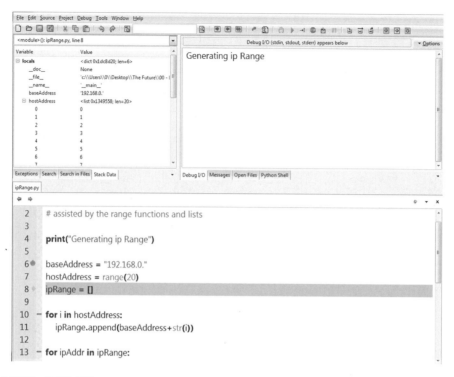

그림 2.28 WingIDE의 실행

이 시점에서 여러분은 그림 2.28 왼쪽 상단의 변수 섹션을 검사할 수 있다. 변수 baseAddress는 문자열 "192.168.0"과 같으며, 예상했던 것처럼 0~19 값을 가지는 변수 hostAddress의 목록 길이가 20임을 확인할 수 있다. 일반적으로 C 클래스 주소는 마지막 점으로 구분된 10진수로 호스트를 식별하기 때문에 hostAddress로 변수 이름을 지정한 다. 이 장의 예제 속에서는 변수, 함수, 메소드, 속성에 대한 명명규칙을 고려하고 있지만 여러분이 이미 패턴을 확인할 수 있다고 필자는 확신한다.

다음 첫 번째 ipRange.append 메소드를 실행하기 전에 ipRange(다시 [F6] 사용)의 초기 화 단계로 넘어가거나 "for loop" 중지를 시작할 것이다. 그림 2.29에서 볼 수 있듯이, 새로 운 변수 i는 0과 같고, 현재 비어있는 리스트의 첫 번째에 hostAddress, ipRange가 있다.

for loop 항목에 대한 각 단계를 20번 반복하는 경우에 있어서, 두 번째 루프(loop)의 첫 번 째 인쇄 문장에서 멈춘다. 그림 2.30의 변수 섹션에서 알 수 있듯이, ipRange 목록의 내용 을 더하면서 현재 값에 호스트 주소를 추가하여 완성된 ipRange 문자열을 볼 수 있다. 남 아있는 모든 것은 ipRange 배열 한 줄씩을 인쇄하는 것이다.

이것은 여러분에게 WingIDE의 기능에 대한 좋은 개요를 주어야 하며 코드 단계별 중단점을 설정하고 변수를 검사하는 방법에 대해 설명한다. 이 책의 나머지 부분은 고급 기능을 소개하는 내내 통합 개발 환경을 사용할 것이다.

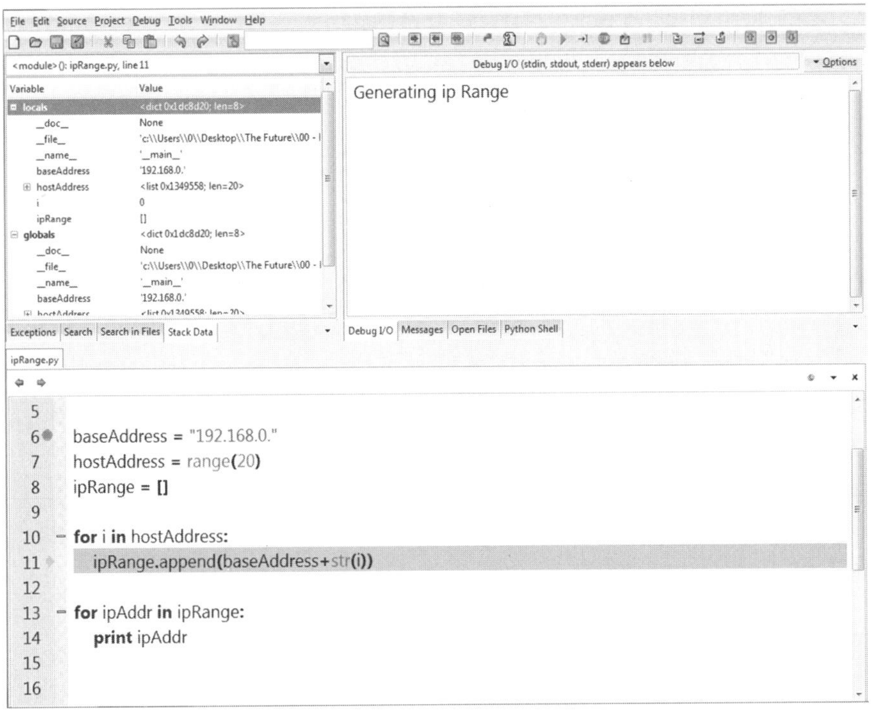

그림 2.29 코드 단계에서 WingIDE 사용

코드를 작성할 때 많이 사용하는 마지막 기능은 자동 완성이다. 그림 2.31에서 필자는 ipRange과 관련된 다른 메소드와 속성이 무엇인지 보고자 한다. 여러분은 append 메소드를 본 적이 있지만, 무엇을 할 수 있을지 궁금할 것이다. 단순히 ipRange 코드 한 줄을 추가하고 점(dot)을 입력하여 목록 상자(List Box)가 자동으로 나타나면 ipRange를 위해서 사용할 수 있는 모든 속성과 메소드를 표시한다. 참고로 ipRange는 리스트(list)이기 때문에 일반적으로 임의의 리스트에 적용될 수 있는 실제 메소드와 속성이 있다. 여러분이 볼 수 있는 드롭다운은 메소드와 속성에 대한 부분적인 목록이다. 목록을 정렬할 수 있도록 아래로 스크롤한다. 정렬 방법에 전달되는 매개변수가 실제로 정렬하는 방법을 결정한다.

지금까지는 윈도우 플랫폼에서 개발 및 디버깅하는 것에 초점을 맞췄다. 다음 절에서는 우분투 리눅스 설치와 빠른 작업 시간을 안내한다.

47

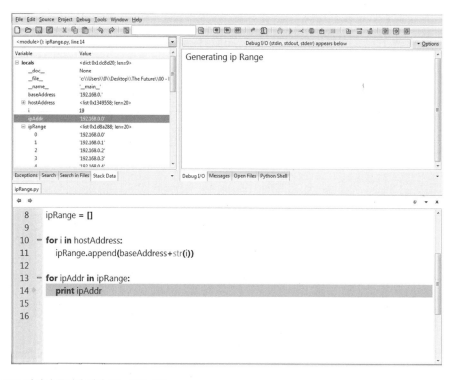

그림 2.30 완성된 목록에 대한 WingIDE 시험

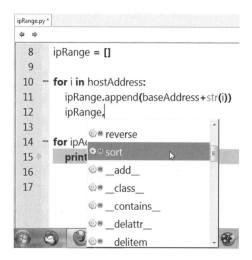

그림 2.31 WingIDE 자동 완성 기능

우분투 리눅스에서 파이썬 실행하기

리눅스 기반의 도구에는 조사 및 포렌식의 장점이 있다. 여러분이 더 높은 성능을 달성할 수 있는 것은 물론이고, 광범위한 미디어 및 이미지 타입에 안전하게 접근, 운영체제의 손실 방지, 그리고 잠재적으로 더 큰 유연성을 가지고 있다. 이러한 이유로 우분투에서 파이썬 설치 프로그램을 실행할 수 있다. 우분투 리눅스에서 파이썬 설치는 생각하는 것보다 쉽다.

필자는 우분투 설치 및 설정에 대해서 다음과 같이 강력하게 추천하고자 한다. 그림 2.32에 우분투 다운로드 페이지를 참조하라(http://www.ubuntu.com/download/desktop). 우분투 버전 12.x LTS는 가장 좋은 방법이다. 이 버전은 32비트 또는 64비트 중에서 사용할 수 있고, 표준 데스크톱 PC의 넓은 범위에서 작동하는 것이 검증되었다. 필자는 운영체제에 대한 장기간 지원을 이유로 버전 12.x LTS를 선택했다. 우분투는 이 버전에 대해 2017년 4월까지 지원 및 보안 업데이트를 약속하고 있다. 또한 디지털 수사 및 포렌식에 대한 안정적인 테스트 플랫폼을 제공하고 있다.

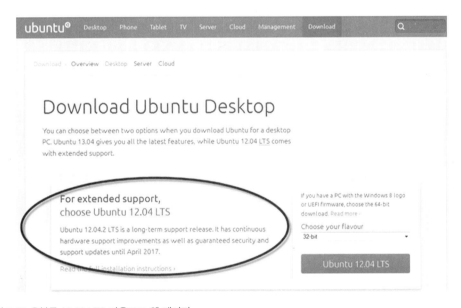

그림 2.32 우분투 12.04 LTS 다운로드 웹 페이지

우분투 운영체제에서 파이썬 버전 2.7.3의 설치 및 실행은 이미 운영체제의 일부로 설치되므로 기본 제품의 설치가 수행된다. 만약 여러분이 구체적인 설치에 대해 자신이 없다면, 그림 2.33과 같이 터미널창을 열고 프롬프트(prompt)에서 "python"을 입력한다. 올바르게 설치된 경우 표시된 것과 유사한 메시지를 확인할 수 있을 것이다.

만약에 원하는 결과를 얻을 수 없는 경우, 여러분은 우분투 12.x LTS를 다시 설치해야 하며, 이 문제를 복구해야 한다(모든 재설치를 시도하기 전에 반드시 데이터를 백업한다).

여러분이 한 동안 리눅스를 사용하지 않았거나 처음 우분투를 설치하는 경우, 리눅스 OS를 설치하는데 어려움을 겪는 시대는 끝났다는 것을 알게 될 것이다. "그것이 파이만큼이나 쉽다"는 속담처럼, 성공적으로 OS를 설치한 후 새로운 기능을 추가하는 과정은 간단하다. 예를 들어 우분투 환경에서 WingIDE 또는 IDLE 같은 통합 개발 환경을 설치하는 경우, 우분투 소프트웨어 센터에서 설치 프로그램을 얻을 수 있다. 우분투 소프트웨어 센터는 그림 2.34와 같이 작업 표시 줄의 항목을 클릭하고, 원하는 응용프로그램을 검색하여 접근할 수 있다.

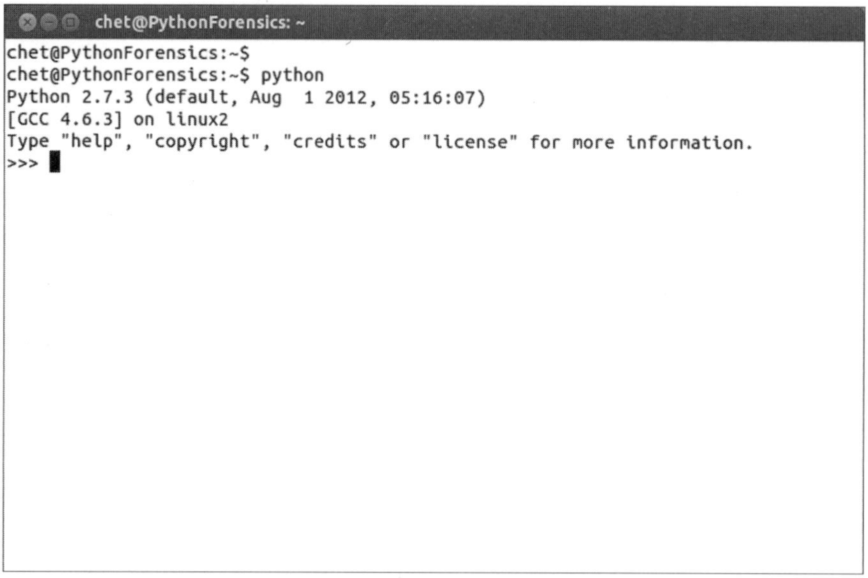

```
chet@PythonForensics: ~
chet@PythonForensics:~$
chet@PythonForensics:~$ python
Python 2.7.3 (default, Aug  1 2012, 05:16:07)
[GCC 4.6.3] on linux2
Type "help", "copyright", "credits" or "license" for more information.
>>>
```

그림 2.33 우분투 터미널 창에서 파이썬 명령

여러분이 보는 바와 같이 소프트웨어 센터는 파이썬을 검색하고 모든 관련된 응용프로그램과 서비스를 화면에 표시한다. 여러분은 필자가 동그라미 표기한 첫 번째 항목이 실제 파이썬 환경이라는 것을 알 수 있다. 우분투 소프트웨어 센터는 응용프로그램이 이미 설치되어있는 것을 눈에 띄게 한다(아이콘 앞에 체크 표시하여 알림). 또한 여러분은 통합 개발 환경 IDLE에 대해서 버전 2.7을 지원하는 것과 버전 3.2를 지원하는 것이 나열되어 있음을 확인할 수 있다.

필자는 앞서서 우분투 환경에 WingIDE 환경을 설치했다. 그림 2.35에서 보듯 우분투

12.04 LTS에서 WingIDE를 실행하는 경우, 이 장의 앞부분에서 다룬 윈도우 버전과 동일하게 기능을 배치하고 운영한다.

그림 2.34 우분투 소프트웨어 센터

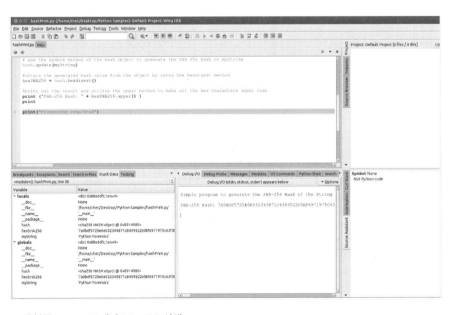

그림 2.35 우분투 12.04 LTS에서 WingIDE 실행

| 모바일 기기에서 파이썬

현재까지의 진행은 스마트 모바일 기기(아이폰 OS, 윈도우 8 폰, 안드로이드)를 위한 파이썬의 포트 버전으로 만들어지고 있다. 앱(App)은 일부 제한된 기능으로 만들어져 왔지만, 그것들은 시험 또는 학습을 위해서 검토할 가치가 있다. 다음 질에서 이러한 것에 대해 몇 가지 살펴볼 것이다.

아이폰 OS에서 파이썬 앱

아이폰 OS용 파이썬은 가장 안정적이며, 아이패드(iPad)도 지원하는 버전이다. 그림 2.36에서 아이폰 OS에서 실행하는 파이썬 2.7 셀에 대한 이미지를 볼 수 있고, 바로 Hello World와 유사한 메시지를 인쇄할 수 있다. 셀과 편집기는 파이썬 언어 및 모듈을 실험할 수 있도록 몇 가지 좋은 기능을 가지고 있다.

그림 2.36 아이폰 OS에서 파이썬 셀 실행

기능은 실제로 간단한 예제보다 아주 조금 더 낫다. 문자열에 대한 SHA256 해시를 수행하는 예제를 하나 가져왔다. 짧은 프로그램의 상단에 새로운 메소드들, 즉 표준 라이브러리 중에 모듈 **sys**와 모듈 **platform**을 추가했다. 필자는 두 가지의 모듈을 가져와 다음과 같이
코드를 작성했다.

```
import sys
import platform
print("Platform: "+sys.platform)
print("Machine: "+platform.machine())
```

그림 2.37에서와 같이 새로운 메소드와 프로그램에 대한 결과를 확인할 수 있다. 여러분은
플랫폼을 다윈(Darwin)하고 기기가 iPad 버전 1로 식별되는 것을 알 수 있다. 다윈은 맥 운
영체제 X를 위해서 애플(Apple)에 의해 지정된 플랫폼 이름이고, 물론 기기는 아직까지 믿
을 수 있는 iPad 1이다.

애플 앱 스토어에서 아이폰 OS 응용프로그램을 확인하는 것에 관심이 있는 사람들을 위
해, 아이폰 OS용 파이썬에 대한 자세한 정보와 스토어(Store)를 스크린샷하였다(그림
2.38).

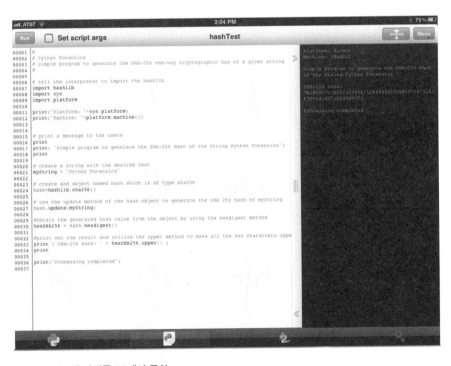

그림 2.37 HashPrint의 아이폰 OS에서 구현

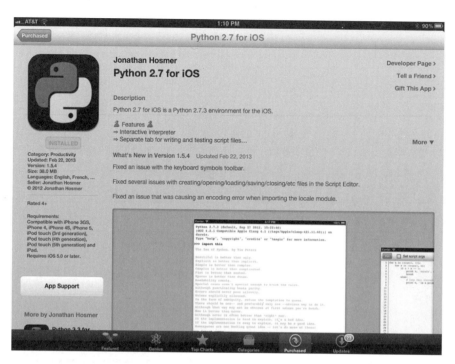

그림 2.38 아이폰 OS용 파이썬에 대한 애플 앱 스토어 페이지

윈도우 8 폰

마지막으로, 여러분은 노키아 루미아 폰에서 작동되는 마이크로소프트 윈도우 8 운영체제를 살펴볼 수 있다. 그렇다. 핸드폰에서 작동되는 파이썬이다. 필자는 아주 효과적인 것을 하나 발견하기 전에 마이크로소프트 스토어에서 여러 응용프로그램을 시험했었다. 그림 2.39에서 실행 메뉴에 표시된 **PyConsole**(Python Console의 약어)은 변경되지 않은 hashPrint.py 프로그램 예를 작동시켰다.

더 진보된 응용 프로그램은 그들 각각의 작업을 더 잘 보이게 하기 위해서 이러한 기기들과 함께 다른 사람들에게 돌아갈 것이다.

그림 2.40처럼 응용프로그램이 시작하면 간단한 파이썬 셸을 화면에 띄운다. 필자는 "Hello Mobile World"를 입력하고 스크립트를 실행했다. 결과는 화면 하단의 창에 나타난다.

그림 2.41에서 보여지는 간단한 SHA256 해싱 예제로 돌아가면, 여러분은 다른 플랫폼과 마찬가지로 동일한 결과를 생성하는 프로그램에 대한 코드와 실행을 확인할 수 있다.

그림 2.42는 윈도우 스토어에서 스크린 샷을 보여준다.

그림 2.39 윈도우 8 폰에서 PyConcole 시작 화면.

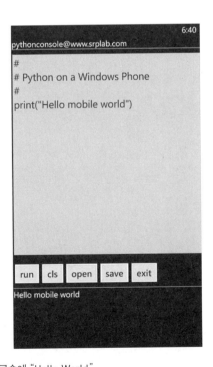

그림 2.40 윈도우 8 폰의 파이썬 콘솔에 "Hello World"

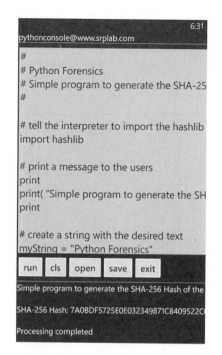

그림 2.41 윈도우 8 폰의 HashPrint 응용프로그램 실행

그림 2.42 파이썬 콘솔에서 윈도우 앱 스토어 페이지

| 가상머신

오늘날 우리는 완벽한 서버 인프라부터 전문화된 응용프로그램, 표준화된 개발 환경, 데이터베이스, 사용자 서비스, 데스크톱 등 모든 것을 위해서 가상머신을 가지고 있다. 빠른 입문을 원하는 사람들을 위해 필자는 이 책의 출판과 함께 활용할 수 있는 우분투 파이썬 환경을 만들었다. 이 환경은 3장부터 11장까지 표준 우분투 설치, 모든 패키지와 모듈, 예제 응용프로그램이 포함되어있다. 또한 간단하거나 더 향상된 디지털 수사 또는 포렌식 응용프로그램과 함께 실험을 시작할 수 있는 모든 시험 데이터를 포함했다. 여러분은 www.python-forensics.org로 이동하여 가상머신에 접속할 수 있다.

| 복습

이 장에서 매우 광범위하게, 또 일부는 깊이 있게 마이크로소프트 윈도우와 리눅스 환경에서 파이썬 환경을 설정하는 것을 다루었다. 여러분은 공식 소스에서 최신의 파이썬 환경을 다운로드하는 방법을 검토하고, 윈도우 파이썬 환경을 설치하는 것을 단계별로 거쳤다. 또한 이미 운영체제의 일부분으로 설치된 파이썬 2.x 버전이 포함된 우분투 버전을 특정 권고했다. 여러분은 파이썬 2.x와 3.x 사이에 주요 차이점을 살펴보았으며, 파이썬 표준 라이브러리에서 몇 가지 핵심 내장 함수, 데이터 타입, 그리고 모듈의 일부에 집중했다. 심지어 표준 라이브러리로 연습하여 몇 가지 예제 응용프로그램을 개발했고, 파이썬으로 작성된 프로그램이 윈도우, 리눅스, 아이폰 OS, 또는 윈도우 8 폰에서 수정 없이 어떻게 실행할 수 있는지를 보여주었다. 맥 OS에도 파이썬 2.x 최신 버전의 설치 표준이 함께 지원되었다.

여러분은 자연어와 네트워크 응용프로그램 각각을 다루는 두 가지의 특수한 타사 패키지를 검토했다. 또한 통합개발환경에 포함되어야 할 일부 기능을 검토하고, WingIDE에 대한 단계별 기능과 IDLE를 짧게 다루었다. 우리는 여기에 언급된 모든 컴퓨팅 플랫폼에서 파이썬 셸을 실험했다.

| 요약 질문

1. 다음과 같은 상황에 기초한 가장 좋은 파이썬 개발 환경은 무엇이라고 생각하는가?

    a. 파이썬 포렌식을 실험하고자 하는 학생

    b. 파이썬 조사 솔루션을 구축 및 배포를 계획하는 개발자

    c. 표준 포렌식 도구 내에서 존재하지 않는 전문 도구 및 기능들을 필요로 하는 실제 사례를 처리하는 실험실

2. 만약에 여러분이 실제 사례 또는 수사를 하는 동안에 파이썬 포렌식 응용프로그램을 제작하고 활용하는 경우, 통합 개발 환경에서 기대되는 몇 가지 주요 기능은 무엇인가?

3. 여러분의 플랫폼으로 우분투 리눅스 버전을 선택한 이유는 무엇인가?

4. 충분한 기능의 파이썬 환경을 이용하는 경우, 수사 목적을 위해 아이폰 OS, 안드로이드, 윈도우 8 기기와 같은 모바일 플랫폼을 어떻게 활용할 수 있는가?

5. 현재 파이썬 2.x 대 3.x를 선택하기 위한 주요 고려사항은 무엇인가?

6. 자연어 처리를 지원할 수 있는 타사 모듈 및 패키지는 어떤 것이 있나?

7. 비동기 네트워크 응용프로그램을 제작하는데 도움을 주는 타사 모듈 및 패키지는 어떤 것이 있나?

| 미리보기

여러분은 특정 포렌식 또는 디지털 수사 문제를 해결하기 위해서 각 장에 속하는 예제를 이행할 것이다. 또한 문제를 정의하고, 요구사항 명세화하고, 설계를 착수하고, 해결책을 코딩하고, 테스트 및 솔루션 유효성을 검사할 것이다.

앞으로 필자는 각 장에서 새로운 언어 구조, 패키지 및 모듈, 디버깅 방법, 좋은 코딩 습관을 천천히 소개할 것이다. 여러분에게 파이썬 통합 개발 환경 설정과 입문을 위해 준비하는 시간이 되기를 바란다.

| 참고 문헌

Python Programming Language—Official Website, Python.org. http://www.python.org.

The Python Standard Library. http://docs.python.org/2/library/.

The Natural Language Toolkit. nltk.org.

Twisted Network Programming for Python. http://twistedmatrix.com.

우리의 첫 번째 파이썬 포렌식 앱(App)

▶▶ 이 장에서 다루는 내용

소개

명명 규칙 및 기타 고려사항

첫 번째 응용 프로그램 "단방향 파일 시스템 해싱"

코드 워크-스루(Walk-Through)

실행 결과

복습

요약 질문

미리보기

참고 문헌

| 소개

필자는 1998년에 「디지털 증거를 보존하기 위한 스마트 카드 및 디지털 서명 사용」이라는 제목의 논문을 저술했다(호스머, 1998). 이 논문의 목적은 푸르드(Purdue)대학의 대학원생으로, 본래의 트립와이어(Tripwire) 기술을 창조한 지니 김(Gene Kim)의 초기 작업을 진행하기 위해서였다. 필자는 디지털 증거 보호를 위한 단방향 해싱 기술을 사용하는 모델의 향상에 호기심이 생겼고, 구체적으로는 스마트 카드에 디지털 서명의 사용을 적용하는 것에 대해서였다(그림 3.1).

몇 년 후에 필자는 출처를 추가하는 방정식 또는 서명에 대한 정확한 "때"를 증명을 위해 신뢰할 수 있는 타임스탬프(Timestamp)를 추가했다.

이중 인증은 카드의 기능을 잠금 해제하는 비밀번호와 함께 스마트 카드 등의 물리적인 보안 장치를 결합시킨다. "무엇을 소유했다" 및 "무엇을 알고 있다"를 산출하기 위해서는 서명과 같은 응용 프로그램을 수행하는 스마트 카드를 소지해야 하며, 카드 기능을 잠금 해제할 수 있는 핀(pin) 또는 비밀번호를 알고 있어야 한다.

지금까지 필자는 15년 동안, 포렌식 분야의 단방향 해싱 방법, 디지털 서명 알고리즘, 다른 암호화 기술 적용에 대해 관심을 가져왔다. 증거 보존, 증거 식별, 인증, 접근 통제 결정 및 네트워크 프로토콜과 같은 기술의 적용은 현재까지 계속되고 있다. 따라서 여러분이 기본 바탕이 되는 기술에 대한 확고한 이해와 더불어 디지털 수사에 이용되는 많은 응용프로그램, 파이썬 포렌식의 활용까지 할 수 있기를 기대한다.

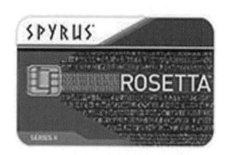

그림 3.1 암호화 스마트카드.

곧바로 코드를 작성하기 전에 포렌식 응용 프로그램의 파이썬 프로그래밍 언어를 사용하기 위한 몇 가지 기본 규칙을 설정하기 바란다.

| 명명 규칙 및 기타 고려사항

파이썬 포렌식 응용 프로그램을 개발하는 동안 이 책의 전반에 걸쳐서 사용될 원칙과 명명 규칙을 정의할 것이다. 이 중 일부분은 강력하게 형식화된 변수와 논리 값으로써 참(true) 상수의 시행에 대한 파이썬의 결핍을 보충한다. 더 중요한 것은 보다 가독성 있는 프로그램의 제작과 쉽게 따라 하고 이해하며 수정 또는 개선할 수 있도록 코딩 스타일을 정의하는 것이다.

아래에 필자가 사용하게 될 명명 규칙을 보도록 하자.

상수

원칙: 대문자와 함께 밑줄 분리

예: HIGH_TEMPERATURE

지역 변수 이름

원칙: 불규칙한 소문자(밑줄은 선택 사항)

예: currentTemperature

전역 변수 이름

원칙: 접두사 'gl' 다음에 불규칙한 소문자(밑줄은 선택 사항)

주의: 전역 변수는 단일 모듈에 포함되어야 한다.

예: gl_maximumRecordedTemperature

함수 이름

원칙: 불규칙한 대문자(밑줄은 선택 사항)와 능동태

예: ConvertFarenheitToCentigrade(…)

객체 이름

원칙: 접두사 'ob_' 다음에 불규칙한 소문자

예: ob_myTempRecorder

모듈

원칙: 밑줄('_')다음에 불규칙한 소문자

예: _tempRecorder

클래스 이름

원칙: 접두사 'class_' 다음에 첫 글자가 대문자로 시작하는 단어의 조합

예: class_TempSystem

여러분은 이 장에서 이러한 명명 규칙을 많이 확인하게 될 것이다.

| 첫 번째 응용 프로그램 "단방향 파일 시스템 해싱"

첫 번째 파이썬 포렌식 응용 프로그램의 목적은 다음과 같다.

1. 포렌식 수사를 위한 도구 및 응용 프로그램을 유용하게 구축한다.
2. 이 책 전반에 걸쳐 장래의 응용 프로그램 및 재사용 방법에 따라 개별 모듈을 개발한다.
3. 파이썬 포렌식 응용 프로그램을 구축하기 위한 신뢰할 수 있는 방법론을 개발한다.
4. 언어에 대한 고급 기능을 소개한다.

배경

단방향 파일 시스템 해싱을 수행하는 응용 프로그램을 구축하기 전에 더 정확하게 단방향 해싱을 정의할 필요가 있다. 아마도 여러분 중에 누군가는 "나는 이미 단방향 해싱이 무엇인지 알고 있으니 넘어가자."라고 말할 것이다. 그러나 단방향 해싱을 더 정확하게 정의하는 것은 컴퓨터 포렌식에 대한 중요한 토대가 될 것이다.

» 단방향 해싱 알고리즘의 기본 특성

1. 단방향 해싱 알고리즘은 비밀번호, 파일, 하드 드라이브의 이미지, 고체 상태 드라이브의 이미지, 네트워크 패킷, 디지털 기록으로부터 1과 0, 또는 기본적으로 연속적인 디지털이 입력되는 이진(Binary) 데이터에 대한 스트림을 취급한다.

2. 이 알고리즘은 입력으로 받은 이진 데이터를 압축한 표현인, 메시지 다이제스트를 생성한다.

3. 다이제스트로 다이제스트를 생성하는 바이너리 입력을 결정하는 것은 실행 불가능하다. 즉 생성된 다이제스트 바이너리 데이터의 스트림을 복구하기 위해서 다이제스트를 사용하여 되돌릴 수 없다.

4. 주어진 메시지 다이제스트를 생성할 새로운 이진 입력 데이터를 생성하는 것은 불가능하다.

5. 이진 입력 데이터에 대한 단일 비트를 바꾸면 고유한 메시지 다이제스트를 생성할 것이다.

6. 마지막으로 동일한 다이제스트를 산출하는 이진 데이터에 대한, 두 개의 고유한 스트림을 찾는 것은 불가능하다.

표 3.1 일반적인 단방향 해싱 알고리즘

알고리즘	창시자	길이(bit)	표준 관련
MD5	로널드 라이베스트(Ronald Rivest)	128	RFC 1321
SHA-1	미국국가안보(NSA)와 미국표준기술연구소(NIST)	160	FIPS Pub 180
SHA-2	미국국가안보(NSA)와 미국표준기술연구소(NIST)	224 256 384 512	FIPS Pub 180-2 FIPS Pub 180-3 FIPS PUB 180-4
RIPEMD-160	한스 도버틴(Hans Dobbertin)	160	Open Academic Community
SHA-3	귀도 베르토니(Guido Bertoni), 조앤 데먼(Joan Daemen), 질 반 아쉐(Gilles Van Assche), 마이클 피터스(Michael Peeters)	224,256, 384,512	FIPS-180-5

» 일반적인 암호화 해시 알고리즘이란?

메시지 다이제스트를 생성하는 알고리즘들이 있다. 표 3.1은 가장 일반적인 알고리즘 일부의 대한 배경을 제공한다.

» 단방향 해시 알고리즘의 장단점은 무엇인가?

MD5 알고리즘은 오늘날에도 여전히 사용되고 있으며 많은 응용프로그램의 속도, 편리성 및 상호운용성이 그것을 선택하게 만들었다. MD5 알고리즘의 공격 및 충돌에 대한 가능성이 증가되면서 많은 조직이 SHA-2(256비트와 512비트가 가장 일반적인 크기이다)로 이동하고 있다. 많은 조직들은 MD5와 같은 약점의 일부를 겪고 있는 SHA-1을 건너뛰기로 했다.

SHA-3으로 옮겨가는 것에 대한 고려는 아직 미래에 있고, SHA-3이 시합에 폭넓게 채택되기까지 몇 년이 걸릴 것이다. SHA-3은 임베디드 또는 휴대용 기기에 사용하기 위한 성능(속도와 소비전력) 개선을 위한 하드웨어로 구현하기 쉽게 설계 되었다. 여러분은 휴대용 기기 제조 업체가 얼마나 빠르고 새롭게 확립된 표준을 채택하는지 확인할 수 있을 것이다.

» 포렌식의 단방향 해시 알고리즘에 대한 최고의 활용 사례는 무엇인가?

증거 보존: 디지털 데이터가 수집되는 경우(예를 들어, 기계적 또는 고체 상태 드라이브를 이미징할 때) 전체 내용은 고유한 단방향 해시 값을 생성하도록 조합된다. 한번 완료된 단방향 해쉬에 대한 재계산은 이루어질 수 있다. 새로운 계산이 원본과 일치하는 경우, 이것은 증거가 변경되지 않았음을 입증할 수 있다. 이는 원래 계산된 해시 값의 변조에 대하여 보호되고 있음을 추정할 수 있기 때문에 비밀이 노출되지 않고 알고리즘을 사용할 수 있다. 누구든지 해시를 재계산 할 수 있으므로, 생성된 해시를 포함하고 있는 디지털 증거의 보관에 대한 체인은 유지되어야만 한다.

검색: 단방향 해시 값은 전통적으로 알려진 파일 개체에 대한 검색을 수행하기 위해서 이용돼 왔다. 예를 들어 아동 포르노 파일들을 상습적으로 수집하여 소장하고 있는 것에 대한 법률집행의 경우, 각 파일에 대해서 해시 값이 계산될 수 있다. 그런 다음 어떤 의심되는 시스템을 각각의 파일에 대한 해시 값으로 계산하여 불법 거래의 존재에 대해서 정밀 검사할 수 있고, 불법 거래 해시 값(아동 포르노 수집으로 인한 결과)의 알려진 목록에 결과 해시를 비교할 수 있다. 일치가 발견된다면 의심되는 시스템에서 해시 값이 일치하는 파일들을 더 검사할 것이다.

블랙 리스트: 검색의 예와 같이, 이것은 유해한 해시 파일에 대한 목록을 작성하는 것이 가능하다. 이러한 것은 CP의 예에서와 같이 불법 거래를 나타낼 수 있다. 그것들은 악의적인 코드 또는 사이버 무기 파일, 기밀, 특허 문서의 해시와 일치할 수 있다. 블랙 리스트에 나열된 항목에 대하여 일치하는 해시 값의 발견은 핵심 증거로 수사관에게 제공될 것이다.

화이트 리스트: 양호하거나 양성으로 알려진 해시 값(운영체제 또는 실행 가능한 응용 프로그램, 공급업체에서 제공한 동적 라이브러리 또는 신뢰할 수 있는 알려진 응용 프로그램 다운로드 파일)에 대한 목록을 작성하여, 수사관은 검사하지 않는 파일을 걸러내기 위해서 활용할 수 있다. 이러한 이유로 양호한 파일로 사전에 확정한다. 여러분은 이 방법론을 활용하여 검토가 필요한 파일의 수를 극적으로 줄일 수 있고, 알려진 양호한 해시 목록에 없는 파일에 주의를 집중할 있다.

변화 감지: 웹 사이트, 라우터, 방화벽 구성, 운영체제 설치의 악의적인 변경에 대비하는 한가지 일반적인 방어는 "알려진 양호한" 설치 또는 구성을 해시하는 것이다. 그런 다음에 정기적으로 변경된 파일이 없음을 보장하기 위해서 설치 또는 구성을 다시 스캔할 수 있다. 또한 여러분은 "알려진 양호한" 세트로부터 추가되거나 삭제된 파일이 없는지 확인해야만 한다.

기본 요구사항

단방향 해시에 대해 더 나은 이해와 용도를 가지는, 단방향 파일 시스템 해시 응용 프로그램에 대한 기본적인 요구사항은 어떤 것들이 있을까?

모든 프로그램 또는 응용 프로그램에 대한 요구사항을 정의할 때, 필자는 소프트웨어 개발자가 아니더라도 도메인에 익숙한 사람들이 이해할 수 있도록 전문 용어 없이 가능한 간결하게 정의하기를 바란다. 또한 각각의 요구사항은 설계, 개발 및 검증을 통해서 정의로부터 추적할 수 있도록 식별자를 가져야 한다. 필자는 설계자와 개발자의 능력을 혁신할 수 있도록 제공하고 싶다. 그런 까닭으로 필자는 요구사항을 정의하는 동안에 '어떻게'가 아닌 '무엇'에 집중하려고 한다(표 3.2).

표 3.2 기본 요구사항

요구사항 번호	요구사항 명	설명
000	개요	여러분이 찾고 있는 기본 기능은 정의된 시작점(예를 들어 c:\ 또는 /etc)에 있는 파일 시스템을 안내하는 포렌식 응용 프로그램이다. 모든 파일에 대한 단방향 해시 값을 생성한다.
001	이식성	응용 프로그램은 윈도우와 리눅스 운영체제를 지원해야 한다. 일반적인 지침에 따라 검증은 윈도우 7, 윈도우 8, 그리고 우분투 12.04 LTS 운영환경에서 수행된다.
002	주요 기능	단방향 해시 생성 외에, 응용 프로그램은 해시된 각 파일과 관련된 시스템 메타데이터를 수집해야 한다. 예를 들면 최소한, 파일 속성, 파일 이름, 파일 경로가 있다.
003	주요 결과	응용 프로그램은 유연성을 제공하는 표준 출력 파일 형식으로 결과를 제공해야 한다.
004	알고리즘 선택	응용 프로그램은 사용되는 단방향 해시 알고리즘을 지정할 때 넓은 다양성을 고려해야 한다.
005	오류 처리	응용 프로그램은 오류 처리를 지원해야만 하고 모든 수행 동작에 대해 기록해야 한다. 이것은 텍스트 설명과 날짜와 시간의 기록을 포함할 것이다.

설계 고려사항

응용 프로그램에 대한 기본적인 요구사항을 정의한 지금, 필자는 설계에 있어서 고려사항을 감안해야 한다. 첫째, 필자는 가능한 한 파이썬 표준 라이브러리의 내장 함수를 많이 활용하고자 한다. 또 핵심 기능을 검토하여 필자가 사용하려는 모듈 및 함수에 요구사항을 일치시키고자 한다. 이것은 타사 모듈 또는 새로운 모듈로부터 개발이 필요한 새로운 모듈을 노출할 것이다(표 3.3).

설계자로서 중요한 단계이자 재미있는 부분이라고 볼 수 있는 한 가지는 프로그램 이름을 붙이는 것이다. 필자는 첫 번째 프로그램을 파이썬 파일 시스템 해싱의 약자로 p-fish라고 이름 짓기로 결정했다.

다음으로 표준 라이브러리 함수에 대한 검토를 근거로 우리의 첫 번째 응용 프로그램에 어떤 모듈을 사용할 것인지 다음과 같이 정의해야 한다.

1. 사용자 입력을 위한 `argparse`
2. 파일 시스템을 다루기 위한 `os`
3. 단방향 해시를 위한 `hashlib`
4. 결과 출력(다른 임의의 출력은 이후에 추가될 수 있다)을 위한 `cvs`

5. 이벤트 및 오류에 대한 logging

6. time, sys, stat와 같이 다방면에 걸쳐 유용한 모듈들

표 3.3 표준 라이브러리 매핑

요구사항 번호	설계 고려사항	라이브러리 선택
사용자 입력 (000, 003, 004)	이러한 각각의 요건들은 과업을 달성하기 위해서 사용자로부터의 입력을 필요로 한다. 예를 들어 000은 시작하는 디렉토리 경로를 사용자가 지정할 것을 요구한다. 003은 사용자가 적합한 출력 형식을 지정해야 한다. 004는 해시 알고리즘을 지정할 것을 요구한다. 예외 처리 또는 기본 설정에 대한 자세한 내용은 정의되어야 한다(허용된 경우).	첫 번째 프로그램을 위해서 사용자 입력을 얻기 위한 명령줄(command line) 매개변수를 사용하기로 결정했다. 이러한 설계를 기반으로 파이썬 라이브러리 모듈 argparse를 활용할 것을 결정했다.
파일 시스템 조작 (000, 001)	이 기능은 특정한 출발점에서 시작하는 디렉터리 구조를 횡단할 수 있는 프로그램을 요구한다. 또한 윈도우와 리눅스 플랫폼 모두에서 작동해야 한다.	표준 라이브러리에서 OS 모듈은 파일 시스템을 탐색할 수 있는 기능과 교차 사용이 가능한 플랫폼 호환성을 제공하는 추상화를 제공하는 주요 메소드를 공급한다. 이 모듈은 파일과 관련된 메타 데이터에 대한 접근을 제공하는 크로스 플랫폼(cross platform) 기능을 포함하고 있다.
메타데이터 수집 (003)	디렉토리 경로, 파일 이름, 소유자, 작성/수정/접근 시간, 권한, 읽기 전용, 숨김과 같은 속성, 시스템 또는 기록(archive)을 수집할 것을 요구한다.	
파일 해시 (000)	사용자가 선택할 수 있는 해시 알고리즘에 유연성을 제공해야 한다. MD5와 몇 가지 다양한 SHA와 같이 가장 대중적인 알고리즘을 지원하기로 결정했다.	표준 라이브러리 hashlib 모듈은 단방향 해시 값을 생성하는 기능을 제공한다. 라이브러리는 "MD5," "SHA1," "SHA224," "SHA256," "SHA384," "SHA512"와 같은 일반적인 해시 알고리즘을 지원한다. 이것은 사용자에 대한 선택의 충분한 집합(set)을 제공한다.
결과 출력 (003)	이러한 요구사항을 충족하기 위해서 유연성을 가진 포맷을 제공하려면 프로그램 출력을 구조화할 수 있어야 한다.	표준 라이브러리는 활용할 수 있는 다양한 옵션을 제공한다. 예를 들어 cvs 모듈은 쉼표(,)로 구분된 값 출력을 생성할 수 있는 기능을 제공한다. 반면에 json(Java Object Notation) 모듈은 JSON 객체에 대한 암호기 및 복호기를 제공하고, XML 모듈은 XML 출력을 작성하기 위해 활용 될 수 있다.

로깅 및 오류 처리	우리는 파일시스템에 대해 탐색하는 동안 발생할 수 있는 오류를 예상해야 한다. 예를 들면, 특정 파일에 접근하지 못하거나 특정 파일이 고아가 되는 경우가 있다. 또 운영시스템 또는 다른 응용 프로그램에 의해 잠겨진 특정 파일이 있을 수 있다. 이러한 오류 조건들을 처리하고 주목할 만한 사건들을 기록해야 한다. 예를 들어 수사관, 배치, 날짜와 시간, 그리고 탐색중인 시스템에 속하는 정보를 기록해야 한다.	파이썬 표준 라이브러리는 처리 중에 발생하는 모든 이벤트 또는 오류를 보고하기 위해서 활용할 수 있는 로깅 기능을 포함하고 있다.

» 프로그램 구조

다음으로 프로그램에 대한 구조, 즉 프로그램에 함께 넣고자 하는 기능 조각을 정의해야 한다. 이러한 것은 미래의 응용 프로그램에서 이 프로그램에 대한 구성요소(component)를 재사용 할 경우 특히 중요하다. 구성요소를 조립하기 위한 한가지 방법은 그림 3.2와 그림 3.3에 나타난 바와 같이 몇 가지 간단한 도형과 함께 연결하는 것이다.

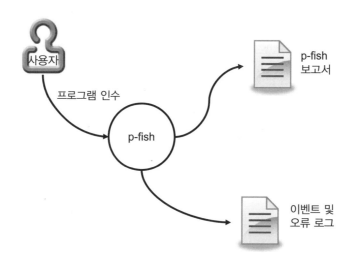

그림 3.2 컨텍스트 다이어그램: 파이썬 파일 시스템 해싱 (p-fish).

컨텍스트 다이어그램은 제안된 프로그램의 주요 입력 및 출력을 알기 쉽게 표현하고 있다. 사용자는 프로그램 인수를 지정하고, p-fish는 이러한 입력을 받아 파일 시스템이 보고서를 처리(해시, 메타데이터 추출 등)해서 각각 "p-fish 보고서" 및 "p-fish 이벤트 및 오류 로그" 파일에 대한 다른 주목할 만한 이벤트나 오류를 발생시킨다.

내부 구조의 구성은 아래 5개의 주요 구성 요소로 프로그램을 세분화했다. Main 프로그램, `ParseCommandLine`, `WalkPath` 함수, `HashFile` 함수, `CSVWriter` 클래스 그리고 로거(logger)(주의. 로거는 실제로 파이선 로거 모듈), 즉 pfish의 주요 기능에 의해 사용된다. 필자는 간략하게 아래의 각각의 동작을 설명하고, 코드 워크-스루(walk through)절에서 각 기능 동작이 제공되는 방법에 대해 한 라인씩 더 자세하게 서술했다.

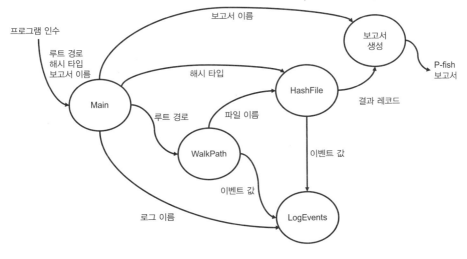

그림 3.3 p-fish 내부 구조

» Main 함수

Main 함수의 목적은 이 프로그램의 전체 흐름을 제어하는 것이다. 예를 들어, Main 내부에 파이썬 로거 설정, 시작 및 완료 메시지 표시, 그리고 시간에 대한 기록이 있다. 또한 Main 은 명령줄 파서를 호출한 다음 `WalkPath` 함수를 실행한다. `WalkPath`가 완료되면 Main은 완료를 기록하고 사용자와 로그에 대한 종료 메시지를 표시할 것이다.

» ParseCommandLine

p-fish에 대한 원활한 작동을 제공하기 위해, 사용자 입력 값의 문장구조 분석뿐만 아니라 유효성 검증을 위해 *parseCommandLine*를 활용한다. 일단 `WalkPath`, `HashFile`, `CSVWrite` 등의 프로그램 기능에 밀접한 정보를 완성하면, 파서로부터 생성된 값에서 사용할 수 있다. 예를 들어 해시 타입은 사용자에 의해 지정되기 때문에, 이 값은 `HashFile`에서 사용할 수 있어야 한다. 마찬가지로 `CSVWriter`는 pfish 보고서 결과를 작성하기 위한 경로를 필요로 하고 `WalkPath`는 시작하기 위한 시작점 또는 `rootPath`를 요구한다.

» WalkPath 함수

WalkPath 함수는 디렉토리 경로에 대한 루트에서 시작해야 하고 모든 디렉토리와 파일을 통과해야 한다. 유효한 각각의 파일에 대해 단방향 해시 연산을 수행하기 위해서 HashFile 함수를 호출한다. 모든 파일이 처리된 후에 WalkPath는 성공적으로 처리된 파일의 수에 따라 제어권을 Main에 반환한다.

» HashFile 함수

HashFile 함수는 열고, 읽고, 해시 연산 및 의심스러운 파일에 대한 메타데이터를 가져온다. 각 파일에 대해 데이터의 행은 p-fish 보고서에 포함될 CSVWriter로 전송한다. 파일이 처리되면 HashFile은 다음 파일을 인출하기 위해서 제어권을 WalkPath에 반환하다.

» CSVWriter (클래스)

클래스 및 객체 사용법에 대한 소개를 하기 위해서, 필자는 간단한 함수 대신에 클래스로 CSVWriter를 만들기로 결정했다. 여러분은 이 장에서 공개될 프로그램 매뉴얼(cookbook)에서 확인할 수 있겠지만 CSVWriter는 클래스 및 객체의 작동이나 사용법에 대한 시범을 멋지게 설정한다. 파이썬 표준 라이브러리 내의 csv 모듈은 초기화할 수 있는 "작가"를 필요로 한다. 예를 들어, 고정된 열(column)의 집합(set)으로 구성된 머리글(header) 행을 가지는 cvs 파일을 결과로 하기를 원한다. 그리고 나서 이어지는 "작가" 호출은 각 행을 채운 데이터를 포함한다. 마지막으로 일단 프로그램이 처리되면 cvs 보고서를 결과로 하는 모든 파일들을 닫아야 한다. 여러분은 프로그램 코드 탐색을 통해서 이 프로그램에 대한 더 많은 클래스 및 객체를 활용하지 않는 이유를 궁금해 할 수도 있다. 필자는 첫 번째 응용프로그램에 대해 느낀 것으로 더 많은 기능 중심의 예제를 만들 것이다.

» 로거

내장된 표준 라이브러리 로거(logger)는 p-fish와 관련된 로그 파일에 메시지를 기록할 수 있는 기능을 제공한다. 이 프로그램은 정보 메시지, 경고 메시지, 그리고 오류 메시지를 작성할 수 있다. 포렌식 응용 프로그램을 위한 것이기 때문에 프로그램의 동작을 기록하는 것은 매우 중요하다. 여러분은 코드 내에 추가적인 이벤트를 기록하기 위해서 프로그램을 확장할 수 있고 _pfish 함수의 어디에라도 추가할 수 있다.

» 코드 작성하기

필자는 여러분에게 자신의 파이썬 모듈을 만드는 방법과 기능을 분리하는 방법에 대한 몇 가지 기초 지식을 보여주는 두 개의 파일을 생성하기로 결정했다. 첫 번째로 간단한 응용 프로그램에 대한, (1)pfish.py와 (2)_pfish.py를 만들었다. 여러분이 떠올리는 것처럼 만들어진 모든 모듈은 밑줄(_)로 시작하고 _pfish.py가 pfish에 대한 모든 지원 기능을 포함하고 있기 때문에 필자는 단순히 _pfish.py라고 이름 지었다. 여러분이 더 좋은 분리된 기능으로 모듈을 나누고 싶은 경우 HashFile 함수, WalkPath 함수 등을 별도의 모듈로 만들 수 있다. 이것은 일반적으로 강하거나 느슨하게 결합된 기능 또는 더 낮게 명시된 방법에 근거하여 각 기능을 재사용할지, 나중에 독립해야 할지를 결정한다. 만약 그런 경우라면 그들을 분리한다.

그림 3.4에서는 pfish 프로젝트에 대한 통합 개발 환경 설정을 볼 수 있다. 여러분은 프로젝트와 관련된 파일을 지정하는 오른쪽 상단에 프로젝트 섹션을 주목하기 바란다. 여러분은 반쯤 내려가다가 두 개의 각 파일에 소스 코드를 볼 수 있는 탭을 확인할 수 있다. 또한 왼쪽 상단에 예상하는 것처럼 실행 중인 프로그램을 볼 수 있고 변수는 점검에 이용할 수 있다. 마지막으로 화면의 상단 중앙 부분에서 여러분은 명령줄을 성공적으로 처리하고 pfish에 대한 환영 메시지를 보고하는 프로그램으로부터 현재 표시하는 메시지를 볼 수 있다.

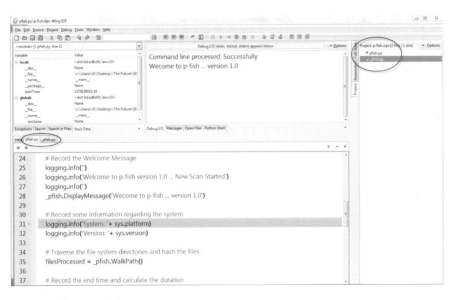

그림 3.4 WingIDE에 p-fish 설정.

| 코드 워크-스루(Walk-Through)

필자는 각 코드 섹션을 논의하기 위해서 의견 교환을 삽입할 것이다. 코드 워크-스루는 프로그램과 관련된 모든 코드에 대해 많은 지식을 줄 것이다. 필자는 먼저 각 핵심 기능에 대해서 검토한 뒤 두 파일에 대한 전체 목록을 제공할 것이다.

주요부분 분석하기-코드 워크스루

코드 자체가 고정된 크기의 글꼴로 표시되는 반면, 내포된 논평은 이탤릭체로 표시된다.(참고: 이 책에서는 이탤릭체를 반영하지 않았습니다)

```
# p-fish: 파이썬 파일 시스템 해시 프로그램
# 작성자: 호스머
# 2013년 7월
# 버전 1.0
#
```

메인 프로그램 코드는 아주 간단하다. 여러분이 예상하는 대로 상단에 우리가 사용하기 위한 파이썬 표준 라이브러리 모듈을 이용할 수 있도록 만드는 import 문장을 볼 수 있다. 이전에 보지 못한 것은 _pfish 자체 모듈을 참조하는 import 문장이다. 모듈이 존재하는 메인으로부터 기능은 호출되기 때문에 _pfish 자신의 모듈을 가져와야 한다.

```
import logging        # 파이썬 라이브러리 로깅 함수
import time           # 파이썬 라이브러리 시간 조작 함수
import sys            # 파이썬 라이브러리 시스템 특정 매개 변수
import _pfish         # _pfish 지원 기능 모듈

if __name__ =='__main__':
    PFISH_VERSION ='1.0'
    # 로깅 설정
```

다음으로 여러분은 파이썬 로깅 시스템에 대한 초기화를 확인할 수 있다. 이 예제에서는 pFishLog.log 라는 이름의 파일에 저장하도록 하드웨어에 내장된 로그를 가지고 있다. DEGUG에 대한 로깅 수준을 설정하고 각각의 로그 이벤트에 대해 시간과 날짜를 기록하도록 지정했다. DEGUG(가장 낮은 수준)에 수준을 설정함으로써 로거를 볼 수 있도록 전송된 모든 메시지를 확인할 수 있다.

```
logging.basicConfig(filename='pFishLog.log',level=logging.
DEBUG,format='%(asctime)s %(message)s')
```

다음으로, _pfish.ParseCommandLine() 함수를 호출하여 명령줄 인수를 처리하도록 제어권을 전달한다. 이 함수는 _pfish 모듈 내에 존재하기 때문에 함수 앞에 _pfish를 덧붙여야 한다. 구문 분석이 성공하면 이 함수는 여기에 반환할 것이다. 만약 그렇지 않으면 사용자에게 메시지를 게시하고 프로그램을 종료할 것이다. 필자는 다음 절에서 ParseCommandLine()의 작동을 더 깊이 살펴볼 것이다.

```
# 명령줄 인수를 처리한다.
_pfish.ParseCommandLine()
```

처리하는 동안에 경과된 시간을 계산하기 위해서 응용 프로그램의 현재 시작하는 시간을 기록하는 것이 필요하다. 중요한 사건 이후에 몇 초 이내에 경과된 시간을 획득하기 위해서 표준 라이브러리 함수 time.time()을 사용한다. 주의할 점은 법정에서 이것은 우리가 실행중인 시스템의 시간이므로 수사에 중요한 요소이다. 따라서 여러분은 여분의 시스템 시간을 동기화해야 한다.

```
# 시작하는 시간을 기록한다.
startTime = time.time()
```

다음 프로그램은 스캔의 시작을 보고하는 로그에 메시지를 게시하고 상세한 옵션이 명령행(이에 대한 자세한 내용은 ParseCommandLine 함수를 검토할 때)에 선택된 경우에만 사용자 화면에 표시한다. 내장하는 매직 넘버 대신에 버전 번호를 소유한 상수를 사용하는 것을 알 수 있다. 이제 여러분은 미래에 상수를 수정할 수 있다. 그리고 어디서나 PFISH_VERSION은 고유의 버전 번호를 표시하는 것에 사용된다. 또한 시스템에 문제가 있을 경우, 시스템 플랫폼 및 버전이 기록된 데이터를 작업 과정을 위해 사용한다. 로그는 조직, 수사관 이름, 사례 번호, 그리고 사례와 관련이 있는 기타 정보를 추가할 수 있는 좋은 장소가 될 것이다.

```
# 로그에 스캔 시작 메시지를 게시한다.
logging.info('Welcome to p-fish version 1.0 ... New Scan Started')
_pfish.DisplayMessage('Welcome to p-fish ... version 1.0')
```

참고로 상수인 PFISH_VERSION을 생성한 이후, 여러분은 소스 코드를 유지하기 쉽게 사용할 수 있다. 즉 아래와 같이 보일 것이다:

_pfish.DisplayMessage('Welcome to p-fish ... '+ PFISH_VERSION)

```
# 시스템에 관여하는 일부 정보를 기록한다.
logging.info('System:'+ sys.platform)
logging.info('Version:'+ sys.version)
```

이제 메인 프로그램은, 미리 정해진 루트 경로에서 시작하는 디렉토리 구조를 횡단할 _pfish 모듈 내의 WalkPath 함수를 실행한다. 이 함수는 WalkPath 및 HashFile에 의해서 성공적으로 처리된 파일의 수를 반환한다. 여러분이 볼 수 있듯이 필자는 로그 입력을 마무리 짓기 위해 종료 시간과 함께 이 값을 사용했다. endTime에서 startTime을 감산함으로써 파일 시스템 해시 연산을 수행한 시간(초)을 결정할 수 있다. 여러분은 날짜, 시간, 분, 그리고 초를 변환할 수 있다.

```
# 파일 시스템 디렉토리 및 해시 파일들을 횡단한다.
filesProcessed = _pfish.WalkPath()

# 종료 시간을 기록하고 지속 시간을 계산한다.
endTime = time.time()
duration = endTime - startTime

logging.info('Files Processed:'+ str(filesProcessed) )
logging.info('Elapsed Time:'+ str(duration) +'seconds')

logging.info('Program Terminated Normally')

_pfish.DisplayMessage("Program End)"
```

ParseCommandLine 함수

설계 절에서 개발을 수행하기 위해서 아래와 같이 두 가지를 결정 했다.

1. 첫 번째 응용 프로그램이 명령줄 프로그램이 될 것이다.

2. 프로그램의 동작을 능숙하게 다루도록 사용자에게 몇 가지 옵션을 제공하기로 한다. 이것은 명령줄 옵션에 대한 설계와 구현을 주도한다.

이를 바탕으로 프로그램에 다음과 같은 명령줄 옵션을 제공했다.

옵션	설명	참고
-v	Verbose, 이 옵션은 지정된 다음에 DisplayMessage() 함수를 호출하는 경우, 표준 입출력 장치에 표시되고, 그렇지 않으면 프로그램이 자동으로 실행된다.	
--MD5 --SHA256 --SHA512	해시 타입 선택, 사용자가 사용하고자 하는 단방향 해시 알고리즘을 지정해야 한다.	선택은 상호 배타적이며 적어도 하나를 선택해야 한다. 그렇지 않으면 프로그램이 중단될 것이다.

-d	rootPath, 사용자가 시작 또는 루트 경로를 지정할 수 있다.	디렉토리가 존재해야 하고, 읽을 수 있어야 한다. 그렇지 않으면 프로그램이 중단될 것이다.
-r	reportPath, 사용자가 결과 .csv 파일이 기록될 디렉토리를 지정할 수 있다.	디렉토리가 존재해야 하고 쓸 수 있어야 한다. 그렇지 않으면 프로그램이 중단될 것이다.

처음에는 이러한 요구 사항 중 일부는 어려워 보일 수도 있지만, 표준 라이브러리 argparse는 다루기에 탁월한 유연성을 제공한다. 이것은 프로그램 실행 이전에 가능한 모든 사용자 오류를 잡을 수 있게 해주고 예외 처리를 하는 사용자에게 문제를 보고하는 방법을 제공한다.

```
def ParseCommandLine():
```

argparse를 사용하는 과정의 대부분은 구문분석 프로그램을 설정하는 방법에 대해 아는 것이다. argparse를 올바르게 설정했다면, 이것은 여러분을 위해 모든 노력을 다 할 것이다. 필자는 "parser"라는 이름의 새로운 구문분석 프로그램을 만듦으로써 시작과 함께 간략한 설명을 제공한다. 다음으로, 이 경우에 있어서 -v 또는 verbose에 새로운 인수를 추가한다. 옵션은 -v이며, 사용되는 결과 변수는 vervose 이다. 인수와 함께 관련된 도움말 메시지는 pfish를 사용하는 방법에 대한 사용자 알림을 위해서 도움말 시스템에 의해 사용된다. -h 옵션은 기본 제공되며 정의를 필요로 하지 않는다.

```
parser = argparse.ArgumentParser('Python file system hashing ..
p-fish')

parser.add_argument('-v','--verbose'help='allows progress messages to
be displayed', action='store_true')
```

다음 절은 사용자가 생성하고자 하는 특정 해시 타입을 선택하기 위한 인수의 상호 배타적인 그룹을 정의한다. 예를 들어, SHA384 같이 다른 옵션을 추가하는 것을 원한다면, 여러분은 그룹에 다른 인수를 간단히 추가하고 같은 형식을 따라야 한다. 옵션 required＝True은 add_mutually_exclusive_group의 안쪽에 지정한 이후에, argparse는 사용자가 하나의 인수와 적어도 하나를 지정했는지를 확인한다.

```
# 상호 배타적인 그룹과 required 옵션을 설정한다.

group = parser.add_mutually_exclusive_group(required=True)

group.add_argument('--md5',help ='specifies MD5 algorithm', action='store_true')
```

```
group.add_argument('--sha256', help ='specifies SHA256 algorithm',
action='store_true')

group.add_argument('--sha512', help ='specifies SHA512 algorithm',
action='store_true')
```

다음으로 행동의 시작점을 지정해야 하고, 보고서가 만들어질 장소가 필요하다. 필자가 타입 옵션을 추가한 것을 제외하면, 이전 설치와 동일하게 작동한다. 이것은 지정한 타입의 유효성 검사를 위해서 argparse가 필요하다. -d 옵션의 경우, rootPath가 존재하고 읽기 가능한 지를 확인하고자 한다. argparse는 디렉토리 유효성 검사를 위한 내장된 기능을 가지고 있지 않기 때문에, ValidateDirectory()와 ValidateDirectoryWritable() 함수를 만들었다. 그것들은 거의 동일하고 정의된 표준 라이브러리 운영체제 기능을 사용한다.

```
parser.add_argument('-d','--rootPath', type=
ValidateDirectory, required=True, help="specify the root
path for hashing)"

parser.add_argument('-r','--reportPath', type=
ValidateDirectoryWritable, required=True, help="specify the
path for reports and logs will be written)"

# 검증된 인수를 보유하는 전역 객체를 생성한다.
# # 이러한 전역 객체는 # _pfish.py 모듈 내의 모든 함수에서 사용할 수 있다.

global gl_args
global gl_hashType
```

이제 파서를 호출할 수 있다. _pfish 모듈 내의 함수에 의해 접근 가능하도록 전역 변수에 결과 인수(한 번 검증된)를 저장하려고 한다. 이것은 전역 변수의 사용을 회피하는 것을 다루기 위한 클래스를 만들 수 있는 좋은 기회가 될 것이다. 이는 4장에서 이루어진다.

```
gl_args = parser.parse_args()
```

파서(즉, 명령줄 매개 변수를 유효성 검사하는 argparse)가 성공하면, 사용자를 선택하는 해시 값을 연산하는 알고리즘을 결정하려고 한다. 해시 유형과 함께 연관된 각각의 값을 검토한다. 예를 들어, 사용자가 SHA256을 선택한 경우, gl_args.sha256은 True가 되고 MD5 및 SHA512는 False가 된다. 따라서 간단한 if/elif 언어 루틴 사용에 의해 선택한 것을 결정할 수 있다.

```
    if gl_args.md5:
        gl_hashType ='MD5'
    elif gl_args.sha256:
        gl_hashType ='SHA256'
    elif gl_args.sha512:
        gl_hashType ='SHA512'
    else:
        gl_hashType = "Unknown"

        logging.error('Unknown Hash Type Specified')

    DisplayMessage("Command line processed: Successfully)"
    return
```

ValiditingDirectoryWritable

위에서 언급한 바와 같이, 보고서 및 시작 또는 루트 경로 이동 모두에 대해 사용자가 제공하는 디렉토리를 확인하는 기능을 만들어야 한다. 파이썬 표준 라이브러리 모듈 os를 활용하여 이 기능을 완성할 수 있다. 필자는 이 모듈과 함께 os.path.isdir과 os.access 메소드 모두를 활용했다.

```
    def ValidateDirectoryWritable(theDir):
```

먼저 사용자가 제공한 디렉토리 문자열이 실제로 존재하는지 점검한다. 테스트가 실패하면, 그 다음에 argpase 내의 오류가 발생하고 "디렉토리가 존재하지 않습니다."라는 메시지를 제공한다. 이 메시지는 테스트가 실패하는 경우 사용자에게 제공될 것이다.

```
    # path가 디렉토리의 유효성을 검사한다.
    if not os.path.isdir(theDir):
            raise argparse.ArgumentTypeError('디렉토리가 존재하지 않습니다.')
```

다음으로 디렉토리에 쓰기 권한이 있는지 다시 한번 확인하고, 테스트가 실패하는 경우 예외가 발생하고 오류 메시지를 제공한다.

```
    # access가 쓰기 가능한지 확인한다.
    if os.access(theDir, os.W_OK):
            return theDir
    else:
            raise argparse.ArgumentTypeError('Directory is not writable')
```

이제 `ParseCommandLine` 함수에 대한 구현을 완료한 것으로, 함수가 부적절한 명령줄 인수를 거부하는 방법에 대한 몇 가지 예를 살펴보자. 그림 3.5에서 부적절하게 구성된 4가지 명령줄을 만들었다.

- (1) TEST_DIR 대신에 TESTDIR로 루트 디렉토리를 잘못 입력
- (2) -sha512 매개변수를 -sha521로 잘못 입력
- (3) -sha512와 -md5로 두 개의 해시 타입을 지정
- (4) 어떤 해시 타입도 지정하지 않음

각각의 사례에서 볼 수 있듯이 `ParseCommandLine`은 명령을 거부한다.

사용자가 정상으로 돌아가기 위해서는 그림 3.6에 보여지는 것과 같이 올바른 명령줄 인수 지침을 얻을 수 있는 -h 또는 도움말 옵션을 활용해야 한다.

WalkPath

이제는 디렉토리 구조를 횡단하며 각 파일에 대한 `HashFile` 함수를 호출할 수 있는 `WalkPath` 함수로 이동해 보자. 필자는 여러분이 간단한 이 방법에 놀라게 될 것이라고 생각한다.

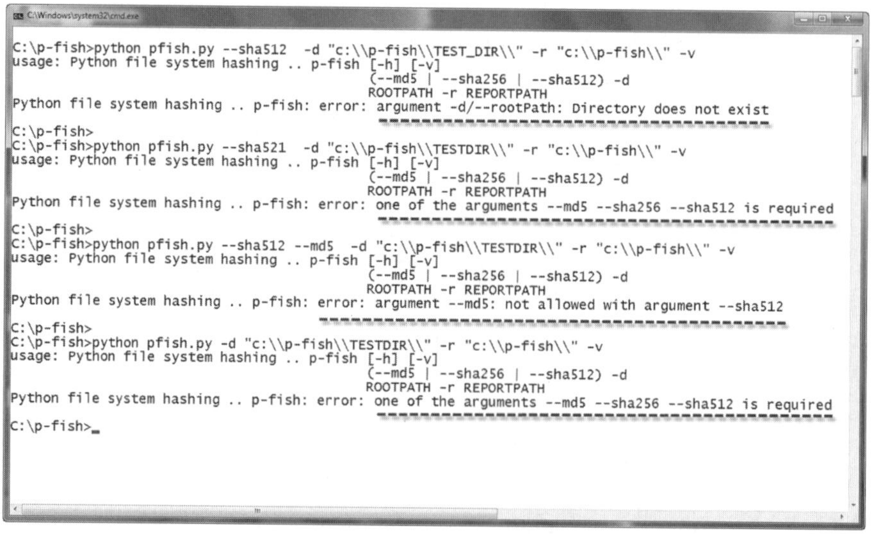

그림 3.5 ParseCommandLine의 실연(데모).

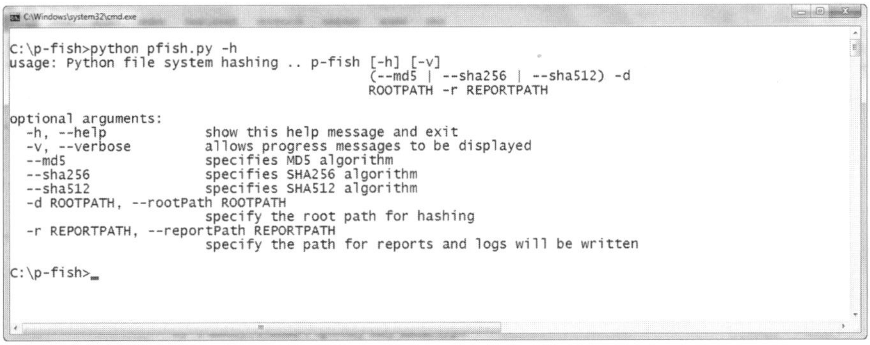

```
C:\Windows\system32\cmd.exe

C:\p-fish>python pfish.py -h
usage: Python file system hashing .. p-fish [-h] [-v]
                                        (--md5 | --sha256 | --sha512) -d
                                        ROOTPATH -r REPORTPATH

optional arguments:
  -h, --help            show this help message and exit
  -v, --verbose         allows progress messages to be displayed
  --md5                 specifies MD5 algorithm
  --sha256              specifies SHA256 algorithm
  --sha512              specifies SHA512 algorithm
  -d ROOTPATH, --rootPath ROOTPATH
                        specify the root path for hashing
  -r REPORTPATH, --reportPath REPORTPATH
                        specify the path for reports and logs will be written

C:\p-fish>_
```

그림 3.6 pfish -h 명령.

```
def WalkPath():
```

먼저 성공적으로 처리된 파일의 수를 계산하기 위해서 processCount 변수를 초기화하고, 루트 경로 값을 문서화하는 로그 파일에 메시지를 게시한다.

```
processCount = 0
errorCount = 0

log.info('Root Path:'+ gl_args.rootPath)
```

다음으로 사용자에 의해 명령줄에 제공된 reportPath와 함께 CSVWriter 클래스를 초기화 한다. 또한 CVS 파일의 머리글에 포함될 수 있도록 사용자에 의해 선택된 hashType을 제공한다. CSVWriter 클래스는 나중에 이 장에서 다시 다룰 것이다.

```
oCVS = _CSVWriter(gl_args.reportPath+'fileSystemReport.csv',
gl_hashType)

# 시작하는 모든 파일을 처리하는 루프를 생성한다.
# rootPath에서 모든 하위 디렉토리도 처리된다.
# processed
```

다음으로 os.walk 메소드를 사용하는 반복문을 생성하고, rootPath를 사용자가 지정한다. 이것은 다음 반복문에서 처리되는 파일 이름의 목록을 작성한다. 이는 경로 내에서 각각의 디렉토리에 대해 수행된다.

```
for root, dirs, files in os.walk(gl_args.rootPath):

        # for는 각 파일에 대해 파일 이름을 획득하고
        # HashFile 함수를 호출한다.
```

다음 반복문은 파일의 목록에서 가가 파일을 처리한다. 그리고 경로와 HashFile에서 사용하기 위한 단순한 파일 이름과 함께 연결된 파일 이름으로 HashFile 함수를 호출한다.

```
for file in files:
    fname = os.path.join(root, file)
    result = HashFile(fname, file, oCVS)

    # 성공하면 ProcessCount가 증가한다.
```

프로세스 및 오류 수는 그에 따라 증가한다.

```
    if result is True:
        processCount += 1
    # 성공하지않으면, ErrorCount가 증가한다.
    else:
        errorCount += 1
```

일단 모든 디렉토리 및 파일이 처리되면 CVSWriter가 닫히고 함수는 성공적으로 처리된 파일의 수를 메인 프로그램에 반환한다.

```
oCVS.writerClose()
return(processCount)
```

HashFile

아래의 HashFile 함수에 대한 코드는 분명히 긴 프로그램이지만 매우 단순하고 간단하다. 아래 과정을 통해서 살펴보자.

```
def HashFile(theFile, simpleName, o_result):
```

파일 해시를 시도하기 전에 각 파일에 대한 몇 가지 항목은 검증을 필요로 한다.

(1) 경로가 존재 하는가

(2) 실제 파일 대신에 연결하는 경로가 있는가

(3) 파일이 실재(고아가 되지 않았다는 것을 확인 할 수 있는)하는가

이러한 테스트 각각에 대해 오류가 발생하는 경우, 로그 파일에 게시된 오류 로그와 일치한다. 파일이 우회되는 경우, 프로그램은 단순하게 WalkFile로 돌아가서 다음 파일을 처리할 것이다.

```
        # 경로가 유효한지 확인한다.
        if os.path.exists(theFile):
            # 경로가 심볼 링크가 아닌지 확인한다.
            if not os.path.islink(theFile):
                # 파일이 실재하는지 확인한다.
                if os.path.isfile(theFile):
```

다음 부분은 조금 까다롭다. 심지어 파일의 존재를 결정하기 위한 최선의 노력에도
불구하고 파일을 열 수 없거나 읽지 못하는 경우가 있다. 이것은 권한 문제 혹은 파일
이 잠겨있거나 손상된 가능성에 의해 발생할 수 있다. 따라서 여는 동안에 시도 방법
을 활용하여 다음 파일에서 읽는다. 읽기 전용 "rb" 옵션으로 파일을 여는 것은 신중
해야 한다. 다시 한번 오류가 발생할 경우, 보고서를 생성하여 기록하고 프로그램은
다음 파일로 이동한다.

```
        try:
            # 파일 열기를 시도한다.
            f = open(theFile,'rb')
        except IOError:
            # 열기를 실패할 경우 오류를 보고한다.
            log.warning('Open Failed:'+ theFile)
            return
        else:
            try:
                # 파일 읽기를 시도한다.
                rd = f.read()
            except IOError:
                # 읽기를 실패할 경우, 파일을 닫고
                # 오류를 보고한다.
                f.close()
                log.warning('Read Failed:'+ theFile)
                return
            else:
                # 파일 열기가 성공하면 이 파일로부터 읽을 수 있다.
                # 파일 상태를 조회하자.
```

파일을 성공적으로 열고 파일을 읽는 것이 허용되면 파일과 관련된 속성을 추출한다.
이것들은 소유자, 그룹, 크기, 수정/접근/속성변경 시간 및 모드를 포함한다. CSV 파
일에 게시된 기록에서 이를 포함할 것이다.

```
        theFileStats = os.stat(theFile)
            (mode, ino, dev, nlink, uid, gid, size,
            atime, mtime, ctime) = os.stat(theFile)
```

```python
# 사용자에게 진행 중을 표시한다.

DisplayMessage("Processing File: " + theFile)

# 파일 크기를 문자열로 변환한다.
fileSize = str(size)

# 수정/접근/속성변경 시간을 문자열로 변환한다.

modifiedTime = time.ctime(mtime)
accessTime = time.ctime(atime)
createdTime = time.ctime(ctime)

# 소유자, 그룹, 파일 모드를 변환한다.

ownerID = str(uid)
groupID = str(gid)
fileMode = bin(mode)
```

이제 수집된 파일 속성과 관련된 파일의 실제 해시가 발생한다. 사용자에 의해 지정된 파일을 해시해야 한다(즉, 단방향 해시 알고리즘들이 활용되어야 한다). 여러분은 2장에서 파이썬 표준 라이브러리 모듈 hashlib 사용하여 실험했다.

```python
# 파일을 해시 처리한다.

if gl_args.md5:
    # MD5 계산
    hash = hashlib.md5()
    hash.update(rd)
    hexMD5 = hash.hexdigest()
    hashValue = hexMD5.upper()
elif gl_args.sha256:
    # SHA256 계산
    hash=hashlib.sha256()
    hash.update(rd)
    hexSHA256 = hash.hexdigest()
    hashValue = hexSHA256.upper()
elif gl_args.sha512:
    # SHA512 계산
    hash=hashlib.sha512()
    hash.update(rd)
    hexSHA512 = hash.hexdigest()
    hashValue = hexSHA512.upper()
else:
    log.error('Hash not Selected')
# 파일 처리가 완료되었다.
# 활성 상태의 파일을 닫는다.
```

이제 처리 중인 파일은 그 파일을 닫아야만 완료된다. 다음으로 CSV 보고서 파일에 기록을 작성하기 위해서 클래스를 사용하고, WalkPath를 성공적으로 호출자에게 반환한다.

```
f.close()

# 출력 파일에 한 행을 쓴다.

o_result.writeCSVRow(simpleName,
theFile, fileSize, modifiedTime,
accessTime, createdTime, hashValue,
ownerID, groupID, mode)
return True
```

이 절에서는 파일 처리 중에 발생하는 문제에 대해서 관련된 로그 파일에 경고 메시지를 게재한다.

```
    else:
        log.warning('['+ repr(simpleName) +', Skipped NOT a File'+']')
        return False
    else:
        log.warning('['+ repr(simpleName) +', Skipped Link
        NOT a File'+']')
        return False
else:
        log.warning('['+ repr(simpleName) +', Path does NOT exist'+']')
    return False
```

CSVWriter

이 장의 코드 워크-스루(walk-through) 절 마지막 부분에서 CSVWriter를 다룰 것이다. 앞에서 언급한 바와 같이, 파이썬의 클래스에 대한 개념을 여러분에게 소개하고 더 유용하게 만들기 위해서 함수 대신에 클래스로 이 코드를 만들었다. 클래스는 생성자 또는 초기화 (init), writeCSVRow, and writerClose의 세 가지 메소드를 가지고 있다. 하나 하나 살펴보자.

```
class _CSVWriter:
```

생성자 또는 초기화 메소드는 다음 3가지 기본 초기화를 수행한다.

(1) csvFile을 연다.

(2) csv.writer를 초기화 한다.

(3) 각 칼럼에 대한 이름과 함께 머리글 행을 기록한다.

초기화하는 동안에 어떤 오류가 발생하는 경우, 예외 상태가 되고 로그 항목이 생성된다.

```python
def __init__(self, fileName, hashType):
    try:
        # writer 객체를 만들고 머리글 행을 작성한다.
        self.csvFile = open(fileName,'wb')

        self.writer = csv.writer(self.csvFile,
           delimiter=',', quoting=csv.QUOTE_ALL)
        self.writer.writerow( ('File','Path','Size',
          'Modified Time','Access Time','Created Time',
         hashType,'Owner','Group','Mode') )
    except:
        log.error('CSV File Failure')
```

두 번째 메소드 writeCSVRow는 각 파일 해시의 성공적인 완료에 따라서 HashFile 로부터 레코드를 수신한다. 메소드는 실제로 보고서 파일에 레코드를 배치하기 위해서 csv writer를 사용한다.

```python
def writeCSVRow(self, fileName, filePath, fileSize, mTime,
        aTime, cTime, hashVal, own, grp, mod):

        self.writer.writerow( (fileName, filePath,
            fileSize, mTime, aTime, cTime, hashVal, own,
            grp, mod))
```

마지막으로, writeClose 메소드는 여러분의 예상대로 단순히 csvFile을 닫는다.

```python
def writerClose(self):
        self.csvFile.close()
```

Full code listing pfish.py

```python
#
# p-fish : 파이썬 파일 시스템 해시 프로그램
# 작성자: C. 호스머
# 2013년 7월
# 버전 1.0
#
```

```
import logging      # 파이썬 표준 라이브러리 로거
import time         # 파이썬 표준 라이브러리 time 함수
import sys          # 파이썬 표준 라이브러리 특정 매개변수
import _pfish       # _pfish 지원 기능 모듈

if __name__ =='__main__':

    PFISH_VERSION ='1.0'

    # 로깅을 설정한다.
    logging.basicConfig(filename='pFishLog.log',level=logging.DEBUG,
    format='%(asctime)s %(message)s')

    # 명령줄 인수를 처리한다.
    _pfish.ParseCommandLine()

    # 시작하는 시간을 기록한다.
    startTime = time.time()

    # 환영 메시지를 기록한다.
    logging.info('')
    logging.info('Welcome to p-fish version'+ PFISH_VERSION +'... New Scan Started')
    logging.info('')
    _pfish.DisplayMessage('Welcome to p-fish ... version'+
    PFISH_VERSION)

    # 시스템 관련한 일부 정보를 기록한다.
    logging.info('System:'+ sys.platform)
    logging.info('Version:'+ sys.version)

    # 파일 시스템 디렉토리 및 해시 파일을 횡단한다.
    filesProcessed = _pfish.WalkPath()

    # 종료 시간을 기록하고 기간을 계산한다.
    endTime = time.time()
    duration = endTime - startTime
    logging.info('Files Processed:'+ str(filesProcessed) )
    logging.info('Elapsed Time:'+ str(duration) +'seconds')
    logging.info('')
    logging.info('Program Terminated Normally')
    logging.info('')

    _pfish.DisplayMessage("Program End")
```

Full code listing _pfish.py

```
#
# pfish 지원 함수, 모든 실제 작업이 수행되는 곳
#

# Display Message()    ParseCommandLine()         WalkPath()
# HashFile()             class _CVSWriter
# ValidateDirectory() ValidateDirectoryWritable()
#
import os          #파이썬 표준 라이브러리 – 다양한 운영체제 인터페이스
import stat        #파이썬 표준 라이브러리 – 결과 해석을 위한 기능
import time        #파이썬 표준 라이브러리 – 시간 접근 및 변환 기능
import hashlib     #파이썬 표준 라이브러리 – 보안 해시 및 메시지 다이제스트
import argparse    #파이썬 표준 라이브러리 – 명령줄의 옵션과 인수에 대한 구문 분석
import csv         #파이썬 표준 라이브러리 – csv 파일의 읽기와 쓰기
import logging     #파이썬 표준 라이브러리 – 로깅 기능

log = logging.getLogger('main._pfish')


#
# 이름: ParseCommand 함수
#
# 설명: 명령줄 인수를 처리하고 유효성을 검사한다.
#            파이썬 라이브러리 모듈 argparse를 사용한다.
#
# 입력: 없음
#
# 행위:
#            명령줄을 처리할 수 있는 표준라이브러리 argparse를 사용
#            어디서나 함수의 인수 정보를 얻을 수 있는 전역 변수 gl_args를 설정한다.
#
def ParseCommandLine():

    parser = argparse.ArgumentParser('Python file system hashing ..
    p-fish')

    parser.add_argument('-v','-verbose', help='allows progress messages
    to be displayed', action='store_true')

    # 상호 배타적인 선택이 필요한 그룹 설정
    group = parser.add_mutually_exclusive_group(required=True)
    group.add_argument('--md5', help ='specifies MD5 algorithm',
    action='store_true')
    group.add_argument('--sha256', help ='specifies SHA256
    algorithm', action='store_true')
    group.add_argument('--sha512', help ='specifies SHA512
    algorithm', action='store_true')
```

```python
    parser.add_argument('-d','--rootPath', type=
    ValidateDirectory, required=True, help="specify the root
    path for hashing")
    parser.add_argument('-r','--reportPath', type=
    ValidateDirectoryWritable, required=True, help="specify the
    path for reports and logs will be written")

    # 검증된 인수를 보유한 전역 객체를 생성한다.
    # 이 객체는 _pfish.py 모듈 내의 모든 함수에서 사용할 수 있다.

    global gl_args
    global gl_hashType

    gl_args = parser.parse_args()

    if gl_args.md5:
        gl_hashType ='MD5'
    elif gl_args.sha256:
        gl_hashType ='SHA256'
    elif gl_args.sha512:
        gl_hashType ='SHA512'
    else:
        gl_hashType = "Unknown"
        logging.error('Unknown Hash Type Specified')

    DisplayMessage("Command line processed: Successfully")

    return

# ParseCommandLine의 끝=========================================================

#
# 이름: WalkPath 함수
#
# 설명: 명령줄에 지정된 경로로 이동한다.
#       파이썬 라이브러리 모듈 os와 sys를 사용한다.
#
# 입력: 없음, 명령줄 인수를 사용
#
# 행위:
#           사용자에 의해 지정된 루트 경로를 시작하는 디렉토리 구조를
#           횡단하기 위해서 표준 라이브러리 os와 sys를 사용한다.
#           각 파일이 발견된 경우, WalkPath는 파일 해시 연산을 수행하기 위해서
#           HashFile 함수를 호출한다.
#

def WalkPath():

    processCount = 0
```

```
        errorCount = 0

        oCVS = _CSVWriter(gl_args.reportPath+'fileSystemReport.csv',
        gl_hashType)

        # rootPath에서 시작하는 모든 파일을 처리하는 반복문을 만들고,
        # 모든 하위 디렉토리도 처리된다.

        log.info('Root Path:'+ gl_args.rootPath)

        for root, dirs, files in os.walk(gl_args.rootPath):

                # for문은 각 파일에 대한 파일 이름을 획득하고 HashFile 함수를 호출한다.
                for file in files:
                        fname = os.path.join(root, file)
                        result = HashFile(fname, file, oCVS)

                        # 해시 연산이 성공한 경우, ProcessCount가 증가한다.
                        if result is True:
                            processCount += 1
                        # 성공하지 못한 경우, ErrorCount가 증가한다.
                        else:
                            ErrorCount += 1

                oCVS.writerClose()

                return(processCount)

# WalkPath의 끝======================================================================

#
# 이름: HashFile 함수
#
# 설명: 파일에 대한 해시 수행을 포함하는 단일 파일을 처리
#         처리된 파일과 관련된 메타데이터를 추출
#         파이썬 표준 라이브러리 모듈 hashlib, os, 그리고 sys를 사용
#
# 입력: theFile =파일의 전체 경로
#         simpleName = 파일 이름 자체
#
# 행위: 파일 해시를 시도하고 메타데이터를 추출
#         성공적인 해시 파일을 위해 GenerateReport 호출
#
def HashFile(theFile, simpleName, o_result):

    # 경로가 유효한지 확인한다.
    if os.path.exists(theFile):

        # 경로가 심볼 링크가 아닌지 확인한다.
```

```
if not os.path.islink(theFile):

    # 파일이 실재하는지 확인한다.
    if os.path.isfile(theFile):

        try:
            # 파일 열기를 시도한다.
            f = open(theFile,'rb')
        except IOError:
            # 열기에 실패하는 경우, 오류를 보고한다.
            log.warning('Open Failed:'+ theFile)
            return
        else:
            try:
                # 파일 읽기를 시도한다.
                rd = f.read()
            except IOError:
                # 읽기에 실패하는 경우, 파일을 닫고 오류를 보고한다.
                report error
                f.close()
                log.warning('Read Failed:'+ theFile)
                return
            else:
                # 파일 열기가 성공하면 이 파일로부터 읽을 수 있다.
                # 파일의 상태를 조회하자.

                theFileStats = os.stat(theFile)
                (mode, ino, dev, nlink, uid, gid, size, atime,
                mtime, ctime) = os.stat(theFile)

                # 단순한 파일 이름을 인쇄한다.
                DisplayMessage("Processing File: " + theFile)

                # 파일의 바이트(Byte) 크기를 인쇄한다.
                fileSize = str(size)

                # 수정/접근/속성변경 시간을 인쇄한다.
                modifiedTime = time.ctime(mtime)
                accessTime = time.ctime(atime)
                createdTime = time.ctime(ctime)

                ownerID = str(uid)
                groupID = str(gid)
                fileMode = bin(mode)

                # 파일 해시를 처리한다.

                if gl_args.md5:
                    # MD5 계산 및 인쇄한다.
```

```
                    hash = hashlib.md5()
                    hash.update(rd)
                    hexMD5 = hash.hexdigest()
                    hashValue = hexMD5.upper()
                elif gl_args.sha256:
                    # SHA256 계산 및 인쇄한다.
                    hash=hashlib.sha256()
                    hash.update(rd)
                    hexSHA256 = hash.hexdigest()
                    hashValue = hexSHA256.upper()
                elif gl_args.sha512:
                    # SHA512 계산 및 인쇄한다.
                    hash=hashlib.sha512()
                    hash.update(rd)
                    hexSHA512 = hash.hexdigest()
                    hashValue = hexSHA512.upper()
                else:
                    log.error('Hash not Selected')
                    # 파일 처리가 완료되면
                    # 활성 상태의 파일을 닫는다.
                    print "============================="
                    f.close()

                    # 출력 파일에 한 행을 기록한다.

                    o_result.writeCSVRow(simpleName, theFile,
                    fileSize, modifiedTime, accessTime, createdTime,
                    hashValue, ownerID, groupID, mode)
                    return True
            else:
                log.warning('['+ repr(simpleName) +', Skipped NOT a
                File'+']')
                return False
        else:
            log.warning('['+ repr(simpleName) +', Skipped Link NOT a
            File'+']')
            return False
    else:
                log.warning('['+ repr(simpleName) +', Path does NOT
                exist'+']')
return False

# HashFile 함수의 끝 =============================================================
#
# 이름: ValidateDirectory 함수
#
# 설명: 디렉토리 경로가 존재하는지 그리고 읽기 가능한지 유효성 검사 기능
#       인수에 대한 유효성 검사에만 사용.
#
```

```
# 입력: 디렉토리 경로 문자열
#
# 행위:
#          디렉토리 문자열을 반환하는 경우, 유효함.
#
#          유효하지 않은 경우, argparse 내에 ArgumentTypeError으로 분기시킨다.
#          이는 argparse에 의해 사용자에게 차례 차례 보고된다.
#
def ValidateDirectory(theDir):

    # 디렉토리 경로의 유효성을 검사한다.
    if not os.path.isdir(theDir):
        raise argparse.ArgumentTypeError('Directory does not exist')

    # 경로가 읽기 가능한지 검사한다.
    if os.access(theDir, os.R_OK):
        return theDir
    else:
        raise argparse.ArgumentTypeError('Directory is not readable')


# ValidateDirectory의 끝 =============================================================
#
# 이름: ValidateDirectoryWritable 함수
#
# 설명: 디렉토리 경로가 존재하는지 그리고 쓰기 가능한지 유효성 검사 기능
#       인수에 대한 유효성 검사에만 사용
#
# 입력: 디렉토리 경로 문자열
#
# 행위:
#          디렉토리 문자열을 반환하는 경우, 유효함
#
#          유효하지 않은 경우, argparse 내에 ArgumentTypeError으로 분기시킨다.
#          이는 argparse에 의해 사용자에게 차례 차례 보고된다.
#


def ValidateDirectoryWritable(theDir):

    # 디렉토리 경로의 유효성을 검사한다.
    if not os.path.isdir(theDir):
        raise argparse.ArgumentTypeError('Directory does not exist')

    # 경로가 쓰기 가능한지 검사한다.
    if os.access(theDir, os.W_OK):
        return theDir
    else:
        raise argparse.ArgumentTypeError('Directory is not writable')


# ValidateDirectoryWritable의 끝 ==============================================
```

```
#==============================================================================
#
# 이름: DisplayMessage() 함수
#
# 설명: 자세한 명령줄 옵션이 있는 경우, 메시지를 표시
#
# 입력: 메시지 타입 문자열
#
# 행위:
#               메시지를 표시하는 표준 라이브러리 인쇄 기능을 사용
#
def DisplayMessage(msg):

    if gl_args.verbose:
        print(msg)
    return

# DisplayMessage의끝=========================================================


#
# 클래스: _CSVWriter
#
# 설명: 쉼표로 구분된 값 작업과 관련된 모든 메소드를 다룬다.
#
# 메소드 생성자 :      CSV 파일을 초기화 한다.
#            writeCVSRow:    CSV 파일에 단일 행을 기록한다.
#            writerClose:    CSV 파일을 닫는다.

class _CSVWriter:

    def __init__(self, fileName, hashType):
        try:
            # writer 객체를 생성하고 머리글 행을 기록한다.
            self.csvFile = open(fileName,'wb')
            self.writer = csv.writer(self.csvFile, delimiter=',',
            quoting=csv.QUOTE_ALL)
            self.writer.writerow( ('File','Path','Size','Modified Time',
            'Access Time','Created Time', hashType,'Owner','Group','Mode'))
        except:
            log.error('CSV File Failure')
    def writeCSVRow(self, fileName, filePath, fileSize, mTime, aTime,
    cTime, hashVal, own, grp, mod):

        self.writer.writerow( (fileName, filePath, fileSize, mTime,
        aTime, cTime, hashVal, own, grp, mod))

    def writerClose(self):
        self.csvFile.close()
```

| 실행 결과

이제 코드 검토가 완료되었으니 결과를 살펴보자. 그림 3.7에서는 다음과 같은 옵션을 사용하여 프로그램을 실행했다.

C:\p-fish〉Python pfish.py --md5 -d "c:\\p-fish\\TESTDIR\\" -r "c:\\p-fish\\" -v

-v 또는 verbose 옵션이 선택되었고 프로그램은 예상대로 선택한 처리된 모든 파일에 대한 정보를 표시한다.

그림 3.8에서, c\p-fish 디렉토리를 검사하고 pfish.py에 대한 결과로 생성된 두 개의 파일을 발견한다.

1. fileSystemReport.csv

2. pFishLog.log

그림 3.7 pfish.py의 테스트 실행.

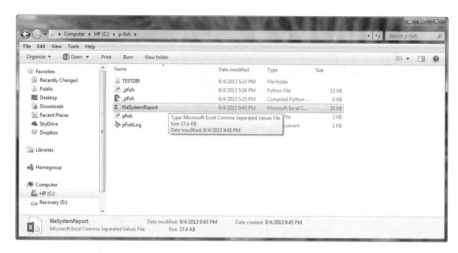

그림 3.8 pfish 실행 후에 결과 디렉토리.

보고서 파일을 만들기 위해 파이썬 csv 모듈을 활용하는 것을 선택함으로써 윈도우는 이미 마이크로소프트 엑셀에서 볼 수 있는 파일로 인식한다. 그림 3.9와 같이 결과를 볼 수 있는 파일을 열면, 알맞게 형식화된 칼럼 보고서는 엑셀에서 조작할 수 있다(칼럼 정렬, 특정 값에 대한 검색, 날짜 순서대로 배열, 그리고 각 결과를 검토). 여러분은 csv를 초기화하는 동안에 적합한 제목 값을 전달하기 때문에 해시 값이 MD5라는 이름의 칼럼 안에 있음을 알 수 있다.

생성된 pFishLog.log 파일 결과는 그림 3.10과 같이 묘사되어 있다. 예상한 바와 같이, 환영 메시지, 윈도우 환경에 관한 세부 사항, 사용자에 의해 지정된 루트 경로, 처리된 파일의 수, 그리고 1초 미만의 시간이 경과되었음을 알았다. 이 예제에서 오류는 발생하지 않았고 프로그램은 정상적으로 종료되었다.

리눅스 플랫폼에서 실행하려면 두 개의 파이썬 파일을 복사해야 한다.

1. pfish.py
2. _pfish.py

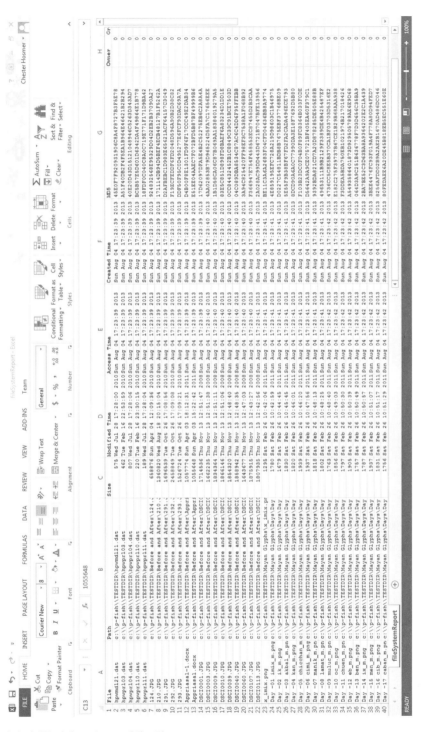

그림 3.9 결과 파일을 마이크로소프트 엑셀로 검토

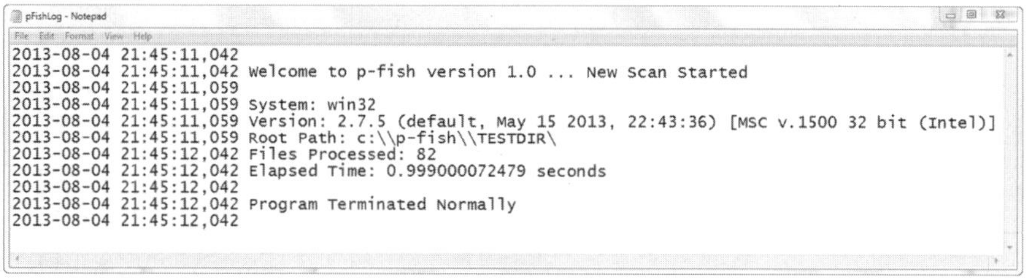

```
2013-08-04 21:45:11,042
2013-08-04 21:45:11,042 Welcome to p-fish version 1.0 ... New Scan Started
2013-08-04 21:45:11,059
2013-08-04 21:45:11,059 System: win32
2013-08-04 21:45:11,059 Version: 2.7.5 (default, May 15 2013, 22:43:36) [MSC v.1500 32 bit (Intel)]
2013-08-04 21:45:11,059 Root Path: c:\\p-fish\\TESTDIR\
2013-08-04 21:45:12,042 Files Processed: 82
2013-08-04 21:45:12,042 Elapsed Time: 0.999000072479 seconds
2013-08-04 21:45:12,042
2013-08-04 21:45:12,042 Program Terminated Normally
2013-08-04 21:45:12,042
```

그림 3.10 pFishLog 파일의 내용

리눅스(이 예에서는 우분투 버전 12.04 LTS)에서 실행은 파이썬 코드를 변경하지 않고 동작하며 그림 3.11 ~ 3.13에서 보여지는 바와 같은 결과를 산출한다.

여러분은 리눅스에서 pFishLog 파일이 약간의 경고를 가지고 있음을 알 수 있다. 이는 파일을 실행하면 그들의 사용으로 인해 파일 중 일부가 잠겨 사용자의 권한 수준에서 /etc 디렉토리 파일의 읽기 엑세스가 부족해진다.

| 복습

이 장에서 첫 번째로 사용 가능한 파이썬 포렌식 응용 프로그램을 만들었다. pfish.py 프로그램은 윈도우와 리눅스 플랫폼에서 실행되고 일부 독창성을 통해서 우리의 코드와 함께 이 과제를 수행하기 위해 파이썬 표준 라이브러리 모듈을 사용했다. 또한 필자는 응용 프로그램에 의해 사용되기 전에 명령줄을 구문 분석하는 것뿐만 아니라 명령줄 매개변수의 유효성을 검사하는 것도 argparse와 함께 피상적으로 다루었다.

또한 파이썬 로거를 활성화하고 행위에 대한 수사 기록을 제공하기 위하여 로깅 시스템에 이벤트와 오류를 보고했다. 가장 대중적인 단방향 해시 알고리즘의 선택에 대한 기능과 처리된 각 파일의 주요 속성을 추출하는 기능을 사용자에게 제공했다. 또한 윈도우 및 리눅스 시스템에서 표준 응용 프로그램에 의해 열리고 처리될 수 있는 잘 형식화된 출력 파일을 생성하기 위해서 cvs 모듈을 활용했다. 파이썬으로 우리의 첫 번째 클래스를 구현했고, 앞으로도 그럴 것이다.

```
chet@PythonForensics: ~/Desktop
chet@PythonForensics:~/Desktop$ clear
chet@PythonForensics:~/Desktop$ python pfish.py --sha256 -d /etc/ -r ~/Desktop/ -v
Command line processed: Successfully
Wecome to p-fish ... version 1.0
Processing File: /etc/host.conf
==================================
Processing File: /etc/kernel-img.conf
==================================
Processing File: /etc/apg.conf
==================================
Processing File: /etc/wgetrc
==================================
Processing File: /etc/updatedb.conf
==================================
Processing File: /etc/crontab
==================================
Processing File: /etc/ld.so.cache
==================================
Processing File: /etc/gai.conf
==================================
Processing File: /etc/blkid.conf
==================================
Processing File: /etc/legal
==================================
Processing File: /etc/profile
==================================
Processing File: /etc/insserv.conf
==================================
Processing File: /etc/shells
==================================
Processing File: /etc/colord.conf
==================================
Processing File: /etc/sysctl.conf
==================================
Processing File: /etc/netscsid.conf
==================================
Processing File: /etc/fstab
==================================
Processing File: /etc/usb_modeswitch.conf
==================================
Processing File: /etc/pnm2ppa.conf
==================================
```

그림 3.11 리눅스 명령줄 실행.

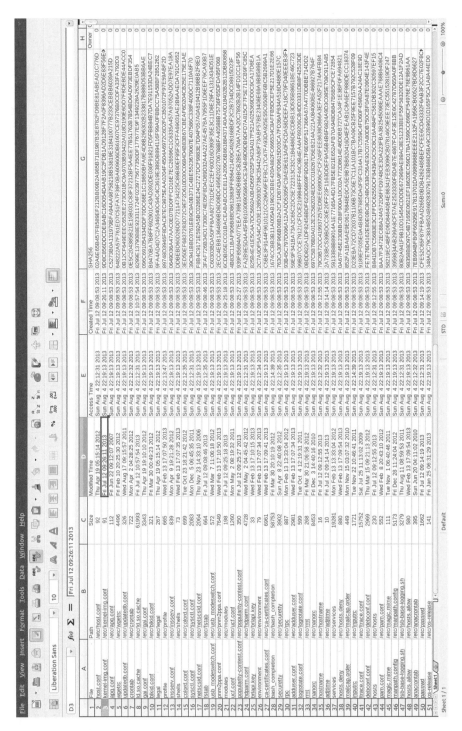

그림 3.12 리눅스에서 실행한 pfish 결과 파일.

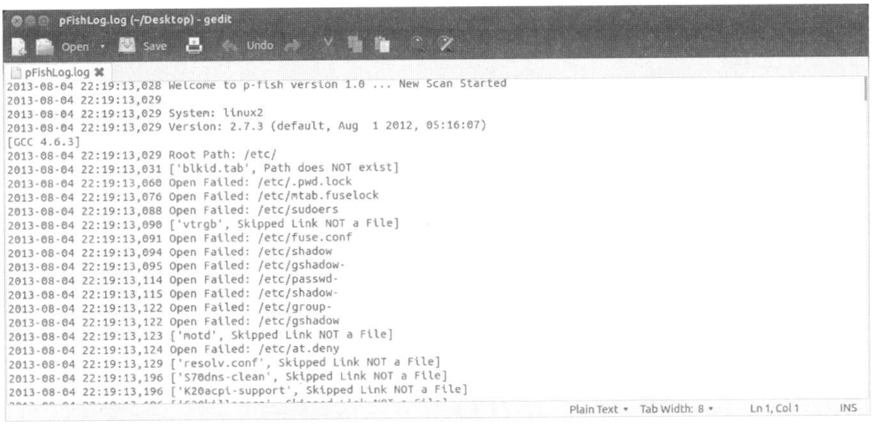


```
2013-08-04 22:19:13,028 Welcome to p-fish version 1.0 ... New Scan Started
2013-08-04 22:19:13,029
2013-08-04 22:19:13,029 System: linux2
2013-08-04 22:19:13,029 Version: 2.7.3 (default, Aug  1 2012, 05:16:07)
[GCC 4.6.3]
2013-08-04 22:19:13,029 Root Path: /etc/
2013-08-04 22:19:13,031 ['blkid.tab', Path does NOT exist]
2013-08-04 22:19:13,060 Open Failed: /etc/.pwd.lock
2013-08-04 22:19:13,076 Open Failed: /etc/mtab.fuselock
2013-08-04 22:19:13,088 Open Failed: /etc/sudoers
2013-08-04 22:19:13,090 ['vtrgb', Skipped Link NOT a File]
2013-08-04 22:19:13,091 Open Failed: /etc/fuse.conf
2013-08-04 22:19:13,094 Open Failed: /etc/shadow
2013-08-04 22:19:13,095 Open Failed: /etc/gshadow-
2013-08-04 22:19:13,114 Open Failed: /etc/passwd-
2013-08-04 22:19:13,115 Open Failed: /etc/shadow-
2013-08-04 22:19:13,122 Open Failed: /etc/group-
2013-08-04 22:19:13,122 Open Failed: /etc/gshadow
2013-08-04 22:19:13,123 ['motd', Skipped Link NOT a File]
2013-08-04 22:19:13,124 Open Failed: /etc/at.deny
2013-08-04 22:19:13,129 ['resolv.conf', Skipped Link NOT a File]
2013-08-04 22:19:13,196 ['S70dns-clean', Skipped Link NOT a File]
2013-08-04 22:19:13,196 ['K20acpi-support', Skipped Link NOT a File]
```

그림 3.13 리눅스 실행한 결과 pFishLog 파일.

| 요약 질문

1. 단방향 해시 알고리즘을 추가한다면 어떤 기능을 수정해야 할 것인가? 또한, 파이썬 표준 라이브러리 사용에 의해서만 어떤 다른 단방향 해시 알고리즘을 쉽게 이용할 수 있다.
2. 두 개의 전역 변수의 필요성을 제거하고 싶다면 클래스 사용에 의해 쉽게 이를 달성할 수 있는 방법은 무엇인가? 어떤 기능이 클래스로 전환되어야 하고 어떤 메소드의 생성이 필요한가?
3. 어떤 이벤트 또는 요소들이 기록되어야 한다고 생각하는가? 여러분은 그 일을 어떻게 할 것인가?
4. 어떤 추가한 열을 보고서에 표시하고 추가 정보를 얻을 수 있는 방법은 무엇인가?
5. 로그에는 어떤 부가적인 정보(예를 들어, 수사관 이름 또는 사례 번호 같은)가 포함되어야 한다. 어떻게 그런 정보를 얻을 것인가?

| 미리 보기

4장에서는 포렌식 데이터에 대한 검색 및 색인에 몰두하여 프로그램 매뉴얼을 알아보는 절이 계속 될 것이다.

| 참고 문헌

Hosmer C. Using SmartCards and digital signatures to preserve electronic evidence. In: SPIE proceedings, vol. 3576. Forensic Technologies for Crime Scene and the Laboratory I. The paper was initially presented at the investigation and forensic science technologies symposium: 1998. Boston, MA, http://proceedings.spiedigitallibrary.org/proceeding.aspx? articleid=974141 [01.11.1998].

Kim G. The design and implementation of tripwire: a file system integrity checker. Purdue ePubs computer science technical reports, 1993. http://docs.lib.purdue.edu/cstech/1084/.

파이썬을 이용한 포렌식 검색과 색인

| 소개

검색은 확실히 포렌식 수사의 기둥 중에 하나이고, 오늘날의 검색은 포렌식 수사관이 검색을 실행하는 것이나 다름없다. 검색할 대상(파일, 삭제된 파일, 슬랙 공간, 이메일 파일, 데이터베이스 또는 응용 프로그램 데이터)을 알고 난 다음에 검색 결과를 해석하는 일은 범죄 행위에 대한 경험과 지식을 필요로 한다.

지난 몇 년 동안 증거에 대한 색인의 출현을 보았고, 색인 방법의 성능에 좌절감을 느끼기도 했다. 파이썬 프로그래밍 언어는 검색과 색인 모두를 돕는 표준 라이브러리 모듈과 함께 몇 가지 내장된 언어 메커니즘(mechanism)을 가지고 있다.

검색과 색인을 하는데는 많은 이유가 있고, 필자는 단순한 키워드, 이름들, 해시 등 그 이상을 검사하도록 하고자 한다. 이렇게 우리가 검색을 하는 근본적인 이유는 무엇인가? 꾸며낸 낱말과 문자를 참조하는 것은 책을 쓸 때 항상 위험하지만, 이 경우에는 괜찮다고 믿는다. 우리들 대부분은 아서 코난 도일 경의 셜록 홈즈 소설과 단편 소설을 읽어 봤을 것이다. 이렇게 꾸며낸 이야기에서 홈즈는 범죄와 용의자, 피해자의 프로필, 심지어 방관자에 대한 이론을 만들기 위해서 귀납적 추리와 연역적 추리를 사용한다.

연역적 추리는 위험하지 않다. 즉, 근거가 확실한 주장과 함께 사실을 입증한 경우 결론이 진실임에 틀림없다. 예를 들어:

1. 모든 사람은 인간이다

2. 소크라테스는 사람이었다

따라서, 소크라테스는 인간이었다.
반면에 귀납적 추론의 사용은 위험할 확률이 높다. 예를 들어:

1. 요한은 항상 오전 6시에 집을 나서서 사무실로 출발한다.

2. 그는 매일 오전 7시 30분에서 7시 45분 사이에 출근도장을 찍는다.

3. 요한은 감시 카메라에 의해 오늘 오전 6시에 재빠르게 집을 나서는 것이 확인되었고, 오전 7시 42분에 직장에 도착해 출근도장을 찍었다.

따라서 요한은 사무실에서 약 3마일 떨어진 곳에서 오전 7시 5분에 발생한 살인을 저지를 수 없었을 것이다.

연역적 또는 귀납적 추론은 추리에 근거한다. 따라서 검색과 색인을 하는 이유는, 이론과 가설을 만들기 위해 필요한 사실을 발견하기 위해서라고 생각한다. 이것은 잔인할 정도로 명백한 사실처럼 보일 수 있지만, 우리는 때때로 신뢰할 수 있는 사실 이전에 이론이 먼저 다가온다는 것을 안다. 특히 실제로 빠르게 판단할 수 있는 디지털 세계(인터넷 또는 디지털 데이터)에서 사실을 왜곡하기 위해 조작되었을 때 이는 더 명백하게 다가온다.

노련한 수사관들은 이점을 이해하기 때문에 디지털 범죄 현장의 수사에 매우 철저하다. 필자는 많은 수사관들과 함께 일하는 특전을 얻었었는데, 그들은 디지털 증거의 검증에 집요했다. "그것에 대하여 당신은 확신하는가?" 아니면 "당신은 증명할 수 있는가?" 혹은 "어떻게 다른 일이 일어날 수 있는가?" 라는 요청을 말할 수 없이 많이 받았다. 마지막으로 유죄 증거와 무죄 증거를 발견하기 위해, 또 이론이나 가설을 만들기 전에 두 가지 사실을 기록하여 확실하게 하기 위해, 우리는 검색에 의식적일 필요가 있다.

죄를 씌우는 증거는 정의된 가설을 지원한다.

무죄를 증명할 증거는 정의된 가정의 모순이다.

문제는 결국 우리가 발견하기 바라는 사실은 무엇인가? 이다. 여기 예제의 작은 집합에서 그 대답은 조금 더 구체적인, 누가, 언제, 어디서, 무엇을, 어떻게 이다.

여러분은 검색의 "왜(Why)"에 대해 궁금할 것이다. 수사관, 경험, 직관, 그리고 사건을 둘러싼 부대상황에 대한 깊은 이해에 의해 생성되는 이와 같은 경우에는 이유에 대해 생각하지 않는 경향이 있다.

- 어떤 문서가 존재하며 그 내용 또는 관련성은 무엇인가? 그것들의 생성, 수정, 마지막 접근 시기는 언제이며, 얼마나 여러 번 출력되었는가? 플래시 장치에 문서가 저장, 기록되어 있는가, 혹은 클라우드 안에 저장되어 있는가? 그것들은 어디에서 유래되었는가?

- 어떤 멀티미디어 파일이 존재하고 어디에서 유래되었는가? 예를 들어, 인터넷으로부터 다운로드 되거나 용의자 또는 피해자에 의해 기록, 촬영된 것이라면 어떤 카메

라 또는 녹음 장치가 사용되었나?

- 누가 우리가 조사중인 용의자(들)인가? 그리고 그들에 대해서 우리가 무엇을 알 수 있나? 사진, 전화번호, 이메일 주소, 집 주소, 근무 장소, 언제 그리고 어디로 여행했나, 자동차는 소유하고 있나, 그렇다면 제조사, 모델, 연식, 자동차 등록번호는? 그들은 가명(물리적 세계 또는 사이버 세계)이 있나?

- 그들의 알려진 동료는 누구인가, 우리가 그들에 대해 무엇을 알 수 있는가?

필자는 여러분이 아이디어를 가지고 있다고 생각한다. 검색 중에 받는 질문은 몇 가지 매우 구체적이고 다른 것보다 더 일반적인 것을 포함하며 광대하다. 이 장에서 우리는 확실하게 이러한 모든 문제를 해결할 수 없지만, 피상적으로는 다룰 수 있으며, 지금 그리고 미래의 발전에 도움을 줄 수 있는 파이썬 프로그램을 만들 수 있다.

| 키워드 문맥 검색

문맥을 가진 키워드 검색은 디스크 이미지 또는 메모리 스냅샷과 같은 데이터 객체의 검색을 수행할 수 있고, 특정 상황 또는 범주에 관련된 키워드나 문구를 발견할 수 있다. 예를 들어, 코카인 약물에 대한 거리의 이름이 다음 목록같이 발생할 때마다 디스크 이미지에 대한 검색을 수행할 수 있다.

blow, C, candy, coke, do a line, freeze, girl, happy dust, mama coca, mojo, monster, nose, pimp, shot, smoking gun, snow, sugar, sweet stuff, white powder, base, beat, blast, casper, chalk, devil drug, gravel, hardball, hell, kryptonite, love, moonrocks, rock, scrabble, stones, and tornado.

어떻게 이런 일을 파이썬에서 쉽게 수행할 수 있을까?

파이썬으로 키워드 검색을 다루기 위해서 먼저 간단한 몇 가지 문제를 해결해야 한다. 첫째, 검색 단어나 문구를 어떻게 저장할 것인가? 파이썬은 자신의 고유한 기능과 규칙을 가지고 있는, 각 처리에 적합한 몇 가지 내장형 데이터 타입이 있다. 기본 타입은 **sets**, **lists**, 그리고 **dictionaries** 이다. 이점들로 검색 단어와 문구를 보유하는 집합을 만드는 것이다. 파이썬에서 **Sets**는 쉽게 구현할 수 있고 자동으로 중복을 제거한다는 사실 때문에 주로 이러한 유형의 데이터를 취급하는데 좋은 방법을 제공한다. 그리고 이들은 쉽게 집합 요소에 대해 시험할 수 있다.

아래 코드는 기본을 보여준다. **searchWords**라는 빈 집합을 초기화하여 시작한다. 다음으로, 코드가 열리고 마약 관련 단어와 문구를 담고 있는 **narc.txt** 파일을 읽는다. 물론 파일을 조작할 때 성공적으로 파일이 열리고 각 라인을 읽을 수 있는지를 확인하는 예외처리를 포함한다. 다음으로, 한 라인씩(주의! 라인당 하나의 단어 또는 문구) 적재된 단어 목록에서 "kryptonite"를 검색한 후 단어가 검색 목록에 존재하면 "단어를 찾았습니다", 단어가 검색 목록에 존재하지 않으면 "찾을 수 없습니다"라고 출력한다. 한 가지 좋은 점은, searchWords에 단어를 추가할 때 **line.strip()**을 지정한다. 이는 각 라인의 끝에 존재하는 개행 문자를 제거한다.

```python
import sys
searchWords = set()
try:
    fileWords = open('narc.txt')
    for line in fileWords:
        searchWords.add(line.strip())
except:
    print("file handling error)"
    sys.exit()
print(searchWords)
if ('kryptonite'in searchWords):
    print("단어를 찾았습니다.)"
else:
  print("찾을 수 없습니다.)"
```

코드를 실행하면 다음과 같은 결과를 출력한다:

집합의 내용과 함께 시작:

{'shot', 'devil drug', 'do a line', 'scrabble', 'casper', 'hell', 'kryptonite', 'mojo', 'blow', 'stones tornado', 'white powder', 'smoking gun', 'happy dust', 'gravel', 'hardball', 'moonrocks', 'monster', 'beat', 'snow sugar', 'coke', 'rock', 'base', 'blast', 'pimp', 'sweet stuff', 'candy', 'chalk', 'nose', 'mama coca', 'freeze girl'}

그런 다음 "kryptonite"를 검색으로 만들어진 결과를 출력하기

단어를 찾았습니다.

이 간단한 코드는 다음의 두 가지 근본적인 문제를 해결한다:

(1) 파일로부터 집합의 리스트를 읽기

(2) 집합에 항목의 존재 여부를 결정하기 위해 집합을 검색하기

다음으로, 검색 대상으로부터 단어와 문구를 추출하는 문제를 해결해야 한다. 이는 언제나 이진 파일이나 스트림을 구문 분석하는 것이 필요하다. 이러한 바이너리 데이터는 메모리 스냅샷, 디스크 이미지 또는 네트워크 데이터의 스냅샷을 남길 수 있다. 핵심인 데이터는 수백 개의 표준 중 하나에 근거하여 정형 또는 비정형이 될 것이며, 텍스트 및 얽혀진 바이너리 데이터로 일부는 공개되고 일부는 독점될 것이다. 따라서 간단한 검색 도구를 개발하려는 경우, 형식 또는 내용에 관계없이 텍스트 문자열을 추출하고 비교할 수 있다. 우리는 이것을 어떻게 달성할 수 있을까?

첫 번째 과제는 이러한 바이너리 데이터를 보유하는데 사용할 수 있는 파이썬 데이터 객체가 무엇인지를 정의하는 것이다. 이를 위해서 정확히 기준에 맞는 파이썬 객체 **bytearray**를 선택했다. 이름이 의미하듯이 **bytearrays**는 제로(zero) 배열 요소에서 시작하고, 배열의 종단을 연장하는 단순한 바이트(바이트는 부호 없는 8비트 값)들의 연속이다. 필자는 몇 가지의 파이썬 장기를 활용할 예정이다. 예를 들어, 단 두 줄의 핵심 코드로 **bytearray** 안에 파일을 적재할 수 있다.

첫 번째 줄은 바이너리 모드로 읽기 위해서 파일을 연다. 이에 반하여 두 번째 줄은 baTarget이라 명명된 **bytearray** 안에 파일의 내용을 읽는다. 여러분은 "ba" 접두사와 Target 객체를 혼합한 것으로 더 읽기 쉽게 코드를 단순하게 만들고 누구나 바로 객체가 **bytearray** 타입임을 인식할 수 있다는 것을 알 수 있다. 또한 이 코드는 일례에 불과하다. 여러분은 실제 프로그램에서 함수 호출로부터 반환 값과 오류가 없는지 확인해야 한다. 필자는 여러분이 실제 프로그램에 이르면 그 기술을 설명할 것이다.

```
targetFile = open('file.bin','rb')
baTarget = bytearray(targetFile.read())
```

여러분이 당면한 의문 중 하나는 "어떻게 **bytearray**에 적재된 바이트의 수가 얼마인지 알 수 있을까?"이다. 이것은 len 함수 사용에 의해서 다른 파이썬 객체처럼 처리 된다.

$$sizeOfTarget = len(baTarget)$$

그림 4.1에서 여러분은 생성된 **baTarget** 객체와 **baTarget**에 대해 **len** 함수를 사용하여 측정된 **sizeOfTarget**를 볼 수 있다.

Variable	Value
▣ locals	<dict 0x202e930; len=7>
baTarget	<huge bytearray 0x1f255f0>
baTargetCopy	<huge bytearray 0x1f255f0>
fileWords	<closed file 'c:\\pytest\\narc.txt', mode 'r' at 0x01FAED30>
line	'tornado\n'
⊞ searchWords	<set 0x1fc6120; len=27>
sizeOfTarget	77650
targetFile	<closed file 'c:\\pytest\\capture.raw', mode 'rb' at 0x01FAED88>

그림 4.1 baTarget 객체를 표시하는 스택데이터와 baTarget bytearray의 크기를 바이트 단위로 표시하는 스냅샷

기본 요구사항

간단한 텍스트 검색을 위해서 사용하려는 새로운 언어와 데이터 요소를 정의해왔으므로 이제 표 4.1에서 나타낸 바와 같이 프로그램에 대한 기본적인 요구사항을 정의하고자 한다.

표 4.1 기본 요구사항

요구사항 번호	요구사항 명	설명
SRCH-001	명령줄 인수	사용자가 키워드를 포함하는 파일(이 예제에서는 ASCII코드)을 지정하도록 허용한다. 사용자가 검색에 이진 파일을 포함하는 파일을 지정하도록 허용한다. 사용자가 검색의 진행에 관한 자세한 정보 출력을 지정하도록 허용한다.
SRCH-002	로그	프로그램은 포렌식 감사 기록을 생성해야 한다.
SRCH-003	성능	프로그램은 효율적으로 검색을 수행해야 한다.
SRCH-004	출력	프로그램은 이진 파일에서 발견한 키워드를 식별해야 하고, 키워드가 문맥을 제공하기 위해 주변 값과 함께 발견된 핵사(16진수)/아스키 인쇄물, 오프셋을 제공해야 한다.
SRCH-005	오류 처리	응용 프로그램은 모든 동작 수행에 대한 기록 및 오류 처리를 지원해야 한다. 이는 텍스트 설명과 타임 스탬프를 포함할 것이다.

설계 고려사항

응용 프로그램을 위한 기본 요구사항을 정의해왔으므로 설계 고려 사항을 감안할 필요가 있다. 검색 프로그램을 위해서, 파이썬 라이브러리 모듈과 대상 파일 구문분석을 위해 개발된 전문화된 코드를 사용할 것이다. 표 4.2는 사용될 모듈 및 함수에 대한 요구사항의 기본 매핑을 설명한다.

다음으로 검색 기능에 대한 전체 설계를 정의하고자 한다. 3장에서 개발한 p-fish 프로그램과 마찬가지로 프로그램에 입력을 지정하기 위해 명령줄과 명령줄 인수를 사용할 것이다. 검색 결과를 위해 쉽게 해석 하기 위해서 데이터를 표현할 수 있도록 개발 및 지정된 몇 가지 메소드를 사용하여 표준 출력에 직접 출력할 것이다. 마지막으로 검색의 과학수사 본질을 완성하기 위하여 내장된 logging 함수를 사용할 것이다(그림 4.2).

내부 구조를 보면 아래 네 가지 주요 구성 요소로 프로그램을 세분화 했다. Main program, ParseCommandLine 함수, SearchWords 함수, 결과를 출력하는 PrintBuffer 함수, 그리고 logger(logger는 실제로 파이썬 로거 모듈이다)이다. 이들은 p-Search의 주요 기능에 의해 사용된다. 필자는 아래에 각각의 동작을 간략히 서술하였고 코드 워크-스루 절에서 더 자세하게 각 기능의 동작이 어떻게 제공되는지 설명한다(그림 4.3).

표 4.2 표준 라이브러리 매핑

요구사항	설계 고려사항	라이브러리 선정
사용자 입력 (001)	키워드 및 대상 파일에 대한 사용자 입력	사용자로부터 입력을 얻기 위해서 표준 라이브러리 모듈에서 argparse를 사용한다.
성능 (003)	검색 방법을 설계할 때 데이터를 처리하기 위한 라이브러리 객체 및 적절한 언어 선택이 중요	성능을 향상시키고 검색 절차를 확장 가능한 검색에 맞추어 관련된 데이터를 처리할 수 있는 파이썬 sets과 bytearrays을 사용할 것이다.
출력 (004)	검색 결과는 의미 있는 방식으로 제공되어야 한다. 즉, 식별된 키워드를 둘러싸고 있는 이전 데이터 및 이후 데이터와 함께 파일에 오프셋으로 식별된 키워드을 매핑	만약 파일이나 다른 프로그램이 기능을 원하는 경우, 사용자가 출력을 끌어올 수 있다. 또 표준 출력에 데이터를 작성하기 위해서 파일에 직접적으로 결과를 쓰는 대신에 표준 라이브러리 인쇄 기능을 사용할 것이다.
로깅 및 오류 처리 (002 및 005)	오류는 키워드 및 대상 파일을 처리하는 동안 발생할 수 있다. 따라서 이러한 잠재적인 오류를 처리하는 것은 엄격해야 한다.	파이썬 표준 라이브러리는 처리하는 동안에 발생하는 어떤 사건 또는 오류를 보고하기 위해서 용이하게 활용할 수 있는 looging을 포함한다.

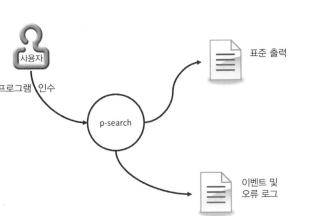

그림 4.2 p-search 컨텍스트 다이어그램.

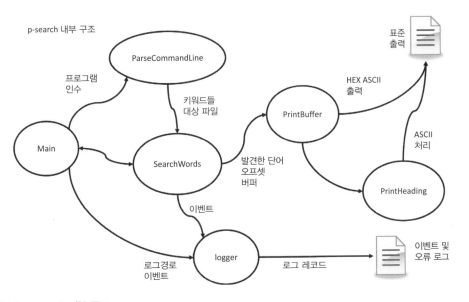

그림 4.3 p-search 내부 구조.

» Main 함수

Main 함수의 목적은 이 프로그램의 전체 흐름을 제어하는 것이다. 예를 들어 Main 내부에 파이썬 로거 설정, 시작 및 완료 메시지 표시, 그리고 시간에 대한 기록이 있다. 또한 Main 은 명령줄 파서를 호출하고 SearchWords 함수를 실행한다. SearchWords가 완료되면 Main은 완료를 기록하고 사용자와 로그에 대한 종료 메시지를 표시할 것이다.

» ParseCommandLine

p-search에 대한 원활한 작동을 제공하기 위해, 사용자 입력 값의 문장구조 분석뿐만 아니라 유효성 검증을 위한 parseCommandLine을 활용한다. 완료되면 핵심 검색 방법에 의해 필요한 정보를 구문 분석을 통해서 제공할 수 있다.

» SearchWords 함수

SearchWord는 p-search 프로그램의 핵심이다. 목적은 가능한 신속하고 정밀한 기능을 만들기 위해서이다. 이 예제에서는 오직 아스키(ASCII) 텍스트 문자열 또는 단어를 찾고 있다. 이것은 큰 장점을 제공하고 빠르고 효과적인 방법으로 검색을 설정할 수 있다. 알고리즘은 **bytearray**의 **baTarget**을 두 번 통과하여 검색을 수행한다. 첫 번째는 알파벳 문자가 아닌 제로(Zero) 바이트로 변환한다. 두 번째는 알파벳 문자를 차례차례 수집한다. 연속적인 알파벳 문자의 순서는 제로가 발생하기 전에 MIN_WORD보다 크거나 같고 MAX_WORD 보다 작거나 같으면, 문자가 수집되고 키워드 집합에 비교된다. 주의하자. MIN_WORD와 MAX_WORD는 상수처럼 정의된다. 앞으로 그것들은 검색에서 명령줄 인수가 될 것이다.

» PrintBuffer 함수

PrintBuffer 함수는 키워드 일치가 발견될 때마다 SearchWords에 의해서 호출된다. 그런 다음 파일 내의 오프셋과 헥사(Hex)/아스키(ASCII) 표시는 표준 출력으로 전송된다.

» Logger

내장된 표준 라이브러리 **로거**(logger)는 **p-search**와 관련된 로그 파일에 메시지를 기록할 수 있는 기능을 제공한다. 이 프로그램은 정보 메시지, 경고 메시지, 그리고 오류 메시지를 작성할 수 있다. 포렌식 응용 프로그램을 위한 것이기 때문에 프로그램의 동작을 기록하는 것은 매우 중요하다. 여러분은 코드 내에 추가적인 이벤트를 기록하기 위해서 프로그램을 확장할 수 있다. 그것들은 **_p-search** 함수의 어디에라도 추가할 수 있다.

» 코드 작성하기

다시 한번 필자는 p-search에 대한 지원과 비중이 큰 기능을 제공하는 **_p-search.py**와 **p-search.py** 소스 파일 내의 코드를 분해했다. 그림 4.4에서 여러분은 p-search 실행과 함께 WingIDE 환경을 확인할 수 있다. 왼쪽 상단에는 지역 변수와 전역 변수를 표시한다.

상단 중앙 패널에서 여러분은 출력에 대한 상세한 헥사/아스키 표현과 함께 "tornado"와 일치하는 단어를 보여주는 프로그램 출력을 엿볼 수 있다. 오른 편에는 프로그램과 관련된 파일이 나열된다. 마지막으로 화면의 아랫부분에서 여러분은 프로그램의 소스 코드를 확인할 수 있다. 다음 절에서 우리는 자세한 방법과 접근법을 나타내는 중요한 코드 요소를 검토할 것이다.

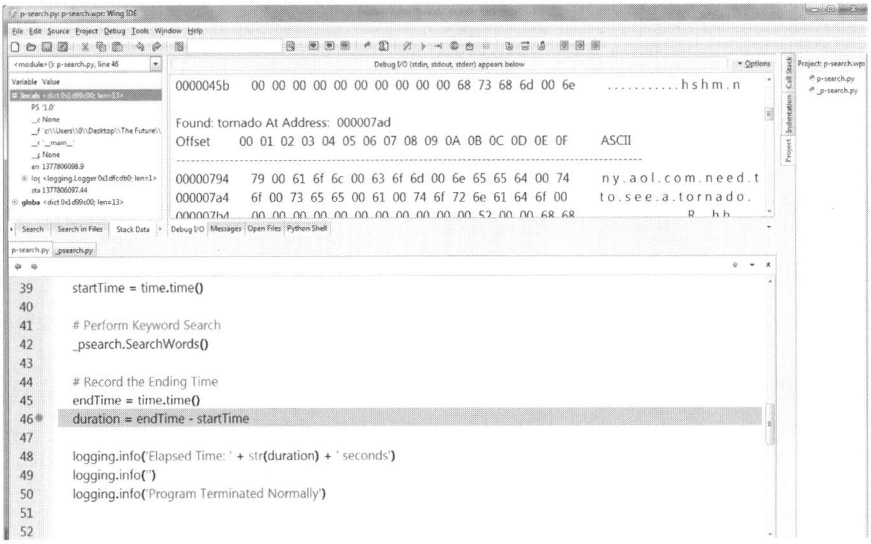

그림 4.4 WingIDE에서 p-search 실행.

| 코드 워크-스루

필자는 각 코드 섹션을 논의하기 위해서 의견 교환을 삽입할 것이다. 코드 워크-스루는 프로그램과 관련된 모든 코드에 대해 많은 지식을 줄 것이다. 필자는 먼저 각 핵심 기능에 대해서 검토할 것이고 다음으로 **p-search.py**와 **_p-search.py** 둘 다에 대한 전체 목록을 제공할 것이다.

Main 분석하기—코드 워크-스루

```
import logging
import time
import _psearch
```

여러분은 메인 프로그램에서 포렌식 사건들을 레코드에 기록하는 것과 프로그램 실행 시간을 계산하는 것 둘 다를 위해 파이썬 표준 라이브러리로부터 로깅(logging)을 가져와 한다. 또한 p-search의 핵심 기능과 지원을 포함하는 _psearch 모듈을 가져와야 한다.

```
if __name__ =='__main__':

    P-SEARCH_VERSION ='1.0'
    # 로깅을 설정한다.

    logging.basicConfig(filename='pSearchLog.log',level=logging.DEBUG,
    format='%(asctime)s %(message)s')
```

다음, 사용자에 의해 전달된 프로그램 인수를 얻기 위해서 명령줄 파서(parser)를 불러낸다.

```
    # 명령줄 인수를 처리한다.

    _psearch.ParseCommandLine()
```

그런 다음 로깅 설정이 나타나고 로거에 시작 이벤트를 전송한다.

```
    log = logging.getLogger('main._psearch')

    log.info("p-search started)"
```

검색이 완료됐을 때 지속 기간을 계산하기 위해 실행에 대한 시작 시간을 기록한다.

```
    # 시작 시간을 기록한다

    startTime = time.time()
```

다음, SearchWords 기능을 호출한다. 이 기능은 _psearch 모듈에서 포함하고 있으므로 모듈 이름 _psearch와 함께 앞에 덧붙여서 호출해야 한다.

```
# 키워드 검색을 수행한다.

    _psearch.SearchWords()
```

마지막 종료 시간을 기록하고 지속 기간을 계산하여 로그의 최종 목록을 만든다.

```
    # 종료 시간을 기록한다.
```

```
endTime = time.time()
duration = endTime - startTime

logging.info('Elapsed Time:'+ str(duration) +'seconds')
logging.info('')
logging.info('Program Terminated Normally')
```

_p-search 함수 분석하기—코드 워크-스루

나머지 기능은 _p-search.py 파일에 포함되어 있다. 이 파일은 필요한 모듈을 가져옴으로써 시작한다. 명령줄 인수를 처리하기 위해서 argparse를 포함한다. os 모듈은 파일의 입/출력 동작을 처리하기 위한 것이다. 마지막으로 logging은 포렌식 기록 기능을 위해서 사용된다.

```
import argparse
import os
import logging
```

ParseCommandLine 분석하기

p-search 프로그램을 위해서 여러분은 사용자로부터 두 가지 매개변수—검색하고자 하는 파일의 전체 경로 이름과 함께 검색할 키워드를 포함하는 파일의 전체 경로를 필요로 한다. -v(verbose) 옵션은 선택적이고, 제공하지 않으면 프로그램 메시지를 감춘다(표 4.3).

표 4.3. p-search 명령 줄 인수 정의

옵션	설명	참고
-v	verbose, 이 옵션은 지정된 다음에 DisplayMessage() 함수를 호출하는 경우 표준 입출력 장치에 표시되고, 그렇지 않으면 프로그램이 자동으로 실행된다.	
-k	키워드(Keyword), 사용자가 키워드를 포함하는 파일의 경로를 지정할 수 있도록 허용한다.	파일이 존재해야 하고 읽을 수 있어야 한다. 그렇지 않으면 프로그램이 중단될 것이다.
-t	대상(Target), 사용자가 검색될 파일의 경로를 지정할 수 있도록 허용한다.	파일이 존재해야 하고 읽을 수 있어야 한다. 그렇지 않으면 프로그램이 중단될 것이다.

여러분이 보는 바와 같이 ParseCommandLine는 -v(verbose), -k(keyword), -t(Target)과 같은 세 개의 인수를 미리 마련했다. 키워드와 검색 대상은 매개변수를 필요로 하

고 ValidateFileName 함수에 의해서 둘 다 유효성을 검증한다.

```
def ParseCommandLine():
    parser = argparse.ArgumentParser('Python Search')

    parser.add_argument('-v','--verbose', help="enables printing of
    program messages", action='store_true')

    parser.add_argument('-k','--keyWords', type= ValidateFileRead,
    required=True, help="specify the file containing search words)"

    parser.add_argument('-t','--srchTarget', type= ValidateFileRead,
    required=True, help="specify the target file to search)"
```

다음은 parse_args의 작업 결과를 저장할 전역 변수를 설정한다. 모든 잘못된 항목은
처리 중에 자동으로 중단될 것이다.

```
    global gl_args
    gl_args = parser.parse_args()
    DisplayMessage("Command line processed: Successfully)"
    return
```

argparse의 최고의 기능 중에 하나는 각 항목에 도움말 메시지를 포함할 수 있는 능력이
다. 사용자가 명령줄에 -h를 지정할 때마다 argparse는 자동으로 적절한 응답을 조립한
다. 이것은 -v(verbose)와 마찬가지로, 개발자가 사용자에게 정확한 응답을 제공하는데 있
어 도움을 줄 수 있는, 가능한 한 많은 정보를 제공하기 위해 사용될 수 있다. 그림 4.5는
p-search에서 -h 옵션으로 동작을 보여준다.

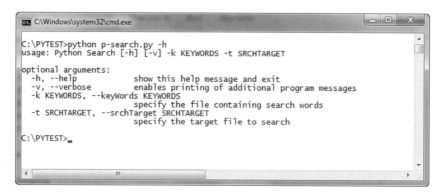

그림 4.5 -h 또는 help 옵션을 사용하여 p-search 실행.

ValidateFileRead(theFile) 분석하기

이 함수는 사용자에 의해 제공된 파일 이름의 유효성을 검사하여 `ParseCommandLine`과 `parser.parse_args()`를 지원한다. 함수는 먼저 파일이 존재하는지 확인하고 파일이 읽기 가능한지 검증한다. 이러한 검사 중에 하나를 실패하면 결국 프로그램이 중단될 것이고 적절한 예외가 호출될 것이다.

```python
def ValidateFileRead(theFile):

    # 경로가 유효한지 검사한다.

    if not os.path.exists(theFile):
        raise argparse.ArgumentTypeError('File does not exist')

    # 경로가 읽기 가능한지 검사한다.

    if os.access(theFile, os.R_OK):
        return theFile
    else:
        raise argparse.ArgumentTypeError('File is not readable')
```

SearchWords 함수 분석하기

p-search의 핵심은 지정된 대상 파일의 내용과 사용자가 제공한 키워드를 비교하는 SearchWords 함수이다. 여러분은 SearchWords를 한 줄씩 깊이 탐구할 것이다.

```python
def SearchWords():

    # 검색 단어의 빈 집합을 만든다.
```

설계 고려 사항에서 언급한 바와 같이 검색할 키워드를 저장하기 위해 파이썬 집합 객체를 사용하기로 결정했다. 이렇게 하면 집합 객체로서 searchWords를 알기 쉽게 지정한다.

```python
    searchWords = set()
```

다음, 명령줄 인수에 사용자가 지정한 파일로부터 키워드를 적재해야 한다. 모든 오류를 포착하거나 추출하는 것을 확인하기 위해서 'try, except, finally' 방식을 사용하여 수행한다.

117

```
# 검색 단어를 열고, 읽기 위해 시도한다.
try:
    fileWords = open(gl_args.keyWords)
```

키워드 파일을 성공적으로 열면 행에서 단어를 분할하여 각 행을 searchWords 집합
에 추가한다.

```
for line in fileWords:

    searchWords.add(line.strip())
```

```
except:
```

발생되는 모든 예외는 기록되고 프로그램이 중단된다.

```
    log.error('Keyword File Failure:'+ gl_args.keyWords)
    sys.exit()
finally:
```

모든 행이 성공적으로 처리되면 이 파일이 닫힌다.

```
fileWords.close()
```

```
# 검색할 수 있는 단어 등록 로그를 만든다.
```

다음, 검색에 포함된 단어들을 기록하기 위해 포렌식 로그에 항목을 작성한다.

```
log.info('Search Words')
log.info('Input File:'+gl_args.keyWords)
log.info(searchWords)

# 대상 파일을 열고 읽기를 시도하고
# bytearray에 파일을 즉시 적재한다.
```

이제 검색할 수 있는 키워드를 가지고서 제공된 대상 파일을 읽고, 파이썬 바이트 배
열 객체 안에 데이터를 저장한다.

```
try:
    targetFile = open(gl_args.srchTarget,'rb')
    baTarget = bytearray(targetFile.read())
except:
```

모든 예외는 발견 및 기록되고 프로그램은 종료된다.

```
        log.error('Target File Failure:'+ gl_args.srchTarget)
        sys.exit()
finally:
        targetFile.close()
```

성공한 대상 파일의 크기를 기록한다.

```
sizeOfTarget= len(baTarget)

# 로그에 게시한다.
```

또한 포렌식 로그 파일에 이러한 정보를 게시한다.

```
log.info('Target of Search:'+ gl_args.srchTarget)
log.info('File Size:'+str(sizeOfTarget))
```

알파벳 문자가 아닌 모든 것에 대해 0을 대입하여 baTarget을 수정할 것이다. 대상 파일에 대한 원본 내용을 표시하고 보장하기 위해서 복사본을 만든다.

```
baTargetCopy = baTarget
# 검색 반복문
# 1단계, 문자가 아닌 것은 '0'으로 대체한다.
```

검색 첫 단계는 대상을 탐색하는 것이고, 단어의 검색을 쉽고 빠르게 하기 위해서 알파벳 문자가 아닌 것을 모두 '0'으로 대체하는 것이다. 아래 반복문은 파일의 시작 부분에서 시작하고 대체를 수행한다.

```
for i in range(0, sizeOfTarget):
        character = chr(baTarget[i])
        if not character.isalpha():
                baTarget[i] = 0

# 2단계, bytearray에서 가능한 단어를 추출하고
# 검색 단어 목록을 점검한다.
```

이제 bytearray의 baTarget에만 유효한 알파벳 문자와 '0'이 포함되어 있다. 정의된 크기의 특성을 만족하는 경우, 모든 연속적인 알파벳 문자 순서를 셀 수 있다. 작은 키워드 목록에 대비하여 문자의 수집된 순서를 확인할 수 있다.

```
# 찾을 수 없는 항목에 대한 빈 목록을 만든다.
```

완벽하게 하기 위해서, 문자의 서열에 대한 기준을 충족하는 '찾을 수 없는' 문자 순서에 대한 목록을 작성하지만, 사용자가 지정한 키워드와 일치하지 않는다.

```
notFound = []
```

이제 실제 검색을 시작한다. 각 바이트를 간단하게 확인하고 문자로 적합한 경우 1을 증가시킨다. '0'이 발생하면, 계산을 중지하고 연속적인 문자를 발견하는 경우 가능한 단어로 자격이 있는지 확인한다. 그렇지 않으면 다시 '0'으로 설정하고 검색을 계속한다. 한편 최대 문자 수와 최소 문자 수에 대한 기준을 충족하는 경우 가능한 단어를 갖는다.

```
cnt = 0
for i in range(0, sizeOfTarget):
    character = chr(baTarget[i])
    if character.isalpha():
        cnt += 1
    else:
        if (cnt >= MIN_WORD and cnt <= MAX_WORD):
            newWord = ""
```

기준을 충족하는 순서를 가지는 경우 지금 건너 뛴 문자를 수집해야 한다. 요령 중에 하나는 기준에 충족될 때까지 가능한 문자열을 수집하거나 구축하지 않는 것이다. 기준이 충족되면 철회하고 연속적인 문자를 함께 끌어와서 newWord 변수에 그것들을 저장한다. 필자는 키워드의 집합을 검색하기 위해서 newWord 변수를 사용한다.

```
for z in range(i-cnt, i):
    newWord = newWord + chr(baTarget[z])
```

seachWords 집합에 저장된 키워드 집합을 검색하기 위해서, 간단하게 한 줄로 테스트를 작성한다. 이는 키워드 문자열에 대해 정확한 객체 형식을 선택하는 효력이 있다.

```
if (newWord in searchWords):
```

searchWord 목록에서 적중하는 경우 찾는 단어, 버퍼에 오프셋, 결과 출력을 어디에서 시작하고 중지할 수 있는지 또는 저장되었으나 수정되지 않은 버퍼를 포함하는 것의 세부사항과 함께 PrintBuffer 함수를 호출한다.

```
PrintBuffer(newWord, i-cnt, baTargetCopy, i- PREDECESSOR_
SIZE, WINDOW_SIZE)
    print
else:
```

```
                notFound.append(newWord)
                cnt = 0
        else:
            cnt = 0
```

bytearray 전부를 처리한 후 생성된 notFound 목록을 인쇄하고, 키워드 목록에 없는 것을 고려하기 위해서 추가적으로 가능한 단어를 수사관에게 줄 것이다.

```
    PrintNotFound(notFound)

# SearchWords 함수의 끝
```

» PrintBuffer 함수 분석하기

우리들 대부분은 종종 헥사 편집기 또는 뷰어를 사용하고 있는 동안에 사이버 범죄를 조사한다. PrintBuffer 함수는 파이썬으로 작성된 매우 간단한 헥사 및 아스키 뷰어이다. 이것은 거의 모든 플랫폼(윈도우, 리눅스, 맥, 그리고 심지어 모바일 기기까지도)에 실행할 수 있도록 간단하다. 기술은 화려하지 않지만 사실을 제공한다. 파이썬 코드 몇 줄로 수행할 수 있는지 방법을 살펴보자.

```
def PrintBuffer(word, directOffset, buff, offset, hexSize):
```

함수에 대한 입력 매개변수는 다음과 같다:

word: 식별된 알파벳 문자열

directOffset: 알파벳 문자열의 시작 부분으로 대상 파일에 오프셋

buff: 실제 버퍼

offset: 헥사/아스키 창을 시작하는 오프셋

hexSize: 표시되어야 하는 바이트 크기

단어와 문자열이 발견된 오프셋을 인쇄하여 시작한다

```
print "Found: "+ word + " At Address: ",
print "%08x " % (directOffset)
```

다음과 같은 제목을 출력하는 표제를 인쇄한다.

```
Offset 00 01 02 03 04 05 06 07 08 09 0A 0B 0C 0D 0E 0 F ASCII

    PrintHeading()
```

지정된 오프셋으로 시작하는 버퍼에서 발견한 헥사 및 아스키 값을 출력할 필요가 있다. 각 행은 다음 16 값을 저장하기 때문에 외부 반복문 16 값 묶음으로 계속된다. 헥사로 출력될 때 가장 의미가 있다.

```
for i in range(offset, offset+hexSize, 16):
  for j in range(0,17):
```

안쪽 반복문은 헥사로 다음 16바이트를 각각 인쇄할 필요가 있다. 동일하고 적당한 양을 배달하는 헥사로 오프셋 값을 인쇄하여 시작한다. 또한 8자리 헥사 주소가 '0'으로 채워지는 것을 허용하는 %08x 문구를 사용한다. 이것은 응용 프로그램 실연때 충분히 해야 한다.

```
        if (j == 0):
            print "%08x " % i,
        else:
            byteValue = buff[i+j]
            print "%02x " % byteValue,
    print "       ",
```

여러분은 반복문을 되풀이 하지만, 이번에는 헥사 값 대신에 아스키 문자 표현을 인쇄한다.

```
for j in range (0,16):
    byteValue = buff[i+j]
```

모든 특수 문자를 방지하기 위해서 여러분은 인쇄 가능하도록 설정한 아스키만을 출력하고 마침표를 포함하여 다른 값은 대체한다.

```
        if (byteValue >= 0x20 and byteValue <= 0x7f):
            print "%c" % byteValue,
        else:
            print'.',
    print
# Print Buffer의끝
```

| 실행 결과

이제 코드 검토가 완료되었고 코드를 처음부터 끝까지 깊이 있게 알아보았으니 결과를 살펴보자. 그림 4.6은 모든 필요한 파일들을 포함하고 있는 디렉토리의 스냅샷이다. 이것은

p-search.py와 _p-search.py 두 개의 파이썬 프로그램 파일을 포함한다. 검색 단어를 가지고 있는 **narc.txt** 파일도 포함한다. **Capture.raw**는 검색하고자 하는 바이너리 데이터를 포함하고 있는 파일이다. **pSearchLog.log**는 p-search에서 비롯되는 포렌식 로그 파일이고, **results.txt**는 쉽게 볼 수 있도록 파일로 전해주는 표준 출력 결과를 포함하는 파일이다.

그림 4.7에서 마약관련 키워드가 들어있는 파일이 나열되어 있는 것은 여러분이 검색하고자 하는 것이다.

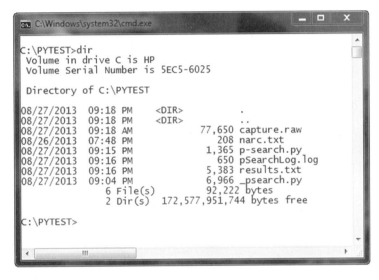

그림 4.6 p-search에 대한 시험 디렉토리

그림 4.7 키워드 파일 덤프.

그림 4.8은 **results.txt**에 전해진 결과를 지정된 명령줄 항목에서 시작하는 프로그램에 대해 직접 출력한다. 또한 **results.txt** 파일도 포함되어 직접 출력한다. 여러분은 대상 파일에서 정확히 들어맞는 3가지가 식별된 것을 확인할 수 있고, 그것은 sugar, tornado, moonrocks를 포함한다. 여러분은 또한 하단에서 식별되지 않은 단어들과 함께 프로그램에 의해 생성된 헥사/아스키 출력을 확인할 수 있다.

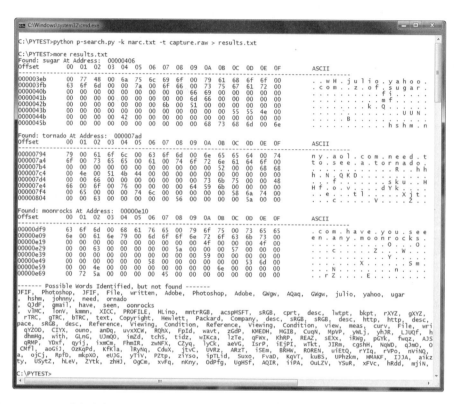

그림 4.8 p-search 예제 실행.

그림 4.9에서 여러분은 시작 메시지, 검색 단어 파일 및 내용을 포함하는 **p-search**에 의해 생성된 로그 파일의 내용을 확인한다. 또한 대상 파일 **capture.raw**의 이름과 크기도 로그에 포함된다. 마지막으로, 초 단위로 실행될 동안에 경과된 시간과 프로그램 종료 메시지를 확인한다.

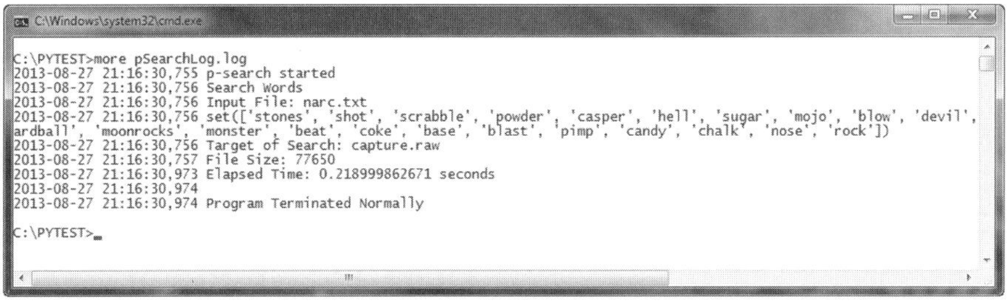

그림 4.9 로그 파일 내용 참조

이 예제를 완성하고 이식성을 입증하기 위해서, 필자는 리눅스 시스템(그림 4.10)과 아이맥(그림 4.11) 모두에서 수정되지 않은 p-search 프로그램을 실행하는 두 개의 추가적인 스크린샷을 포함했다.

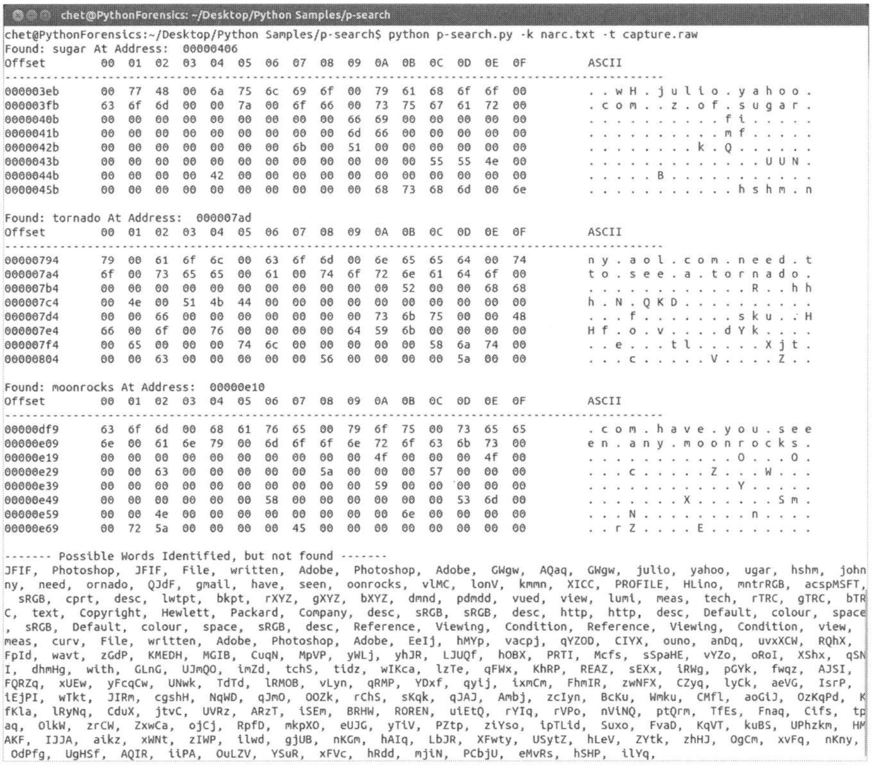

그림 4.10 실행 중인 우분투 리눅스 12.04 LTS에서 p-search 실행.

```
janet-hosmers-imac:p-search janet$ python p-search.py -k narc.txt -t capture.raw -m matrix.txt
Found: sugar At Address:  00000406
Offset       00  01  02  03  04  05  06  07  08  09  0A  0B  0C  0D  0E  0F     ASCII
------------------------------------------------------------------------------------------
000003eb     00  77  48  00  6a  75  6c  69  6f  00  79  61  68  6f  6f  00     . . w H . j u l i o . y a h o o .
000003fb     63  6f  6d  00  00  7a  00  66  66  00  73  75  67  61  72  00     . c o m . . z . o f . s u g a r .
0000040b     00  00  00  00  00  00  00  00  00  66  69  00  00  00  00  00     . . . . . . . . . f i . . . . .
0000041b     00  00  00  00  00  00  00  00  6d  66  00  00  00  00  00  00     . . . . . . . . m f . . . . . .
0000042b     00  00  00  00  00  00  00  6b  00  51  00  00  00  00  00  00     . . . . . . . k . Q . . . . . .
0000043b     00  00  00  00  00  00  00  00  00  00  00  00  55  55  4e  00     . . . . . . . . . . . . U U N .
0000044b     00  00  00  00  42  00  00  00  00  00  00  00  00  00  00  00     . . . . B . . . . . . . . . . .
0000045b     00  00  00  00  00  00  00  00  00  00  00  68  73  68  6d  00  6e  . . . . . . . . . . . h s h m . n

Found: tornado At Address:  000007ad
Offset       00  01  02  03  04  05  06  07  08  09  0A  0B  0C  0D  0E  0F     ASCII
------------------------------------------------------------------------------------------
00000794     79  00  61  6f  6c  00  63  6f  6d  00  6e  65  65  64  00  74     n y . a o l . c o m . n e e d . t
000007a4     6f  00  73  65  65  00  61  00  74  6f  72  6e  61  64  6f  00     t o . s e e . a . t o r n a d o .
000007b4     00  00  00  00  00  00  00  00  00  52  00  00  68  68           h . . . . . . . . R . . h h
000007c4     00  4e  00  51  4b  44  00  00  00  00  00  00  00  00  00  00     h . N . Q K D . . . . . . . . .
000007d4     00  00  66  00  00  00  00  00  73  6b  75  00  00  00  48        . . f . . . . . s k u . . . H
000007e4     66  00  6f  00  76  00  00  00  00  64  59  6b  00  00  00        H f . o . v . . . . d Y k . . .
000007f4     00  65  00  00  00  74  6c  00  00  00  00  00  58  6a  74  00     . . e . . t l . . . . . X j t .
00000804     00  00  63  00  00  00  00  00  56  00  00  00  00  5a  00  00     . . . c . . . . . V . . . . Z . .

Found: moonrocks At Address:  00000e10
Offset       00  01  02  03  04  05  06  07  08  09  0A  0B  0C  0D  0E  0F     ASCII
------------------------------------------------------------------------------------------
00000df9     63  6f  6d  00  68  61  76  65  00  79  6f  75  00  73  65  65     . c o m . h a v e . y o u . s e e
00000e09     6e  00  61  6e  79  00  6d  6f  6f  6e  72  6f  63  6b  73  00     e n . a n y . m o o n r o c k s .
00000e19     00  00  00  00  00  00  00  00  00  4f  00  00  00  4f  00  00     . . . . . . . . . O . . . O .
00000e29     00  00  63  00  00  00  00  00  5a  00  00  00  57  00  00  00     . . c . . . . . Z . . . W . . .
00000e39     00  00  00  00  00  00  00  00  59  00  00  00  00  00  00        . . . . . . . . . Y . . . . .
00000e49     00  00  00  00  00  58  00  00  00  00  00  53  6d  00  00        . . . . . . X . . . . . . S m .
00000e59     00  00  4e  00  00  00  00  00  00  00  00  6e  00  00  00        . . . N . . . . . . . n . . .
00000e69     00  72  5a  00  00  00  00  45  00  00  00  00  00  00  00        . . r Z . . . . E . . . . . . .

Index of All Words
----------------------
['adobe', 470]
['adobe', 494]
['adobe', 10042]
['adobe', 10066]
['aogij', 46360]
['colour', 7624]
['colour', 7681]
['company', 7257]
['condition', 7752]
['condition', 7807]
['copyright', 7222]
['default', 7612]
['default', 7669]
['gmail', 3572]
['hewlett', 7241]
```

그림 4.11 실행 중인 아이맥에서 p-search 실행.

| 색인하기

색인은 서로 다른 형태의 데이터와 파일, 디스크 이미지, 메모리 스냅샷, 네트워크 추적 내에 포함된 잠재적인 증거를 수사관에게 제공한다. 어떤 키워드를 찾을지 결정하는 대신에 문자열의 최소한의 정의를 충족하는 모든 단어의 목록을 제공하는 p-search를 바라지만, 정의된 키워드와 일치하지 않는다. 또한 현재의 접근 방식은 데이터의 두 가지 핵심 부분이 부족하다. 첫 번째 문제는 단순하다. 대상 파일에서 발견된 각 문자열의 오프셋을 포함해야 한다. 두 번째 문제는 합법적인 단어가 될 것 같은 단어를 출력하는 것은 너무 큰 도전이라는 점이다. 단어가 정렬된 항목으로 제공된다면 좋을 것이다.

높은 확률이 있는 단어를 가진 문자열 식별에 대한 더 어려운 문제를 처리하기 위해, 예외적으로 빠르고 잘 작동하는 방법을 고안했다. 그림 4.12에서 기본적인 개념을 묘사했다. 먼저 각 단어의 내부 특성에 기초한 수치 가중치를 생성하는 알고리즘으로 알려진 단어들을 처리했다.

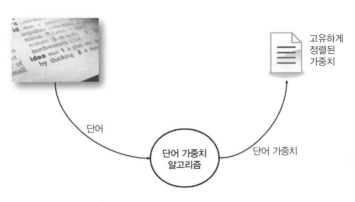

그림 4.12 단어 가중치 방식의 다이어그램.

가중치가 단어로부터 계산되면 가중치가 정렬되고 모든 중복은 제거된다. 여기서 핵심은 단어의 상당한 목록을 처리하는 것이다. 예를 들어, 60만 단어 이상이 포함된 사전을 사용했다. 이것은 행렬에 가공하지 않은 데이터에서 발견된 문자열을 비교하기 위해서 사용될 수 있는 가중치에 대한 행렬(원시 행렬을 만들기 위해서 사용된 가중치 알고리즘을 같이 사용)을 생성한다. 계산된 가중치가 행렬에서 발견된 것 중에 하나와 일치하는 경우, 이것을 가능한 단어라고 생각하고, 그렇지 않다면 폐기한다. 그림 4.13은 이 작업을 수행하는 방법에 대해 실례를 제시한다. 단어(주역을 무시)에 포함되는 각각의 핵심 글자는 가중 계산에 사용된다.

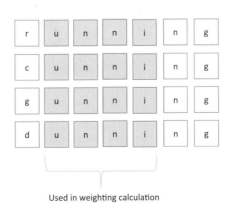

Used in weighting calculation

그림 4.13 가중 특성의 실례

최소한 영어에서는 많은 단어들은 다른 단어로부터 파생되기 때문에, 이는 단어의 모든 것을 아우르는 사전을 갖는 것에 대한 필요성을 제거한다. 또한 단어의 철자가 틀리거나 새롭게 생성 또는 유도되는 경우, 가중 시스템 대 직접 일치와 같이 가능성 있는 단어의 더 폭넓은 해석을 제공할 것이다.

대략적인 검색과 색인의 중요성은 매우 치명적이다. 케이시 안토니(Casey Anthony)의 경우로 예를 들면, 수사관들은 정확히 *they* 철자를 다양한 검색 조건으로 찾았기 때문에 증거를 제시하는 인터넷 검색 이력 데이터를 획득하지 못했다. 그녀가 검색한 여러 개의 용어들 중에는 틀린 철자가 있었다; 구글 검색 중에는 철자를 수정하면서, 인터넷 검색 이력에서는 틀린 철자를 수정하지 않았다.

| isWordProbable 코드 작성하기

isWordProbable(word) 메소드를 만들기 위해서, Matrix라는 이름으로 클래스를 생성했다; 이 새로운 클래스를 깊이 있게 살펴보자.

```
class class_Matrix:
```

weightedMatrix 라고 명명된 새로운 집합 객체를 선언함으로써 시작한다.

```
weightedMatrix = set()
```

클래스가 인스턴스화될 때, 객체는 가중 행렬 집합으로 행렬에 포함된 값을 적재한다. 이러한 것을 처리하기 위해서, 간단하게 사용자가 행렬 파일을 지정할 수 있도록 새로운 명령줄 인수 -m 또는 --theMatrix를 추가했다. 파일 처리 작업 동안에 발생할 수 있는 모든 오류를 잡으려고 하기 이전에 여러분이 본 것처럼 예방 조치를 취해야 한다.

```
def __init__(self):
    try:
            fileTheMatrix = open(gl_args.theMatrix,'rb')
            for line in fileTheMatrix:
                    value = line.strip()
                    self.weightedMatrix.add(int(value,16))
    except:
       log.error('Matrix File Error:'+ gl_args.theMatrix)
```

```
        sys.exit()
    finally:
        fileTheMatrix.close()

    return
```

전달된 문자열의 가중치를 계산하고 일치하는지 측정하기 위해서 weightedMatrix에서 조회를 수행하는 isWordProbable 메소드를 정의한다. 주의하자. 전달된 theWord가 최소한의 크기인지 먼저 확인한다.

```
def isWordProbable(self, theWord):

    if (len(theWord) < MIN_WORD):
        return False
    else:
        BASE = 96
        wordWeight = 0
```

이것은 핵심 가중치를 계산하고 부호 없는 긴 정수 값 wordWeight를 생성한다.

```
        for i in range(4,0,-1):
            charValue = (ord(theWord[i]) - BASE)
            shiftValue = (i-1)*8
            charWeight = charValue << shiftValue
            wordWeight = (wordWeight | charWeight)
```

먼저 단어의 가중치를 계산했으면, **weightedmatrix**에 존재하는지 점검한다.

```
        if ( wordWeight in self.weightedMatrix):
            return True
        else:
            return False
```

이 프로그램에 올바르게 통합하기 위해서 다음 코드는 모두 필요하다.

초기화는 간단하다. 가중치 값을 적재하기 위해서 매트릭스의 초기화 코드를 실행하여 wordCheck라고 명명된 객체를 생성한다. 또한 여러분이 찾을 가능성이 있는 단어를 저장할 indexOfWords라고 명명된 목록을 만든다.

```
    wordCheck = class_Matrix()
    indexOfWords = []
...
...
```

129

다음, 가능한 단어로 각 문자열을 평가하기 위해서 검색 반복문 내에 다음 코드를 포함한다. wordCheck가 True를 반환하면, indexOfWords 목록에 단어를 추가한다. 이 목록은 항목 당 두 개의 요소: 1) 문자열 newWord와 2) 발견된 대상 객체의 시작부분 오프셋이 있음을 주의해라.

```
if wordCheck.isWordProbable(newWord):
    indexOfWords.append([newWord, i-cnt])
```

끝으로, 단어와 오프셋을 모두 포함하는 검색의 마지막에 indexOfWords 목록을 인쇄하는 메소드를 추가했다. 또한 알파벳 순으로 만들기 위해서 인쇄하기 전에 목록을 정렬했다.

```
def PrintAllWordsFound(wordList):

    print "Index of All Words"
    print "-------------------"

    wordList.sort()

    for entry in nfList:
        print entry

    print "-------------------"
    print

    return
```

실행 관점에서 검색과 색인이 결합된 프로그램의 결과를 그림 4.14에서 확인할 수 있다.

| P-SEARCH의 완성된 소스 코드 목록

p-search.py

```
#
# p-search : 파이썬 단어 검색
# 작성자: 호스머(C. Hosmer)
# 2013년 8월
# 버전 1.0
#
# 간단한 p-search 파이썬 프로그램
#
# 검색 단어의 목록 읽기
```

```
Found: moonrocks At Address:  00000e10
Offset      00 01 02 03  04 05 06 07  08 09 0A 0B  0C 0D 0E 0F    ASCII

00000df9    63 6f 6d 00  68 61 76 65  00 79 6f 75  00 73 65 65    . c o m . h a v e . y o u . s e e
00000e09    6e 00 61 6e  79 00 6d 6f  6f 6e 72 6f  63 6b 73 00    e n . a n y . m o o n r o c k s .
00000e19    00 00 00 00  00 00 00 00  5a 00 4f 00  00 00 4f 00    . . . . . . . . Z . O . . . O .
00000e29    00 00 63 00  00 00 5a 00  00 00 57 00  00 00 00 00    . . c . . . Z . Y . W . . .
00000e39    00 00 00 00  00 00 59 00  00 00 00 00  00 00 00 00    . . . . . . Y . . . . . . . .
00000e49    00 00 00 00  58 00 00 00  00 00 53 6d 00 00 00 00      . . . . X . . . . . S m . . .
00000e59    00 00 4e 00  00 00 00 00  00 00 6e 00  00 00 00 00    . . N . . . . . . . n . . . .
00000e69    00 72 5a 00  00 00 00 00  45 00 00 00  00 00 00 00    . r Z . . . . . E . . . . . . .

Index of All Words
-------------------
['adobe', 470]
['adobe', 494]
['adobe', 10042]
['adobe', 10066]
['aogij', 46360]
['colour', 7624]
['colour', 7681]
['company', 7257]
['condition', 7752]
['condition', 7807]
['copyright', 7222]
['default', 7612]
['default', 7669]
['gmail', 3572]
['hewlett', 7241]
['hlino', 6881]
['johnny', 1936]
['julio', 1008]
['moonrocks', 3600]
['packard', 7249]
['photoshop', 24]
['photoshop', 476]
['photoshop', 10048]
['profile', 6868]
['qyzod', 11694]
['reference', 7734]
['reference', 7789]
['roren', 51038]
['space', 7631]
['space', 7688]
['sspahe', 22967]
['sugar', 1030]
['tornado', 1965]
['viewing', 7744]
['viewing', 7799]
['written', 459]
['written', 10031]
['yahoo', 1014]
-------------------
```

그림 4.14 색인 기능이 있는 p-search 실행

```python
# bytearray 안에 바이너리 파일 읽기
# 지정된 모든 검색 단어의 발생에 대한 bytearray 검색
# 일치하는 단어를 헥사/아스키 표시로 인쇄
# 일치하지 않는 것으로 식별 가능한 단어의 목록을 인쇄
#
# 단어의 정의. 예를 들어, 단어는 4~12개의 알파벳 문자가 연결되어 있는 것이다.
#

import logging
import time
import _psearch

if __name__ =='__main__':

    PSEARCH_VERSION ='1.0'

    # 로깅을 설정한다.
logging.basicConfig(filename='pSearchLog.log',level=logging.DEBUG,
format='%(asctime)s %(message)s')

    # 명령줄 인수를 처리한다.
    _psearch.ParseCommandLine()
```

```
log = logging.getLogger('main._psearch')
log.info("p-search started")

# 시작하는 시간을 기록한다.
startTime = time.time()

# 키워드 검색 수행
_psearch.SearchWords()

# 종료하는 시간을 기록한다.
endTime = time.time()
duration = endTime - startTime

logging.info('Elapsed Time:'+ str(duration) +'seconds')
logging.info('')

logging.info('Program Terminated Normally')
```

_p-search.py

```
#
# psearch 지원 함수, 모든 실제 작업이 수행되는 곳
#
# Display Message()                ParseCommandLine()
# ValidateFileRead()               ValidateFileWrite()
# Matrix (class)
#
import argparse              # 파이썬 표준 라이브러리 - 명령줄의 옵션과 인수에 대한 구문 분석
import os                    # 표준 라이브러리 - 운영체제 기능
import logging               # 표준 라이브러리 - 로깅 기능

log = logging.getLogger('main._psearch')

#상수
MIN_WORD = 5                 # 단어 바이트 (byte) 크기의 최소 값
MAX_WORD = 15                # 단어 바이트 (byte) 크기의 최대 값
PREDECESSOR_SIZE = 32        # 일치하는 항목 발견 이전에 인쇄하기 위한 값
WINDOW_SIZE = 128            # 일치를 발견했을 때, 덤프 하기 위한 전체 값

# 이름: ParseCommandLine 함수
#
# 설명: 명령줄 인수를 유효성 검사 및 처리
#       파이썬 표준 라이브러리 argparse 사용
#
# 입력: 없음
#
```

```
# 행위:          명령줄을 처리할 수 있는 표준 라이브러리 argparse를 사용
#
def ParseCommandLine():

    parser = argparse.ArgumentParser('Python Search')

    parser.add_argument('-v','--verbose', help="enables printing of
    additional program messages", action='store_true')
    parser.add_argument('-k','--keyWords', type= ValidateFileRead,
    required=True, help="specify the file containing search words")
    parser.add_argument('-t','--srchTarget', type= ValidateFileRead,
    required=True, help="specify the target file to search")
    parser.add_argument('-m','--theMatrix', type= ValidateFileRead,
    required=True, help="specify the weighted matrix file")

    global gl_args

    gl_args = parser.parse_args()

    DisplayMessage("Command line processed: Successfully")

    return

# ParseCommandLine 함수의 끝


#
# 이름: ValidateFileRead 함수
#
# 설명: 파일이 존재하고 읽을 수 있는지 검증하는 기능
#
# 입력: 전체 경로와 함께 파일 이름
#
# 행위:
#          유효한 경로를 반환하는 경우
#
#          유효하지 않은 경우는 argparse의 ArgumentTypeError를 호출
#          argparse에 의하여 사용자에게 차례차례 보고될 것이다.
#
def ValidateFileRead(theFile):

    # 경로가 유효한지 검사한다.
    if not os.path.exists(theFile):
        raise argparse.ArgumentTypeError('File does not exist')

    # 경로가 읽기 가능한지 검사한다.
    if os.access(theFile, os.R_OK):
        return theFile
    else:
        raise argparse.ArgumentTypeError('File is not readable')
```

133

```
# ValidateFileRead 함수의끝=========================================================

#
# 이름: DisplayMessage 함수
#
# 설명: 명령줄 옵션이 -v 또는 verbose인 경우 메시지를 표시
#
# 입력: 메시지 타입 문자열
#
# 행위:                    메시지를 표시하기 위해서 표준 라이브러리 print 기능을 사용
#
def DisplayMessage(msg):

    if gl_args.verbose:
        print(msg)

    return

#DisplayMessage 함수의끝=========================================================

#
# 이름: SearchWords 함수
#
#  명령줄 인수 사용
#
# 키워드에 대해 대상 파일을 검색
#

def SearchWords():
    # 검색 단어의 빈 집합을 만든다.
    searchWords = set()

    # 열기를 시도하고 검색 단어 읽기를 시도한다.
    try:
        fileWords = open(gl_args.keyWords)
        for line in fileWords:
            searchWords.add(line.strip())
    except:
        log.error('Keyword File Failure:'+ gl_args.keyWords)
        sys.exit()
    finally:
        fileWords.close()
    # 검색하기 위한 단어 항목 로그를 생성한다.
    log.info('Search Words')
    log.info('Input File:'+gl_args.keyWords)
    log.info(searchWords)

    # 대상파일을 열기 및 읽기를 시도하고
```

```python
# bytearray에 즉시 적재한다.

try:
    targetFile = open(gl_args.srchTarget,'rb')
    baTarget = bytearray(targetFile.read())
except:
    log.error('Target File Failure:'+ gl_args.srchTarget)
    sys.exit()
finally:
    targetFile.close()

sizeOfTarget= len(baTarget)

# 로그에 게시한다.

log.info('Target of Search:'+ gl_args.srchTarget)
log.info('File Size:'+str(sizeOfTarget))

baTargetCopy = baTarget

wordCheck = class_Matrix()

# 검색 반복문
# 1단계, 모든 문자가 아닌 것들을 '0'으로 대체한다.

for i in range(0, sizeOfTarget):
    character = chr(baTarget[i])
    if not character.isalpha():
        baTarget[i] = 0

# 2단계, bytearray로부터 가능한 단어를 추출하고
# 검색 단어 목록을 조사한다.
# 가능성 있는 발견되지 않은 항목의 빈 목록을 생성한다.

indexOfWords = []

cnt = 0
for i in range(0, sizeOfTarget):
    character = chr(baTarget[i])
    if character.isalpha():
        cnt += 1
    else:
        if (cnt >= MIN_WORD and cnt <= MAX_WORD):
            newWord = ""
            for z in range(i-cnt, i):
                newWord = newWord + chr(baTarget[z])
            newWord = newWord.lower()
            if (newWord in searchWords):
                PrintBuffer(newWord, i-cnt, baTargetCopy,
```

135

```
                          i-PREDECESSOR_SIZE, WINDOW_SIZE)
                        indexOfWords.append([newWord, i-cnt])
                        cnt = 0
                        print
                    else:
                        if wordCheck.isWordProbable(newWord):
                            indexOfWords.append([newWord, i-cnt])
                        cnt = 0
            else:
                cnt = 0

        PrintAllWordsFound(indexOfWords)

        return
```

\# SearchWords 함수의 끝
\#
\# 16진수/아스키 페이지 제목을 인쇄
\#

```
def PrintHeading():

    print("Offset 00 01 02 03 04 05 06 07 08 09 0A 0B 0C 0D 0E
    0F      ASCII")
    print("-----------------------------------------------------------------")

    return
```

\# PrintHeading의 끝

\#
\# 버퍼 인쇄하기
\#
\# 검색되는 단어에 대한 버퍼 내용을 인쇄
\# 매개변수
\# 1) 찾은 단어
\# 2) 단어가 시작하는 부분에 대한 오프셋
\# 3) 대상을 보유하고 있는 bytearray
\# 4) 인쇄하기 위해서 버퍼에 시작 위치 오프셋
\# 5) hexSize, 윈도우 화면에 출력하기 위한 헥사 크기
\#

```
def PrintBuffer(word, directOffset, buff, offset, hexSize):

    print "Found: "+ word + " At Address: ",
    print "%08x     " % (directOffset)

    PrintHeading()

    for i in range(offset, offset+hexSize, 16):
        for j in range(0,16):
            if (j == 0):
```

```python
                print "%08x " % i,
            else:
                byteValue = buff[i+j]
                print "%02x " % byteValue,
        print " ",
        for j in range (0,16):
            byteValue = buff[i+j]
            if (byteValue >= 0x20 and byteValue <= 0x7f):
                print "%c" % byteValue,
            else:
                print'.',
        print
    return

# PrintBuffer의끝


#
# PrintAllWordsFound
#

def PrintAllWordsFound(wordList):

    print "Index of All Words"
    print "-------------------"

    wordList.sort()

    for entry in wordList:
        print entry

    print "-------------------"
    print

    return

# PrintAllWordsFound의끝


#
# 클래스 Matrix
#
# 초기화 방법, weightedMatrix 설정으로 매트릭스를 적재
#
# isWordProbable 방법
#   1) 제공된 단어의 가중치를 계산
#   2) 최소 길이를 확인
#   3) 단어에 대한 가중치를 계산
#   4) 행렬 안에 존재에 관한 단어를 시험
#   5) true 또는 false 반환
#
```

137

```
class class_Matrix:

    weightedMatrix = set()

    def __init__(self):
        try:
                fileTheMatrix = open(gl_args.theMatrix,'rb')
                for line in fileTheMatrix:
                        value = line.strip()
                        self.weightedMatrix.add(int(value,16))
        except:
            log.error('Matrix File Error:'+ gl_args.theMatrix)
            sys.exit()
        finally:
            fileTheMatrix.close()
        return

    def isWordProbable(self, theWord):

        if (len(theWord) < MIN_WORD):
            return False
        else:
            BASE = 96
            wordWeight = 0

            for i in range(4,0,-1):
                charValue = (ord(theWord[i]) - BASE)
                shiftValue = (i-1)*8
                charWeight = charValue << shiftValue
                wordWeight = (wordWeight | charWeight)

            if ( wordWeight in self.weightedMatrix):
                    return True
            else:
                    return False

## Class Matrix의 끝
```

| 복습

이 장에서 필자는 **sets**와 **bytearrays**를 포함하는 새로운 파이썬 언어 요소를 사용하고 리스트 및 클래스에 대한 사용을 확장했다. 또한 키워드, 원시 이진, 16진수 값과 같은 것들을 포함하는 파일을 열고 읽는 방법에 대한 예제를 제공했다. 파이썬 내에 bytearrays, lists, sets은 직접적으로 작동한다. 필자는 여러분의 목표를 성취할 수 있도록, 단순하고 읽기 쉬운 코드로 발전할 수 있는 올바른 언어 요소를 활용하는 방법을 보여 주었다. 결과적으로 p-search는 키워드에 대한 검색 기능을 수사관에게 제공하고, 문서, 디스크 이미지, 메모리 스냅샷, 네트워크 추적으로 발견된 단어의 색인을 생성하는 유용한 응용프로그램이다.

또한 필자는 다시 한번 윈도우, 리눅스, 맥에서 변경되지 않은 코드 예제를 실행하여 같은 결과를 산출하는 파이썬 코드의 상호 운용성을 보여주었다.

| 요약 질문

1. 내장형 언어 타입들(lists, sets, dictionary)의 장점과 단점은 무엇인가?

2. 키워드의 목록을 보유하기 위해서 집합(set)을 사용하는 것에 대한 장점을 설명하시오.

3. 다른 언어와 상이한 데이터(바이너리, 텍스트, 정수)에 대한 광범위한 집합을 가지고 어떻게 파이썬의 기능을 다루는가?

4. 현대의 많은 파일, 디스크 이미지, 메모리 스냅샷, 네트워크 추적은 유니코드 데이터뿐만 아니라 간단한 아스키 코드를 포함할 것이다. 간단한 아스키 코드와 유니코드의 혼합물을 포함하는 데이터를 검색 및 색인 하는 기능을 제공하기 위해 p-search를 수정하시오.

5. 의학 용어 같은 다른 영역의 외국어, 이름, 장소, 그리고 어휘 등 가중치 값에 대한, 더 광범위한 집합을 포함하기 위해 행렬(matrix)을 확장한다.

| 참고 문헌

The Complete Sherlock Holmes: All 4 Novels and 56 Short Stories. Deluxe edition. Bantam Classics; October 1, 1986.

Python Programming Language—Official Website. Python.org. http://www.python.org.

The Python Standard Library. http://docs.python.org/2/library/.

포렌식 증거 추출
(JPEG 및 TIFF)

▶▶ 이 장에서 다루는 내용

| 소개

간단하고 복잡한 디지털 데이터 구조는 가치 있는 증거를 수집하고 추출하는 중요한 기회를 제공한다. 파일은 파일 소유권, 파일 크기, 읽기 전용, 시스템 또는 파일 저장소와 같은 속성들과 함께 수정되고, 접근 및 생성된 시간을 정의한 메타데이터를 가지고 있다. 이러한 정보는 일반적인 데스크톱 도구로 검색 및 검사하기 쉽다. 메모리 스냅샷은 실행 중인 프로세스와 스레드, 현재 사용자 활동, 네트워크 데이터, 사용자 입력된 암호 및 암호화 자료 변조를 노출하기 위해서 분할하고, 재구성할 수 있는 정형 및 비정형 데이터를 모두 포함한다.

EXIF 데이터(교환 가능한 이미지 파일 포맷)를 포함하는 JPEG 파일과 같은, 다른 복잡한 파일 구조는 이미지 자체에 대해 잠재적으로 가치 있는 정보를 다량 함유하고 있다. 이것은 사진을 찍기 위해 사용된 카메라 유형, 사진이 찍힌 날짜 및 시간, 그리고 말 그대로 사진과 관련된 수백 개의 데이터 요소를 포함할 수 있다. 디지털 사진을 공유하는 페이스북, 인스타그램, 트위터, 플리커 및 기타 소셜미디어 서비스의 출현은 우리 문화의 구조로 짜여 왔다. 오늘날 수억 명 이상이 앞서 언급한 소셜 네트워크 응용프로그램을 사용하여 문자 메시지, 또는 오래된 메일을 즉시 전세계에 공유 가능한 고품질의 사진과 영화를 다룰 수 있는 카메라가 내장된 스마트폰 및 태블릿을 가지고 있다.

또한 날씨 채널에서 법률 집행 수사관들까지 모두가 통찰력과 실제 사건의 이해를 돕기 위해서 디지털 사진 촬영 기법을 사용한다. 연방 통신 위원회(FCC)는 휴대폰으로 911 호출이 이루어졌을 때 전송되는 위치 정보의 정확성에 대한 의무적인 개선을 포함하는 새로운 규칙을 채택했다. 구체적으로 E911 규칙은 50~300미터 내에 발신자의 위도와 경도를 넘겨줄 수 있는 무선 서비스 공급자를 필요로 한다[FCC]. 이러한 요구사항은 자동으로 디지털 사진에 즉시 위치와 시간 데이터를 끼워 넣을 수 있는 고품질 카메라와 함께 그들의 단말기에 위성 위치 확인 시스템(GPS) 칩을 포함하도록 스마트폰 제조업체를 추진시켰다. 그 결과로, 이러한 혁신은 "무엇을: 사진의 내용", "언제: 사진이 찍혔었다", "어디서: 사진을 촬영했다"를 포함하여 잠재적으로 가치 있는 증거를 제공한다.

이것을 기초로, 필자는 스마트폰으로 찍은 사진들이 EXIF 데이터를 포함하고 있어 디지털 사진에서 증거를 추출하는 것에 대해 더 깊이 탐구하고 싶었다. 필자는 현재 EXIF 내장을 지원하는 스마트폰으로 생성된 사진이 가진 장점 때문에, JPEG 및 TIFF 이미지와 함께 EXIF 데이터에 관련된 것에 관심을 집중하려고 한다.

여러분 대부분은 이미 디지털 사진, 헥사 편집기와 다른 원시적인 도구를 사용하여 EXIF 정보의 내용을 조사했을 수 있는데 그 결과 검안사 후기에서 개선된 처방전이 필요하다. 필자는 여러분을 돕기 위해, 비중이 큰 것을 대부분 수행하는 새로운 라이브러리를 추가할 예정이다. 그것이 **파이썬 이미지 라이브러리**(PIL)이다. PIL은 이미지에서 정보를 추출하는 것뿐만 아니라 그것들을 다루는 상당한 기능을 제공한다. 필자는 PIL을 사용하여 EXIF 데이터의 데이터 추출에만 전념할 예정이지만, 여러분이 정확히 라이브러리를 사용하는 방법을 배우면 다른 이미지 가공 활동을 위해서도 PIL(Python Image Library)을 사용할 수 있다.

파이썬 이미지 라이브러리

PIL을 사용하는 첫 번째 단계는 라이브러리를 설치하는 것이다. 여러분이 윈도우 플랫폼에서 파이썬을 실행하는 경우, 그림 5.1에서 보는 바와 같이 간단한 설치 관리자를 사용할 수 있다.

성공적으로 파이썬 설치에 적합한 버전을 다운로드하면(필자는 파이썬 2.7FH PIL 버전 1.1.7을 사용하고 있다), 여러분은 간단히 다운로드 파일을 실행하고 그림 5.2와 같이 마법사에서 제공하는 기본 설정을 받아들인다. (이것은 아직 파이썬 3.x와 함께 작동하도록 변환되지 않은 PIL 라이브러리를 볼 수 있으므로, 이 책에서 왜 파이썬 2.x를 활용하기로 선택했는지에 대한 좋은 예이다. 이 작업이 완료되면, 이 장에서 프로그램은 파이썬 3.x와 함께 작업하도록 쉽게 개선할 수 있다.)

여러분이 리눅스 또는 맥에서 작업하는 경우, 라이브러리를 설치하기 위한 단계는 웹에서 손쉽게 이용할 수 있다. 여기에 우분투 12.04에 대한 하나의 좋은 예제가 있다(그림 5.3) (https:// gist.github.com/dwayne/3353083).

그림 5.1 윈도우용 파이썬 이미지 라이브러리 다운로드

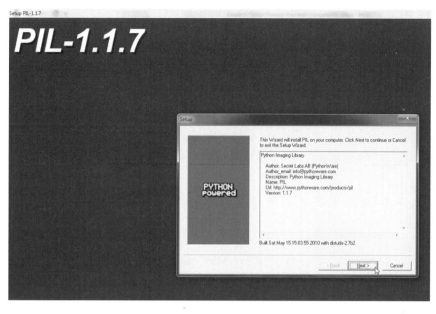

그림 5.2 파이썬 이미지 라이브러리를 위한 윈도우 설치 마법사

그림 5.3 우분투 12.04 LTS에 파이썬 이미지 라이브러리 설치

» 들어가기 전에

PIL속으로 들어가기 전에 필자는 내장형 파이썬 사전(dictionary) 타입을 소개할 필요가 있다. 지금까지 여러분은 몇 가지 예제에서 파이썬 내의 **lists**와 **sets** 구조를 사용했다. 어떤 경우에는 조금 더 유연성과 기능이 있는 구조가 필요하다. PIL은 사전을 사용하기 때문에

보다 구체적으로 그것들의 조작을 더 잘 이해해야만 한다.

여러분이 코드 스크립트 5.1에서 볼 수 있듯이, 사전의 각 항목은 두 부분으로, 먼저 값이 이어진 키(key)가 있다. 예를 들어 키 "fast"는 관련된 값 "Porsche"를 가진다.

코드 스크립트 5.1 사전 생성하기

```
>>> dCars = {"fast": "Porsche", "clean": "Prius", "expensive":
"Rolls"}

>>> print dCars
{'expensive':'Rolls','clean':'Prius','fast':'Porsche'}
```

여러분은 필자가 사전의 내용을 인쇄할 때 순서에 변경이 있음을 알아챘을 수도 있다. 이것은 저장될 때 순서대로 공간을 절약하고 검색 또는 색인할 때 성능을 개선하기 위해 둘 다 해시 값으로 키가 변환되기 때문이다. 지정된 순서로 출력된 사전을 원하는 경우, 여러분은 사전 항목을 추출하고 그런 다음 키에 의해 항목을 정렬하는 다음과 같은 코드를 사용할 수 있다.

코드 스크립트 5.2 정렬된 사전 인쇄하기

```
>>> dCarsItems = dCars.items()

>>> dCarsItems.sort()

>>> print dCarsItems

[('clean','Prius'), ('expensive','Rolls'), ('fast','Porsche')]
```

만약에 사전이 크고 여러분이 모든 키를 찾기를 원한다면? 또는 여러분이 일단 키를 찾고 특정 키의 값을 추출하기를 원한다면?

코드 스크립트 5.3 간단한 키와 값 추출

```
>>> # what keys are available?

>>> dCars.keys()

['expensive','clean','fast']

>>> # what is the value associated with the key "clean"?
```

```
>>> dCars.get("clean)"

'Prius'
```

마지막으로, 여러분은 사전을 반복하고 추출하여 모든 키/값 쌍을 표시할 수 있다.

코드 스크립트 5.4 사전 반복하기

```
>>> for key, value in dCars.items():

...      print key, value

expensive Rolls

clean Prius

fast Porsche
```

여러분이 파이썬에 익숙하지 않지만 다른 프로그래밍 환경에 익숙하다면, 스크립트 5.4는 몇 가지 이유로 조금 이상하게 보일 수 있다.

1. 여러분은 키와 값 변수를 선언할 필요가 없으므로, 파이썬은 자동적으로 그것을 처리한다. 이 간단한 예에서 키와 값이 모두 문자열이지만 그들은 선언할 필요가 없다.

2. 여러분은 dCars가 사전이라는 것을 알고 있기 때문에, 항목 메소드가 자동적으로 키와 값 모두를 반환한다. 이 예제에서 키는 "clean", "expensive", "fast"이고 값은 자동차의 문자열 이름 "Porsche", "Prius", "Rolls"이다.

파이썬은 자동으로 데이터 입력을 처리할 것이기 때문에, 조금 더 복잡한 무언가를 살펴보자.

코드 스크립트 5.5 보다 복잡한 사전 예제

```
>>> dTemp = {"2013:12:31":[22.0,"F","High"],

"2013:11:28":[24.5,"C","Low"], "2013:12:27":[32.7,"F","High"]}

>>> dTempItems = dTemp.items()

>>> dTempItems.sort()

>>> for key, value in dTempItems:
```

```
... print key, value
...
2013:11:28 [24.5,'C','Low']
2013:12:27 [32.7,'F','High']
2013:12:31 [22.0,'F','High']
```

코드 스크립트 5.5에서 볼 수 있듯이, 키는 데이터를 표현하는 문자열인 반면에 값은 실제로 파이썬 시간, 시간 기준, 온도, 온도의 단위를 포함하는 항목이다.

이제 여러분은 사전에 대한 일반적인 이해를 가지고, 스스로 무언가를 만들고 이용 가능한 방법으로 실험할 수 있다. 이 예제에서 필자는 여러분이 사전 타입의 위력을 확인하고, 이러한 구조를 적용하기 위한 다른 방법에 관하여 생각해내기를 바란다.

» PIL 시험 전 코드

다른 모듈과 라이브러리와 마찬가지로, 라이브러리에 익숙해지는 가장 좋은 방법은 그것으로 실험하는 것이다. 그리고 실험 후 코드(test-then code)를 기억하자. 특히 PIL은 주로 새로운 파이썬 언어 구조, 사전 데이터 구조를 사용하고 있기 때문에 더 기억할 필요가 있다. 또한 PIL의 EXIF 모듈은 이것을 이용하기 전에 견고한 이해를 필요로 한다. 필자는 이것을 보여주기 위해서 파이썬 셸과 짧은 스크립트를 사용할 것이다.

» 사용 가능한 EXIF TAGS 결정

PIL에는 사전 요소에 접근하기 위해서 사용되는 키를 제공하는 TAGS의 두 가지 중요한 세트가 있다. 그것들은 EXIFTAGS와 GPSTAGS이다. 필자는 다음과 같은 메소드를 사용하여 이용 가능한 EXIF TAGS를 결정하도록 스크립트를 개발했다.

(1) PIL 라이브러리에서 EXIFTAGS를 가져온다.

(2) TAGS에서 사전 항목(키/값 쌍)을 추출한다.

(3) 그것들을 쉽게 식별한 후에 정렬한다.

(4) 키/값 쌍으로 정렬된 사전을 출력한다.

코드 스크립트 5.6 EXIF TAGS 추출하기

```
>>> from PIL.EXIFTags import TAGS

>>> EXIFTAGS = TAGS.items()

>>> EXIFTAGS.sort()

>>> print EXIFTags
```

이것은 사용 가능한 태그로 다음과 같이 출력된 목록을 생산한다. 참고로 이 데이터는 단지 EXIF TAGS 목록일 뿐, 전체 목록이 아니다.

```
[(256,'ImageWidth'), (257,'ImageLength'), (258,'BitsPerSample'), (259,
'Compression'), (262,'PhotometricInterpretation'), (270,
'ImageDescription'), (271,'Make'), (272,'Model'), (273,'StripOffsets'), (274,
'Orientation'), (277,'SamplesPerPixel'), (278,'RowsPerStrip'), (279,
'StripByteConunts'), (282,'XResolution'), (283,'YResolution'), (284,
'PlanarConfiguration'), (296,'ResolutionUnit'), (301,'TransferFunction'),
(305,'Software'), (306,'DateTime'), (315,'Artist'), (318,'WhitePoint'), (319,
'PrimaryChromaticities'), (513,'JpegIFOffset'), (514,'JpegIFByteCount'),
(529,'YCbCrCoefficients'), (530,'YCbCrSubSampling'), (531,
'YCbCrPositioning'), (532,'ReferenceBlackWhite'), (4096,
'RelatedImageFileFormat'), (4097,'RelatedImageWidth'), (33421,
'CFARepeatPatternDim'), (33422,'CFAPattern'), (33423,'BatteryLevel'),
(33432,'Copyright'), (33434,'ExposureTime'), (33437,'FNumber'), (34665,
'EXIFOffset'), (34675,'InterColorProfile'), (34850,'ExposureProgram'),
(34852,'SpectralSensitivity'), (34853,'GPSInfo'), (34855,
'ISOSpeedRatings'), (34856,'OECF'), (34857,'Interlace'), (34858,
'TimeZoneOffset'), (34859,'SelfTimerMode'), (36864,'EXIFVersion'), (36867,
'DateTimeOriginal'), (36868,'DateTimeDigitized'), (37121,
'ComponentsConfiguration'), (37122,'CompressedBitsPerPixel'), (37377,
'ShutterSpeedValue'), (37378,'ApertureValue'), (37379,'BrightnessValue'),
(37380,'ExposureBiasValue'), (37381,'MaxApertureValue'), (37382,
'SubjectDistance'), (37383,'MeteringMode'), (37384,'LightSource'), (37385,
'Flash'), (37386,'FocalLength'), (37387,'FlashEnergy'), (37388,
'SpatialFrequencyResponse'), (37389,'Noise'), (37393,'ImageNumber'),
(37394,'SecurityClassification'), (37395,'ImageHistory'), (37396,
'SubjectLocation'), (37397,'ExposureIndex'), (37398,'TIFF/EPStandardID'),
(37500,'MakerNote'), (37510,'UserComment'), (37520,'SubsecTime'), (37521,
'SubsecTimeOriginal'), (37522,'SubsecTimeDigitized'), (40960,
'FlashPixVersion'), (40961,'ColorSpace'), (40962,'EXIFImageWidth'), (40963,
'EXIFImageHeight'), (40964,'RelatedSoundFile'), (40965,
'EXIFInteroperabilityOffset'), (41483,'FlashEnergy'), (41484,
'SpatialFrequencyResponse'), (41486,'FocalPlaneXResolution'), (41487,
'FocalPlaneYResolution'), (41488,'FocalPlaneResolutionUnit'), (41492,
'SubjectLocation'), (41493,'ExposureIndex'), (41495,'SensingMethod'),
(41728,'FileSource'), (41729,'SceneType'), (41730,'CFAPattern')]
```

시간은 모든 당사자가 쉽게 시간의 표현을 이해하고 사건의 순서에 동의할 때 질서 있게 사회가 움직일 수 있는 개념이다. 1972년 이후, 시간에 대한 국제 표준은 협정세계시(UTC)이다. UTC 는 전 세계 대부분의 국가에서 공식 시간 원본을 위한 기초를 형성한다. 그것은 UTC 시간을 원천으로 국가 도량형 기관(NMIs)이 지정한 것을 국제 사회가 채택한 외교적 조약에 의해 적용된다. 미국의 국립 표준 기술원과 영국의 국립 물리학 연구소는 국가 도량형 기관(NMIs)의 두 가지 예이다. 전 세계적으로 공식 시간에 대한 책임을 맡고 있는 약 50여개의 비슷한 계측 센터가 있다. 또한 표준 시간대는 디지털 증거를 조사할 때 중요한 역할을 할 수 있다. 컴퓨터의 표준 시간대 설정을 기준으로 사건과 행위를 국소화하여 제공한다. 예를 들어 컴퓨터 표준 시간대를 뉴욕으로 설정하는 경우, 그 지역 시간 - UTC(또는 5시간 뒤)이 된다. 마지막으로, 미국과 외국들은 일광 절약 시간제를 준수하고, 대부분의 최신 운영체제는 자동으로 조정한다. 이는 추가적인 차이와 UTC 혹은 표준 시간대에 걸쳐 이벤트를 동기화하려는 것 사이에 계산된다.

필자는 출력된 목록 내에서 GPSInfo, TimeZoneOffset, DateTimeOriginal을 포함하여 직접적인 관심이 있는 TAGS를 강조했다.

이러한 TAGS가 모든 이미지에 사용되는 것이 보장되지 않는다는 것을 주의하는 것이 중요하다. 오히려 이것은 이미지 내에 잠재적으로 존재하는 키/값 쌍의 광범위한 집합이다. 각 제조업체는 독립적으로 포함될 값을 결정한다. 따라서 여러분이 실제로 사용할 수 있는 TAGS를 결정하기 위해서 각 대상 이미지에 대한 키/값 쌍을 처리해야 한다. 이것이 곧 어떻게 이루어지는지 여러분에게 보여줄 것이다.

여러분이 목록을 살펴보는 것만으로도, 수사 활동에 관심이 있는 다른 TAGS들을 찾을 수 있고 이러한 값으로 실험하기 위해서 여기에 정의된 동일한 접근 방법을 활용할 수 있다.

» 사용 가능한 EXIF GPSTAGS 결정

이 장에서 우리의 목표는 특정 이미지의 GPS 기반 위치 데이터를 추출하는 것이므로, GPSInfo 태그를 좀 더 반복 연습하기를 바란다. 필자는 다음 단계에서 사용 가능한 GPSTAGS를 결정하기 위해서 다음과 같은 코드 행을 작성하여 유사한 접근 방식을 취했다.

코드 스크립트 5.7 GPS TAGS 추출하기

```
>>> from PIL.EXIFTags import GPSTAGS
>>> gps = GPSTAGS.items()
>>> gps.sort()
>>> print gps
```

```
[(0,'GPSVersionID'), (1,'GPSLatitudeRef'), (2,'GPSLatitude'),
(3,'GPSLongitudeRef'), (4,'GPSLongitude'), (5,'GPSAltitudeRef'),
(6,'GPSAltitude'), (7,'GPSTimeStamp'), (8,'GPSSatellites'), (9,'GPSStatus'),
(10,'GPSMeasureMode'), (11,'GPSDOP'), (12,'GPSSpeedRef'), (13,'GPSSpeed'),
(14,'GPSTrackRef'), (15,'GPSTrack'), (16,'GPSImgDirectionRef'), (17,
'GPSImgDirection'), (18,'GPSMapDatum'), (19,'GPSDestLatitudeRef'), (20,
'GPSDestLatitude'), (21,'GPSDestLongitudeRef'), (22,'GPSDestLongitude'),
(23,'GPSDestBearingRef'), (24,'GPSDestBearing'), (25,
'GPSDestDistanceRef'), (26,'GPSDestDistance')]
```

필자는 사진의 위치와 시간을 정확히 보여주기 위해서 GPSTAGS를 약간 강조했다. 다시 이러한 태그들의 일부나 전부는 피사체의 이미지 내에서 사용할 수 있다는 보장이 없다는 것을 언급하고 있다.

경도와 위도는 지구에 존재하는 특정 위치를 나타내는 기능을 제공한다. 스마트폰과 카메라에 내장된 위치항법 장치와 GPS 수신기는 경도와 위도 좌표의 형태로 매우 정확한 지리적 위치 정보를 전달할 수 있다. 이들이 설정된 경우 어떤 사건이 발생했을 때 지리적 위치 정보가 직접 사진, 영상, 다른 디지털 객체로 포함될 수 있다. 이러한 디지털 객체에서 지리적 위치 정보를 추출하고 맵 퀘스트, 구글 맵, 구글 어스 등의 온라인 서비스에 데이터를 입력하면, 언제 어디서 그 디지털 객체가 생성되었는지에 대한 증거를 제공할 수 있다.

여러분이 위치를 정확히 보여주기 위해 TAGS를 사용하려는 경우, TAGS의 관심, 그 의미, 그리고 사용법에 대해 더 나은 정의와 이해가 필요하다.

GPSLatitudeRef: 위도는 적도에서 도에 북쪽 또는 남쪽 중 하나에 의해 지정된다. 북쪽 적도의 그 지점은 0도에서 90도까지 다양하다. 남쪽 적도의 그 지점은 0도에서 -90도까지 다양하다. 따라서 이 기준 값은 위도가 적도 관계에 있는 곳을 정의하기 위해서 사용된다. 위도 값은 양의 정수로 EXIF에 지정되기 때문에, 위도 참조가 "S" 또는 남쪽(South)인 경우, 정수 값은 음수 값으로 변환되어야 한다.

GPSLatitude: 위도가 도로 측정되었는지를 나타낸다. EXIF 데이터는 도, 뒤따라서 분, 그리고 초에 의해 전체적으로 지정한다.

GPSLongitudeRef: 경도는 도에 동쪽 또는 서쪽 중의 하나에 의해 지정된다. 협약은 경도 0도로 정의된 영국 그리니치 로얄 천문대에 의하여 실행된 본초 자오선을 기준으로 한다. 그 지점은 본초 자오선의 서쪽에 0에서 -180도까지 다양하다. 그 지점은 본초 자오선의 동쪽에 0에서 180도까지 다양하다. 따라서 이 기준 값은 그리니치에 관계가 있는 경도 값을 정의하기 위해 사용된다. 경도의 값은 양의 정수로 EXIF에 지정되기 때문에, 경도 참수가 "W" 또는 서쪽(West)인 경우, 정수 값은 음수 값으로 변환되어야 한다.

GPSLongitude: 경도가 도로 측정되었는지를 나타낸다. EXIF 데이터는 도, 뒤따라서 분, 그리고 초에 의해 전체적으로 지정한다.

GPSTimeStamp: 국제표준시로 사진이 촬영된 시간을 지정한다.

EXIF 구조 내에 포함된 데이터는 디지털 값이기 때문에, 그것들은 조작 및 위조의 대상이다. 이미지를 확보하거나 스마트 모바일 기기로부터 직접 얻은 이미지는 부정 변형이 덜하고 훨씬 수행하기 어렵다.

이제 사진 내에 잠재적으로 이용할 수 있는 TAGS의 기본적인 이해를 가지고, 실제 사진을 살펴보자. 그림 5.4는 인터넷으로부터 다운로드된 이미지로 이것은 실험의 대상이 될 것이다.

그림 5.4 인터넷 사진 Cat.jpg.

코드 스크립트 5.8 예제 이미지의 EXIF TAGS 추출

```
>>> from PIL import Image
>>> from PIL.EXIFTags import TAGS, GPSTAGS
>>>
>>> pilImage = Image.open("c:\\pictures\\cat.jpg")
... EXIFData = pilImage._getEXIF()
...
>>> catEXIF = EXIFData.items()
>>> catEXIF.sort()
>>> print catEXIF
```

이 스크립트는 지정한 이미지를 처리하기 위해서 열 수 있고 pilImage 객체를 만들 수 있는 **PIL이미지** 모듈을 불러온다. 그때 **.getEXIF()** 메소드를 이용하여 EXIF 데이터를 얻기 위해서 pilImage 객체를 사용할 수 있다. EXIFTAGS와 GPSTAGS를 추출할 때 여러분이 했던 것처럼 이 예제에서는 사전 항목을 추출하고 그것들을 정렬한다. 참고로 이 예제에서 TAG 참조 없이 실제 EXIF 데이터(또는 잠재적 증거)를 추출한다.

코드 스크립트 5.3으로부터 출력은 여기에 표시된다.

[(271, 'Canon'), (272, 'Canon EOS 400D DIGITAL'), (282, (300, 1)), (283, (300, 1)), (296, 2), (306, '2008:08:05 23:48:04'), (315, 'unknown'), (33432, 'Eirik Solheim - www.eirikso.com'), (33434, (1, 100)), (33437, (22, 10)), (34665, 240), (34850, 2), **(34853, {0: (2, 2, 0, 0), 1: 'N', 2: ((59, 1), (55, 1), (37417, 1285)), 3: 'E', 4: ((10, 1), (41, 1), (55324, 1253)), 5: 0, 6: (81, 1)})**, (34855, 400), (36864, '0221'), (36867, '2008:08:05 20:59:32'), (36868, '2008:08:05 20:59:32'), (37378, (2275007, 1000000)), (37381, (96875, 100000)), (37383, 1), (37385, 16), (37386, (50, 1)), (41486, (3888000, 877)), (41487, (2592000, 582)), (41488, 2), (41985, 0), (41986, 0), (41987, 0), (41990, 0)]

필자는 이 사진과 관련된 GPSInfo 데이터를 강조했다. 필자는 바로 앞의 코드 스크립트 5.1 출력에 근거하여 GPSInfo TAG를 식별할 수 있었고, 이에 의해 출력은 34853의 키 값을 가지고 있는 GPSInfo TAG를 보여주었다. 따라서 캐논 EOS 400D 디지털 카메라는 중괄호 사이에 강조된 GPS 데이터를 제공한다. GPS 데이터를 더 자세히 살펴보면 사용할 수 있는 키/값 쌍을 알 수 있다. 여러분이 볼 수 있듯이, GPSInfo 데이터 사전에 내포된 키/값 쌍은 0, 1, 2, 3, 4, 5, 6이다. 이러한 TAGS는 GPS TAGS 표준과 관련이 있다. 코드 스크립트 5.2에서 필자는 캐논 EOS 400D에 의해 제공되었던 다음과 같은 GPS TAGS를 발견한 출력을 참조함으로써 가능한 GPS 태그를 모두 출력했다. 그것들은 다음과 같다.

```
0 GPSVersionID
1 GPSLatitudeRef
2 GPSLatitude
3 GPSLongitudeRef
4 GPSLongitude
5 GPSAltitudeRef
6 GPSAltitude
```

이러한 정보를 포함하여 다음과 같은 공정을 이용하여 사진 내의 EXIF 데이터에 의해 제공된 경도와 위도를 계산할 수 있다. 그러나 우선 **GPSTag 2** 키/값 쌍으로부터 위도를 추출해야 한다.

((59, 1), (55, 1), (37417, 1285))

각각의 위도와 경도 값은 값에 대한 세 개의 집합을 포함한다. 그것들은 다음과 같다.

도(Degrees): **(59, 1)**

분(Minutes): **(55, 1)**

초(Seconds): **(37,417, 1285)**

여러분은 이와 같이 표시되는 이유를 궁금해할 수 있다. 해답은 부동 소수점 숫자를 보유하지 않은 EXIF 데이터이다(전체 정수만). 더 정확하게 위도와 경도 데이터를 제공하기 위하여 각각의 쌍은 비율을 나타낸다.

다음으로, 필자는 산출한 정확한 분파 값을 얻기 위해서 비율 계산을 수행해야만 한다.

도(Degrees): 59/1 = 59.0

분(Minutes): 55/1 = 55.0

초(Seconds): 37,417/1285 = 29.1182879

또는 더 적절하게 59도, 55분, 29.1182879초라고 쓴다.

참고: GPSTag 1: 위도 참조 키/값 쌍 "N"은 적도로부터 북쪽 참조이고 음수 값으로 변환하는 것을 필요로 하지 않는다. 그것이 "S"인 경우에 여러분은 이것을 추가적으로 변환할 것이다.

대부분의 온라인 지도 프로그램(구글 맵)은 분수 값으로 제공될 데이터를 필요로 한다. 이것은 다음과 같은 식을 사용하여 달성된다.

도+(분/60.0)+(초/3600.0)

참고: 60.0과 3600.0의 분모는 각 시간에서 분(60.0)과 초(3600.0)을 표현한다.

따라서 이러한 위도 값은 부동 소수점 숫자로 표현될 것이다.

위도=39.0+(55/60.0)+(29.1182879/3600.0)

위도=39.0+.91666667+.00808841=**59.9247551**

GPSTag 4에서 추출된 경도 값에 같은 계산을 수행한다.

((10, 1), (41, 1), (55324, 1253))

GPSTag 3: "E"

10.6955981201의 경도 값 산출

59.924755, 10.6955981201의 위도/경도 값을 주는 것

구글 맵을 사용한 그림 5.5에서 볼 수 있듯이, 필자는 지금 노르웨이 오슬로의 북쪽과 서쪽 한 점만을 산출한 **59.924755, 10.6955981201**를 표시할 수 있다. 노르웨이 오슬로를 가리키는 것은 실제 영국 그리니치 자오선의 동쪽에 있다.

마지막으로, 이러한 카메라는 GPS에 의해 보고되는 것처럼 시간을 제공할 수 있는 GPSTimestamp 등 다른 GPSTAGS를 포함하지 않았다

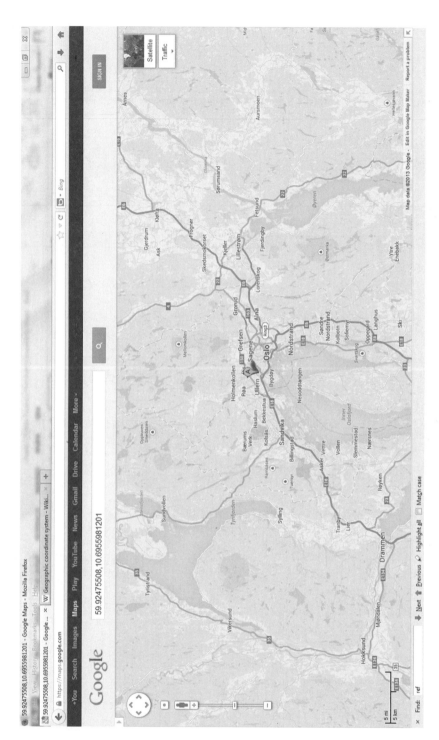

그림 5.5 Cat.jpg에서 추출된 GPS 좌표에 대한 지도.

p-ImageEvidenceExtractor 기본 요구사항

필자는 PIL을 가지고 실험했고, 대상 이미지로부터 EXIF TAGS, GPS 태그, EXIF 데이터를 추출하기 위한 방법을 발견했다. 이제 여러분의 첫 번째 전체 추출 응용프로그램을 정의하고자 한다.

» 설계 고려사항

앞에서 기본적인 접근 방식을 정의했고, 표 5.1과 표 5.2는 p-ImageEvidenceExtractor에 대한 프로그램 요구사항 및 설계 요구사항을 정의한다.

다음으로, 그림 5.6에 묘사된 p-gpsExtractor의 전체적인 디자인을 정의하고자 한다. 필자는 사용자의 선택사항을 전달하기 위해 명령줄 파서(parser)를 다시 사용할 것이다. 또 CSV 파일, 포렌식 로그를 표준 출력에 직접 출력할 것이다. 사용자는 처리하기 위한 이미지가 포함된 폴더를 지정할 것이다. 필자는 또한 미래에 재사용하거나 확장할 수 있는 포렌식 로깅 작업을 처리하는 클래스를 만들었다. 마지막으로, 필자는 3장에서 pFish 응용프로그램을 위해 만든 CVSWriter 클래스의 약간 수정된 버전을 재사용할 것이다.

표 5.1 GPS/EXIF 추출을 위한 기본 요구사항

요구사항 번호	요구사항 명	설명
GPS-001	명령줄 인수	GPS로부터 정보를 추출하기 위해 시도하는 샘플 이미지를 포함한 디렉토리를 지정하도록 사용자에게 허용한다.
GPS-002	로그	프로그램은 포렌식 감사 로그를 생성해야 한다.
GPS-003	출력	프로그램은 발견된 GPS 정보로부터 위도와 경도 값의 목록을 생성한다. 형식은 온라인 지도에 붙여 넣기 위해서 위도, 경도 값들이 간단해야 한다.
GPS-004	오류 처리	응용 프로그램은 수행된 모든 동작에 대한 오류 처리와 로깅을 지원해야 한다. 이것은 텍스트 설명과 타임스탬프를 포함할 것이다.

표 5.2 설계 고려사항 및 라이브러리 매핑

요구사항	설계 고려사항	라이브러리 선택사항
사용자 입력 (001)	키워드 및 대상 파일에 대한 사용자 입력	사용자로부터 입력을 얻기 위해서 표준 라이브러리 모듈에서 argparse를 사용한다.
출력 (003)	추출된 GPS 위치는 간단한 기본 인쇄 명령을 사용하여 출력될 것이다.	웹 페이지에 직접 자르고 붙여 넣기 하기 위해 출력을 추출하고 형식화하도록 파이썬 이미지 라이브러리와 표준 파이썬 언어를 사용하는 것이다. http://www. darrinward.com/lat-long/

(추가)	추가적인 EXIF 및 GPS 값을 추출하고 CSV 파일에 각각의 파일에 대한 데이터를 기록한다	파이썬 이미지 라이브러리와 파이썬 CVS 라이브러리를 사용한다
(002 및 004) 로깅과 오류 처리	오류는 파일 및 EXIF 데이터 처리 동안에 발생할 수 있다. 따라서 이러한 잠재적인 오류를 처리하는 것은 엄격해야 한다.	파이썬 표준 라이브러리는 처리하는 동안에 발생하는 어떤 사건 혹은 오류를 보고하기 위해서 용이하게 활용할 수 있는 `looging`을 포함한다. 재사용 가능한 logging 클래스를 만들 것이다.

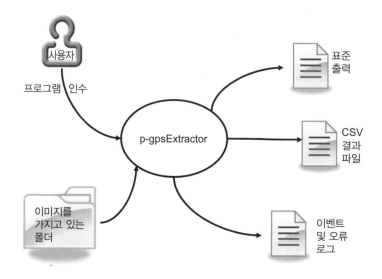

그림 5.6 p-gpsExtractor 컨텍스트 다이어그램.

| 코드 워크-스루

그림 5.7은 프로그램에 대한 감각을 얻기 위한 WingIDE 프로젝트의 스크린샷이다. 여러분은 맨 오른쪽에 파이썬 소스 파일 다섯 개를 포함한 이 프로그램에 주의해야 한다.

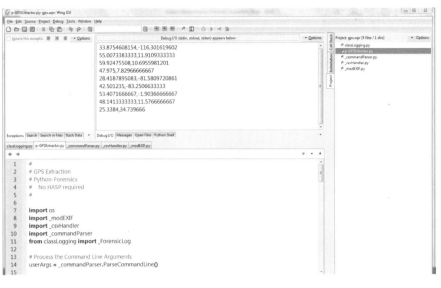

그림 5.7 WingIDE 프로젝트 개요

메인 프로그램

p-gpsExtractor.py: 이것은 전체 프로그램의 흐름을 처리하는 응용프로그램의 메인 프로그램이고, 각 가능성 있는 이미지 파일의 처리는 사용자에 의해 지정된 폴더에 포함되어 있다. 메인은 지도를 보기 위해 웹 페이지 안에 데이터를 잘라 붙여 넣을 수 있도록 하기 위해서 표준 출력에 데이터를 기록한다. 메인은 또한 어떤 포렌식 로그 항목뿐만 아니라 처리된 파일 각각에 대한 결과를 제공하는 CSV 파일의 출력을 처리한다.

로깅 클래스

classLogging.py: 새로운 클래스 로거는 포렌식 로깅 기능을 처리하기 위해 파이썬 클래스에 기록하는 기능을 추상화한다. 이는 전역 변수의 필요성을 제거하는 어떤 모듈이나 기능에 대해서 미래의 응용프로그램에 전달하는 로그 객체를 고려할 것이다.

cvsHandler

csvHandler.py: CSV 파일 생성 및 기록을 위해서 수정된 클래스는 다시 한번, 보다 간단히 인터페이스를 만들고 기능을 추상화하며, CVS 형식에 출력 파일을 기록할 수 있는 단일 인터페이스를 제공한다. 더 많은 노력이 앞으로 이 클래스에서 더 추상화하는 것을 수행할 것이다.

명령줄 파서(parser)

commandParser.py: 현재 응용프로그램과 미래 응용프로그램에 대한 더 큰 이식성을 위해서 자체 파일로 commandParser.py를 분리했다. 이것은 처리되고, 수정되거나 강화된 명령줄 파서를 가능케 하고 메인 프로그램과 더 느슨하게 연결되어 있다. 로깅 기능과 마찬가지로 이것은 결국 클래스 기반 모듈에 교차 모듈 접근 및 접속을 허용하도록 바뀔 것이다.

EXIF 및 GPS 핸들러(Handler)

_modEXIF.py: 이 모듈은 EXIF 데이터를 포함하는 이미지 파일들로부터 EXIF 데이터 및 GPS 데이터 모두를 추출하기 위해 필요한 작업을 수행하도록 PIL로 직접 접속한다.

코드 분석하기

» Main Program

```
# GPS 추출
# 파이썬 포렌식
# 소프트웨어 불법 복제에 대비한 하드웨어 (HASP) 는 필요하지 않다.
#
import os
import _modEXIF
import _csvHandler
import _commandParser
from classLogging import ForensicLog
```

여러분은 메인 프로그램에서 폴더 처리, 명령줄 처리기, cvsHandler 및 새로운 ForensicLog 클래스를 처리하기 위해서 os를 불러와야 한다.

```
# 명령줄 인수를 처리한다.
userArgs = _commandParser.ParseCommandLine()
```

일반적으로, 필자는 사용자가 지정한 값을 얻기 위해서 명령줄 인수를 처리한다. 명령 구문 분석이 성공하면, 여러분은 필요한 포렌식 로그 이벤트를 처리하고 첫 번째 로그 이벤트를 기록하기 위해 새로운 로깅 객체를 만든다.

```
# 로그 객체를 생성한다.
logPath = userArgs.logPath+"ForensicLog.txt"
```

```
oLog = _ForensicLog(logPath)

oLog.writeLog("INFO", "Scan Started)"
```

처리된 파일 및 추출된 GPS 데이터 결과를 포함할 CSV 결과 파일에 데이터를 쓰기 위해서 사용할 CSV 파일 객체를 만든다.

```
csvPath = userArgs.csvPath+"imageResults.csv"
oCSV = _csvHandler._CSVWriter(csvPath)
```

GPS 추출을 위해서 사용자가 지정한 대상 디렉토리를 획득하기 위해 필요한 열기를 시도하고 대상 디렉토리 내에 각각의 파일을 처리한다. 오류가 발생하는 경우, 그들은 try/except 모델을 사용하여 정확히 포착하고 적절한 오류는 포렌식 로그 파일에 기록된다.

```
# 탐색하기 위한 디렉토리를 정의한다.

scanDir = userArgs.scanPath
try:
    picts = os.listdir(scanDir)
except:
    oLog.writeLog("ERROR", "Invalid Directory "+ scanDir)
    exit(0)

for aFile in picts:

    targetFile = scanDir+aFile

    if os.path.isfile(targetFile):
```

일단 준비 절차가 끝나고, 지금 성공한 경우 필자는 gpsDictionary 객체에 존재하는 결과를 가지고 각 대상 파일을 처리하기 위해서 _modEXIF 모듈을 사용할 수 있다. 이러한 객체는 EXIF 레코드로 내장된 이 파일에 사용할 수 있는 EXIF 데이터를 포함할 것이다. 데이터를 사용하기 전에 gpsDictionary 객체가 데이터를 포함하는 것을 보장하는지 확인한다.

```
    gpsDictionary =
                _modEXIF.ExtractGPSDictionary(targetFile)

    if (gpsDictionary):

        # 도로 변환된 gpsDictionary에서 위도 경도 값을 얻는다.
        # 반환 값은 사전 키/값 쌍이다.
```

```
dCoor = _modEXIF.ExtractLatLon(gpsDictionary)
```

다음으로, 더 나아가 gpsDictionary를 처리하기 위해서 또 다른 _modEXIF 기능을 호출한다. 이 기능은 GPS 좌표를 처리하고, 성공하면 원시 좌표 데이터를 반환한다. 그런 다음 이 장에서 이전에 배운 사전(Dictionary)의 get 메소드 사용하여 사전에서 위도와 경도 데이터를 추출한다.

```
lat = dCoor.get("Lat)"
latRef = dCoor.get("LatRef)"
lon = dCoor.get("Lon)"
lonRef = dCoor.get("LonRef)"

if ( lat and lon and latRef and lonRef):
```

위도 및 경도 값의 성공적인 추출에 대하여, 필자는 표준 출력에 결과를 인쇄하고, CSV 파일에 데이터를 기록하고 포렌식 로그를 적절히 갱신한다. 또한 성공하지 못할 경우, 포렌식 로그 파일에 적절한 데이터를 보고한다.

```
print str(lat)+','+str(lon)

# csv 파일에 한 행을 기록한다.
oCSV.writeCSVRow(targetFile, EXIFList[TS], EXIFList
    [MAKE], EXIFList[MODEL],latRef, lat, lonRef,
    lon)

oLog.writeLog("INFO", "GPS Data Calculated for:" +
    targetFile)
else:
    oLog.writeLog("WARNING", "No GPS EXIF Data for"+
        targetFile)
else:
    oLog.writeLog("WARNING", "No GPS EXIF Data for
        "+ targetFile)
else:
    oLog.writeLog("WARNING", targetFile + " not a valid file)"
```

마지막으로 프로그램 종료 전에 로그와 관련된 CSV 파일을 차례로 닫고 포렌식 로그와 CSV 객체를 삭제한다.

```
# 로그와 CSV 파일을 닫고 정리한다.

del oLog
del oCSV
```

» EXIF 및 GPS 처리

p-gpsExtractor의 핵심 데이터 추출 요소는 _modEXIF.py 모듈 내에 포함되어 있다.

```
#
# 데이터 추출 - 파이썬 포렌식
# EXIF 지원된 이미지들(jpg, tiff)에서 GPS 데이터 추출
# 지원 모듈
#
```

필자는 _modEXIF.py에 필요한 라이브러리와 모듈을 가져오기 시작한다. 주석의 중요한 모듈은 파이썬 이미지 라이브러리와 관련된 기능이다.

```
import os   # 표준 라이브러리 OS 기능
from classLogging import _ForensicLog      # 로깅 클래스
```

PIL에서 스크립트 예제 5-6부터 5-8까지 했던 것과 마찬가지로, 사전 구조로 색인하기 위해서 이미지 라이브러리와 EXIF 및 GPS 태그를 가져온다.

```
# 태그와 GPS 관련된 태그와 함께
# 파이썬 이미지 라이브러리를 가져온다

from PIL import Image
from PIL.EXIFTags import TAGS, GPSTAGS
```

이제 개별 기능을 분해하고 살펴보자. GPS 사전의 추출과 함께 시작할 것이다. 이 기능은 추출이 발생하는 대상 파일의 전체 경로 이름을 갖는다.

```
#
# EXIF 데이터 추출
#
# 입력: 대상 이미지의 전체 경로 이름
#
# 반환: gpsDictionary 및 추출된 EXIFData 목록
#
def ExtractGPSDictionary(fileName):
```

제공된 파일을 열기 위해서 친숙한 try/except 모듈을 사용해 시도하고 성공적인 경우 PIL getEXIF() 함수를 사용하여 EXIF 데이터를 추출한다.

```
    try:
        pilImage = Image.open(fileName)
        EXIFData = pilImage._getEXIF()
```

```
except Exception:
    # PIL 처리에서 예외가 발생하는 경우
    # 보고한다.
    return None, None

# EXIFData를 통해 반복
# GPS 태그 검색
```

다음으로, EXIFData 태그를 통해서 반복하고 몇 가지 기본적인 EXIF 데이터를 수집한 후에 그것들이 특정 이미지의 EXIF 데이터 내에 포함되는 경우 GPSTags를 구한다.

```
imageTimeStamp = "NA"
CameraModel = "NA"
CameraMake = "NA"

if EXIFData:

    for tag, theValue in EXIFData.items():

        # 태그를 구한다.
        tagValue = TAGS.get(tag, tag)

        # 가능한 경우 기본적인 이미지 데이터를 수집한다.
```

이러한 이미지 내에 존재하는 태그를 통해서 반복할 때, 결과 파일에 그것들을 포함하기 위해서 카메라 제조사 및 모델과 함께 DataTimeOriginal의 존재를 확인한다.

```
if tagValue =='DateTimeOriginal':
    imageTimeStamp = EXIFData.get(tag)

if tagValue == "Make":
    cameraMake = EXIFData.get(tag)

if tagValue =='Model':
    cameraModel = EXIFData.get(tag)
```

또한 GPSInfo 태그를 확인하고 존재하는 경우, GPSInfo를 통해서 반복하고 GPSTAGS.get() 함수를 사용하여 GPS 사전을 추출한다.

```
# GPS에 대한 태그를 확인한다.
if tagValue == "GPSInfo":

    # 그것을 발견!
    # 이제 GPS 데이터를 저장할 수 있는 사전을 만든다.
```

```
                    gpsDictionary = {}

                    # GPS 정보를 통해서 순환한다.

                    for curTag in theValue:
                        gpsTag = GPSTAGS.get(curTag, curTag)
                        gpsDictionary[gpsTag] = theValue[curTag]
```

EXIF 타임스탬프와 카메라 제조사 및 모델을 저장할 수 있는 간단한 파이썬 리스트를 만든다. 그 다음 여러분은 gpsDictionary 및 수집된 basicEXIFData를 반환한다.

```
                    basicEXIFData = [imageTimeStamp, cameraMake,
                                     cameraModel]
                    return gpsDictionary, basicEXIFData
        else:
```

대상 파일이 EXIF 데이터를 포함하지 않는 경우에는 이 파일의 추가적인 처리를 방지하기 위해서 None을 반환한다. None은 비어있거나 밀집된 데이터를 묘사하기 위해 사용되는 파이썬 상수에 내장하고 있다.

```
        return None, None
# ExtractGPSDictionary의 끝 ==============================
```

다음의 지원 기능은 ExtractLatLon이다. 이 장의 서술대로, 온라인 매핑 응용프로그램과 함께 그것들을 사용하기 위해서는 부동 소수점 값에 EXIF GPS 데이터를 변환할 필요가 있다.

```
#
# gpsDictionary에서 위도와 경도 값을 추출한다.
#
```

ExtractLatLon 기능은 gps 사전 구조를 입력으로 가진다.

```
def ExtractLatLon(gps):

    # 계산을 수행하기 위해서 적어도 lat, lon, latRef, lonRef가 필요하다.
```

변환을 시도하기 전에 적절한 키/값 쌍을 포함하는 gps 사전을 유효성 검증할 필요가 있다. 이는 위도, 경도, 위도 참조, 경도 참조를 포함한다.

```
    if (gps.has_key("GPSLatitude)" and
        gps.has_key("GPSLongitude)"
        and gps.has_key("GPSLatitudeRef)"
        and gps.has_key("GPSLatitudeRef)"):
```

일단 최소한의 입력이 있으면 개별 값을 추출한다.

```python
latitude = gps["GPSLatitude"]
latitudeRef = gps["GPSLatitudeRef"]
longitude = gps["GPSLongitude"]
longitudeRef = gps["GPSLongitudeRef"]
```

위도와 경도 값 모두에 대한 변환 기능을 호출한다.

```python
lat = ConvertToDegrees(latitude)
lon = ConvertToDegrees(longitude)
```

위도와 경도 참조 값에 대한 설명이 필요하고 필요한 경우 적절한 양수 값을 설정해야 한다.

```python
# 위도 참조 확인
# 적도의 남쪽인 경우 위도 값이 음수이다.

if latitudeRef == "S":
    lat = 0 - lat

# 경도 참조 확인
# 그리니치 본초 자오선의 서쪽인 경우
# 경도 값이 음수이다.

if longitudeRef == "W":
    lon = 0 - lon
```

일단 이것이 고려되었으면, 이 경우 메인 프로그램에서 마지막 값을 저장할 수 있는 새로운 사전을 만들고 그것을 호출자에게 반환한다.

```python
gpsCoor = {"Lat": lat, "LatRef":latitudeRef,
"Lon": lon, "LonRef": longitudeRef}

return gpsCoor
else:
```

다시 한번, 최소한의 값이 존재하지 않는 경우, 표시하는 내장 파이썬 상수 None를 반환하고 빈상태로 되돌린다.

```python
return None
```

마지막 지원 기능은 부동 소수점 값에 GPS 데이터를 변환하는 ConvertToDegrees 함수이다. 이 코드는 매우 간단하며 이 장의 서술에서 제시된 공식을 따른다. 0으로 나누기는 실패를 일으키고 프로그램을 중단할 수 있으므로, try/execpt 모델로 두 숫자를 나누기할 때마다 주의를 기울이도록 지적한다. 자연 상태 그대로에서 오는 데이터와 같이 무엇이든 가능하고, 가능한 제로 부분에 대해 고려할 필요가 있다. 필자는 EXIF 데이터와 같이 이것을 본 적이 있고, 초에 대한 값이 0일 때 0:0으로 보고되는 비율은 0이다. 이것이 합법적인 값이기 때문에, 예외가 발생할 때 0으로 단순히 도, 분, 초를 설정한다.

```
#
# 도에 GPS 좌표 변환
#
# EXIF 형식에서 gpsCoordinates 값을 입력한다.
#

def ConvertToDegrees(gpsCoordinate):

    d0 = gpsCoordinate[0][0]
    d1 = gpsCoordinate[0][1]

    try:
        degrees = float(d0) / float(d1)
    except:
        degrees = 0.0

    m0 = gpsCoordinate[1][0]
    m1 = gpsCoordinate[1][1]
    try:
        minutes = float(m0) / float(m1)
    except:
        minutes=0.0

    s0 = gpsCoordinate[2][0]
    s1 = gpsCoordinate[2][1]
    try:
        seconds = float(s0) / float(s1)
    except:
        seconds = 0.0

    floatCoordinate = float (degrees + (minutes / 60.0) +
                            (seconds / 3600.0))
    return floatCoordinate
```

» 로깅 클래스

이 응용프로그램을 위해 모듈에 걸쳐 포렌식 로깅 이벤트의 처리를 추상화 및 단순화하는 새로운 로깅 클래스를 포함하고 있다.

```
import logging

#
# 클래스: _ForensicLog
#
# 설명: 포렌식 로깅 작업을 처리
#
# 메소드
#   생성자:          로거(Logger)를 초기화
#   writeLog:        로그에 레코드를 기록
#   destructor:      정보 메시지를 기록하고 로거를 종료
#

class _ForensicLog:
```

초기화(init)는 새로운 ForensicLog 객체가 생성될 때마다 호출되는 생성자 메소드이다. 이 메소드는 파이썬 표준 라이브러리를 사용하여 새로운 파이썬 로깅 객체를 초기화한다. 로그의 filename은 객체 인스턴스화의 일부로 전달된다. 예외가 발생하면 메시지가 표준 출력으로 전송되고 프로그램은 중단된다.

```
    def __init__(self, logName):
        try:
            # 로깅을 설정
            logging.basicConfig(filename=logName,
                level=logging.DEBUG,format='%(asctime) s %(message)s')
        except:
            print "Forensic Log Initialization
                    Failure ... Aborting"
            exit(0)
```

다음 메소드는 writeLog이다. 이는 (self와 함께) 두 개의 매개 변수가 있다. 첫 번째는 로그 이벤트(정보, 오류 또는 경고)의 유형 또는 수준이고, 두 번째는 로그에 기록되어질 메시지를 표현하는 문자열이다.

```
def writeLog(self, logType, logMessage):
    if logType == "정보":
        logging.info(logMessage)
    elif logType == "오류":
        logging.error(logMessage)
    elif logType == "경고":
        logging.warning(logMessage)
    else:
        logging.error(logMessage)
    return
```

마지막 del 메소드는 로깅을 종료하고 로그 파일을 닫기 위해 사용된다. "로깅 종료" 메시지는 로그의 종료 직전에 정보 메시지로 로그에 전송된다.

```
def __del__(self):
    logging.info("로깅종료)"
    logging.shutdown()
```

» 명령줄 파서

명령줄 파서(parser)는 사용자 입력을 처리하고, 전달된 인수에 대한 유효성 검증을 제공하며, 사용자를 지원하는 도움말 텍스트와 함께 오류를 보고한다.

```
import argparse      # 파이썬 표준 라이브러리 - 명령줄 옵션, 인수에 대한 파서
import os            # 표준 라이브러리 OS 기능
# 이름: ParseCommand() 함수
#
# 설명: 파이썬 표준 라이브러리 모듈 argparse를 사용하여
#       명령줄 인수를 처리 및 유효성을 검증한다.
#
# 입력: 없음
#
# 행위:
#       명령줄을 처리하기 위해서 표준 라이브러리 argparse를 사용
#
#

def ParseCommandLine():
```

gpsExtractorsms는 세 개의 입력 1) 포렌식 로그의 디렉토리 경로 2) 탐색할 디렉토리 경로 3) CSV 결과 파일의 디렉토리 경로를 필요로 한다. 이러한 모든 디렉토리 경로가 존재해야 하고 구문 분석이 성공하기 위해서는 기록할 수 있어야 한다.

```
parser = argparse.ArgumentParser('Python gpsExtractor)
parser.add_argument('-v','--verbose', help="enables
                    printing of additional program
                    messages", action='store_true')

parser.add_argument('-l','--logPath',
                    type= ValidateDirectory, required=True,
                    help="specify the directory
                    for forensic log output file")

parser.add_argument('-c','--csvPath',
                    type= ValidateDirectory, required=True,
```

```
                              help="specify the output directory for
                              the csv file)"

        parser.add_argument('-d','-scanPath',
                              type=ValidateDirectory, required=True,
                              help="specify the directory to scan)"

        theArgs = parser.parse_args()

        return theArgs

# 명령줄 구문 분석의 끝 =================================================
```

ValidateDirectory 함수는 전달된 값이 실제로 쓰기 가능한 진정한 디렉토리와 경로인지를 검증한다. 존재를 검증하기 위해서 os.path.isdir() 메소드를 사용하고 쓰기를 확인하기 위해서 os.access() 메소드를 사용한다.

```
def ValidateDirectory(theDir):

    # 경로가 디렉토리인지 유효성 검사한다.
    if not os.path.isdir(theDir):
        raise argparse.ArgumentTypeError('Directory does not exist')

    # 경로가 쓰기 가능한지 유효성 검사한다.
    if os.access(theDir, os.W_OK):
        return theDir
    else:
        raise argparse.ArgumentTypeError
            ('Directory is not writable')

# ValidateDirectory 함수의 끝 =======================================================
```

» 쉼표로 구분된 값(CSV) 작성 클래스

_CSVWriter 클래스는 표준 CSV 파일에 데이터를 작성하고 처리하기 위한 객체 기반의 추상화를 제공한다.

```
import csv # csv 파일을 위한 파이썬 표준 라이브러리

#
# 클래스: _CSVWriter
#
# 설명: 쉼표로 구분된 값 작업과 관련된 모든 메소드를 처리한다.
#
# 메소드
```

170

```
#    생성자:        CSV 파일을 초기화한다.
#    writeCVSRow:   csv 파일에 단일 행을 기록한다.
#    writerClose:   CSV 파일을 닫는다.

class _CSVWriter:
```

생성자는 **csvFile**로 제공된 파일 이름을 열고, csv 파일에 머리글을 기록한다.

```
def __init__(self, fileName):
    try:
        # writer 객체를 생성하고 그 다음에 머리글 행을 기록한다.

        self.csvFile = open(fileName,'wb')

        self.writer = csv.writer(self.csvFile,
                    delimiter=',',
                    quoting=csv.QUOTE_ALL)
        self.writer.writerow( ('Image Path','TimeStamp',
                    'Camera Make',
                    'Camera Model',
                    'Lat Ref','Latitude',
                    'Lon Ref','Longitude') )
    except:
        log.error('CSV File Failure')
```

실제 writeCSVRow 메소드는 정의된 개별 열을 입력 받아서 파일에 그것을 기록한다.
또한 이 함수는 부동 소수점 위도와 경도 값을 적절하게 형식화된 문자열로 변환한다.

```
def writeCSVRow(self, fileName, timeStamp, CameraMake,
                CameraModel,latRef, latValue, lonRef,
                lonValue):

    latStr ='%.8f'% latValue
    lonStr='%.8f'% lonValue

    self.writer.writerow( (fileName, timeStamp, CameraMake,
                CameraModel, latRef, latStr,
                lonRef, lonStr))
```

마지막으로 del 메소드는 객체의 완전한 소멸을 위해서 **csvFile**를 닫는다.

```
def __del__(self):
    self.csvFile.close()
```

전체 코드 목록

```
#
# GPS 추출
# 파이썬 포렌식
# 소프트웨어 불법 복제에 대비한 하드웨어 (HASP) 는 필요하지 않다.
#

import os
import _modEXIF
import _csvHandler
import _commandParser
from classLogging import _ForensicLog

# 타임스탬프, 카메라 제조사 및 모델에 대해서
# 반환 EXIFData에 오프셋한다.

TS = 0
MAKE = 1
MODEL = 2

# 명령줄 인수를 처리한다.
userArgs = _commandParser.ParseCommandLine()

# 로그 객체를 만든다.
logPath = userArgs.logPath+"ForensicLog.txt"
oLog = _ForensicLog(logPath)

oLog.writeLog("INFO", "Scan Started")

csvPath = userArgs.csvPath+"imageResults.csv"
oCSV = _csvHandler._CSVWriter(csvPath)

# 탐색하기 위한 디렉토리를 정의한다.
scanDir = userArgs.scanPath
try:
    picts = os.listdir(scanDir)
except:
    oLog.writeLog("ERROR", "Invalid Directory "+ scanDir)
    exit(0)

print "Program Start"
print

for aFile in picts:

    targetFile = scanDir+aFile
```

```python
        if os.path.isfile(targetFile):

            gpsDictionary, EXIFList = _modEXIF.ExtractGPSDictionary
            (targetFile)

            if (gpsDictionary):

                # 변환된 도로 gpsDictionary에서 위도, 경도 값을 구한다.
                # 반환 값은 사전 키/값 쌍이다.

                dCoor = _modEXIF.ExtractLatLon(gpsDictionary)

                lat = dCoor.get("Lat")
                latRef = dCoor.get("LatRef")
                lon = dCoor.get("Lon")
                lonRef = dCoor.get("LonRef")

                if ( lat and lon and latRef and lonRef):
                    print str(lat)+','+str(lon)

                    # 출력 파일에 한 행을 기록한다.
                    oCSV.writeCSVRow(targetFile, EXIFList[TS], EXIFList[MAKE],
                    EXIFList[MODEL],latRef, lat, lonRef, lon)
                    oLog.writeLog("INFO", "GPS Data Calculated for :" + targetFile)
                else:
                    oLog.writeLog("WARNING", "No GPS EXIF Data for "+ targetFile)
            else:
                oLog.writeLog("WARNING", "No GPS EXIF Data for "+ targetFile)
        else:
            oLog.writeLog("WARNING", targetFile + " not a valid file")

# 로그와 CSV 파일을 닫고 정리한다.
del oLog
del oCSV
import argparse              # 파이썬 표준 라이브러리 - 명령줄 옵션, 인수에 대한 파서
import os                    # 표준 라이브러리 OS 기능

# 이름: ParseCommand() 기능
#
# 설명: 파이썬 표준 라이브러리 모듈 argparse를 사용하여
#        명령줄 인수를 처리 및 유효성 검증한다.
#
# 입력: 없음
#
# 행위:
#         명령줄을 처리하기 위해서 표준 라이브러리 argparse를 사용
#

def ParseCommandLine():
```

```
        parser = argparse.ArgumentParser('Python gpsExtractor')

        parser.add_argument('-v','--verbose', help="enables printing of
        additional program messages", action='store_true')
        parser.add_argument('-l','--logPath', type= ValidateDirectory,
        required=True, help="specify the directory for forensic log output
        file")
        parser.add_argument('-c','--csvPath', type= ValidateDirectory,
        required=True, help="specify the output directory for the csv
        file")
        parser.add_argument('-d','--scanPath', type= ValidateDirectory,
        required=True, help="specify the directory to scan")

        theArgs = parser.parse_args()

        return theArgs

# 명령줄 파서의 끝 ============================

def ValidateDirectory(theDir):

        # 경로가 디렉토리인지 유효성 검증한다.
        if not os.path.isdir(theDir):
            raise argparse.ArgumentTypeError('Directory does not exist')

        # 경로가 쓰기 가능한지 유효성 검사한다.
        if os.access(theDir, os.W_OK):
            return theDir
        else:
            raise argparse.ArgumentTypeError('Directory is not writable')

# ValidateDirectory의 끝 =======================================

import logging
#
# 클래스: _ForensicLog
#
# 설명: 포렌식 로깅 작업을 처리한다.
#
# 메소드 생성자: 로거를 초기화한다.
#       writeLog:          로그에 레코드를 기록한다.
#       destructor:        정보 메시지를 기록하고 로거를 종료한다.

class _ForensicLog:

    def __init__(self, logName):
        try:
            # 로깅을 설정한다.
```

```
logging.basicConfig(filename=logName,level=logging.DEBUG,
format='%(asctime)s %(message)s')
    except:
            print "Forensic Log Initialization Failure ... Aborting"
            exit(0)

    def writeLog(self, logType, logMessage):
        if logType == "INFO":
            logging.info(logMessage)
        elif logType == "ERROR":
            logging.error(logMessage)
        elif logType == "WARNING":
            logging.warning(logMessage)
        else:
            logging.error(logMessage)
        return

    def __del__(self):
        logging.info("Logging Shutdown")
        logging.shutdown()
#
# 데이터 추출 - 파이썬 포렌식
# 지원된 이미지(jpg, tiff) EXIF로부터 GPS 데이터를 추출
# 지원 모듈
#
import os                               # 표준 라이브러리 OS 기능
from classLogging import _ForensicLog   # 추상화된 포렌식 로깅 클래스

# 태그 및 GPS 관련 태그와 함께
# 파이썬 이미지 라이브러리를 가져온다.

from PIL import Image
from PIL.EXIFTags import TAGS, GPSTAGS


#
# EXIF 데이터 추출
#
# 입력: 대상 이미지의 전체 경로 이름
#
# 반환: gps 사전 및 선택된 EXIFData 목록
#

def ExtractGPSDictionary(fileName):

    try:
        pilImage = Image.open(fileName)
        EXIFData = pilImage._getEXIF()

    except Exception:
```

```
                # PIL 처리로부터 예외가 발생하는 경우
                # 보고한다.
                return None, None

    # EXIFData를 통해서 반복
    # GPS 태그 검색

    imageTimeStamp = "NA"
    CameraModel = "NA"
    CameraMake = "NA"

    if EXIFData:

        for tag, theValue in EXIFData.items():

            # 태그를 구한다.
            tagValue = TAGS.get(tag, tag)

            # 가능한 경우 기본 이미지 데이터를 수집한다.

            if tagValue =='DateTimeOriginal':
                imageTimeStamp = EXIFData.get(tag)

            if tagValue == "Make":
                cameraMake = EXIFData.get(tag)

            if tagValue =='Model':
                cameraModel = EXIFData.get(tag)

            # GPS의 태그를 확인한다.
            if tagValue == "GPSInfo":

                # 그것을 발견한다!
                # 이제 GPS 데이터를 저장할 사전을 만든다.

                gpsDictionary = {}

                # GPS 정보를 통해서 순환한다.
                for curTag in theValue:
                    gpsTag = GPSTAGS.get(curTag, curTag)
                    gpsDictionary[gpsTag] = theValue[curTag]

                basicEXIFData = [imageTimeStamp, cameraMake,
                                cameraModel]
                return gpsDictionary, basicEXIFData
    else:
        return None, None

    # ExtractGPSDictionary의 끝 =============================
```

```
#
# gpsDictionary에서 위도 및 경도 값을 추출한다.
#

def ExtractLatLon(gps):

    # 계산을 수행하기 위해서
    # lat(위도), lon(경도), latRef(위도 참조), lonRef(경도 참조)를 필요로 한다.

    if (gps.has_key("GPSLatitude") and gps.has_key("GPSLongitude")
    and gps.has_key("GPSLatitudeRef") and gps.has_key
    ("GPSLatitudeRef")):

            latitude     = gps["GPSLatitude"]
            latitudeRef  = gps["GPSLatitudeRef"]
            longitude    = gps["GPSLongitude"]
            longitudeRef = gps["GPSLongitudeRef"]

            lat = ConvertToDegrees(latitude)
            lon = ConvertToDegrees(longitude)
            # 위도 참조를 확인한다.
            # 적도의 남쪽인 경우 위도 값이 음수이다.

            if latitudeRef == "S":
                lat = 0 - lat

            # 경도 참조를 확인한다.
            # 그리니치 본초 자오선 서쪽인 경우 경도 값이 음수이다.

            if longitudeRef == "W":
                lon = 0- lon

            gpsCoor = {"Lat": lat, "LatRef":latitudeRef, "Lon": lon,
            "LonRef": longitudeRef}

            return gpsCoor

    else:
            return None

# 위도, 경도 추출의 끝 ===================================

#
# 도로 GPS 좌표를 변환한다.
#
# EXIF 형식의 gpsCoordinates 값을 입력한다.
#

def ConvertToDegrees(gpsCoordinate):
```

```
        d0 = gpsCoordinate[0][0]
        d1 = gpsCoordinate[0][1]
        try:
            degrees = float(d0) / float(d1)
        except:
            degrees = 0.0

        m0 = gpsCoordinate[1][0]
        m1 = gpsCoordinate[1][1]
        try:
            minutes = float(m0) / float(m1)
        except:
            minutes=0.0

        s0 = gpsCoordinate[2][0]
        s1 = gpsCoordinate[2][1]
        try:
            seconds = float(s0) / float(s1)
        except:
            seconds = 0.0


    floatCoordinate = float (degrees + (minutes / 60.0) + (seconds / 3600.0))
    return floatCoordinate


import csv # 파이썬 표준 라이브러리 - csv 파일에 대한 읽고 쓰기
#
# 클래스: _CSVWriter
#
# 설명: 쉼표로 구분된 값 작업과 관련된 모든 메소드를 처리한다.
#
# 메소드 생성자: CSV 파일을 초기화한다.
#          writeCVSRow: csv 파일에 단일 행을 기록한다.
#          writerClose: CSV 파일을 닫는다.


class _CSVWriter:

    def __init__(self, fileName):
        try:
            # writer 객체를 만들고 머리글 행을 기록한다.
            self.csvFile = open(fileName, 'wb')
            self.writer = csv.writer(self.csvFile, delimiter=',',
            quoting=csv.QUOTE_ALL)
            self.writer.writerow( ('Image Path','Make','Model','UTC
Time','Lat Ref','Latitude','Lon Ref','Longitude','Alt Ref','Altitude') )
        except:
            log.error('CSV File Failure')

    def writeCSVRow(self, fileName, cameraMake, cameraModel, utc,
    latRef, latValue, lonRef, lonValue, altRef, altValue):
```

```
        latStr ='%.8f'% latValue
        lonStr='%.8f'% lonValue
        altStr ='%.8f'% altValue
        self.writer.writerow(fileName, cameraMake, cameraModel, utc,
        latRef, latStr, lonRef, lonStr, altRef, AltStr)


    def __del__(self):
        self.csvFile.close()
```

프로그램 실행

p-gpsExtractor는 서로 다른 세 가지 결과를 얻을 수 있다. (1) 대상 파일로부터 추출된 위도 및 경도 값의 표준 출력 표현. (2) 각각의 EXIF 및 GPS 추출의 세부사항을 포함하는 CSV 파일. (3) 프로그램 실행으로 만들어진 로그를 포함하는 포렌식 로그 파일.

프로그램의 실행은 다음 명령줄 옵션을 사용하여 수행된다.

```
C:\pictures\Program>Python p-GPSExtractor.py-d c:\pictures\ -c
   c:\pictures\Results\ -l c:\pictures\Log\
```

그림 5.8은 프로그램 실행 결과를 묘사한다. 출력 결과를 선택하고 온라인 매핑 프로그램 내의 모든 점들을 구성하기 위하여 버퍼로 붙여 넣고 복사했다.

그림 5.8은 p-gpsExtractor의 윈도우 실행에 대한 스크린샷을 포함한다.

그림 5.8 p-gpsExtractor.py 실행

그림 5.9에서 필자는 온라인 웹 사이트(http://www.darrinward.com/lat-long/ [Ward])에 프로그램 실행으로부터 선택한 좌표를 붙여 넣고 그 값을 제출했다. 페이지는 압침으로 지도에 각각의 점을 나타낸다. 그림 5.10 및 5.11은 독일의 위치에 확대/축소를 설명한다.

매핑된 데이터뿐만 아니라 스캔을 위한 .csv 결과 파일을 만들었다. 그림 5.12는 결과로 하는 .csv 파일을 보여준다.

마지막으로, 프로그램 실행과 함께 관련된 포렌식 로그 파일을 만든다. 이 파일은 그림 5.13에 표시된 포렌식 로그 결과를 포함하고 있다.

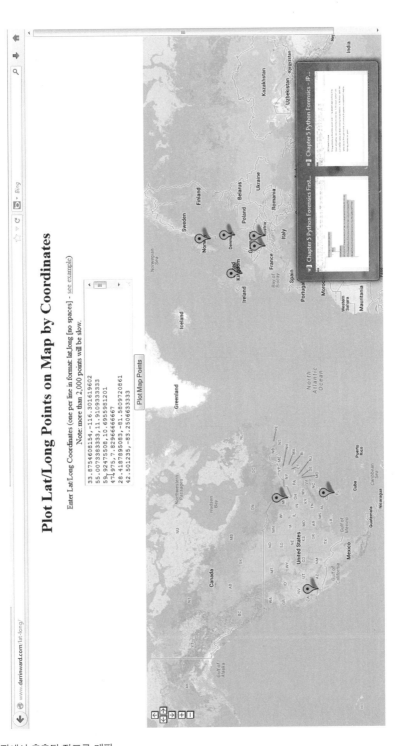

그림 5.9 사진에서 추출된 좌표를 매핑

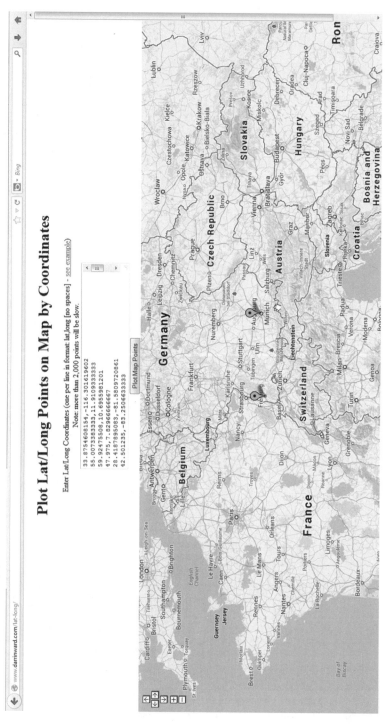

그림 5.10 서유럽에 지도 확대

182

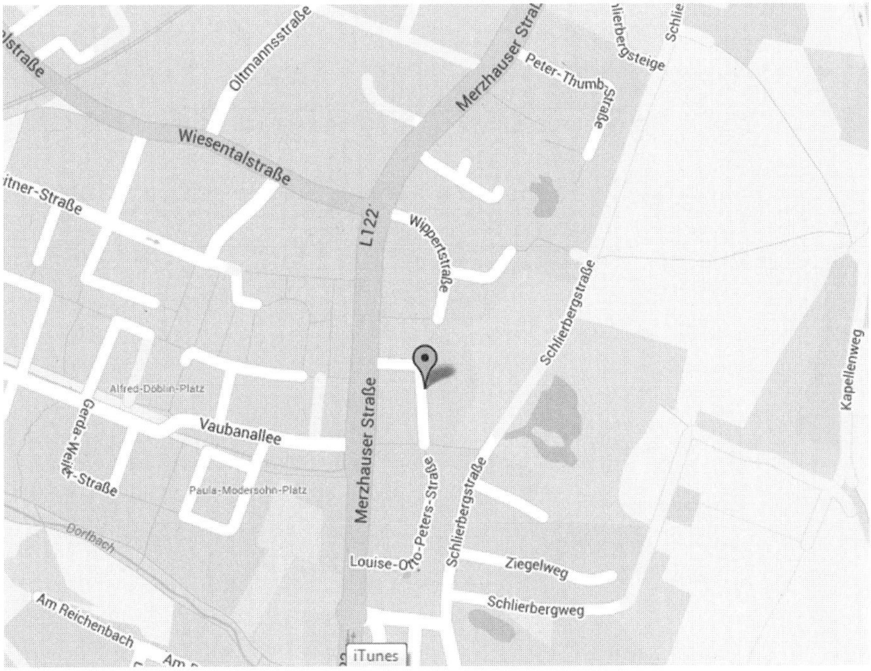

그림 5.11 독일 거리 수준에서 지도 확대

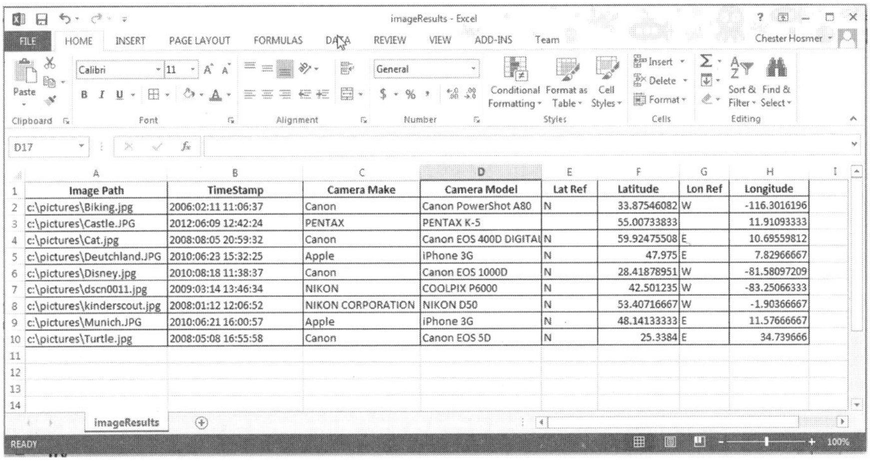

Image Path	TimeStamp	Camera Make	Camera Model	Lat Ref	Latitude	Lon Ref	Longitude
c:\pictures\Biking.jpg	2006:02:11 11:06:37	Canon	Canon PowerShot A80	N	33.87546082	W	-116.3016196
c:\pictures\Castle.JPG	2012:06:09 12:42:24	PENTAX	PENTAX K-5		55.00733833		11.91093333
c:\pictures\Cat.jpg	2008:08:05 20:59:32	Canon	Canon EOS 400D DIGITAL	N	59.92475508	E	10.69559812
c:\pictures\Deutchland.JPG	2010:06:23 15:32:25	Apple	iPhone 3G	N	47.975	E	7.82966667
c:\pictures\Disney.jpg	2010:08:18 11:38:37	Canon	Canon EOS 1000D	N	28.41878951	W	-81.58097209
c:\pictures\dscn0011.jpg	2009:03:14 13:46:34	NIKON	COOLPIX P6000	N	42.501235	W	-83.25066333
c:\pictures\kinderscout.jpg	2008:01:12 12:06:52	NIKON CORPORATION	NIKON D50	N	53.40716667	W	-1.90366667
c:\pictures\Munich.JPG	2010:06:21 16:00:57	Apple	iPhone 3G	N	48.14133333	E	11.57666667
c:\pictures\Turtle.jpg	2008:05:08 16:55:58	Canon	Canon EOS 5D	N	25.3384	E	34.739666

그림 5.12 Results.csv 파일의 스냅샷

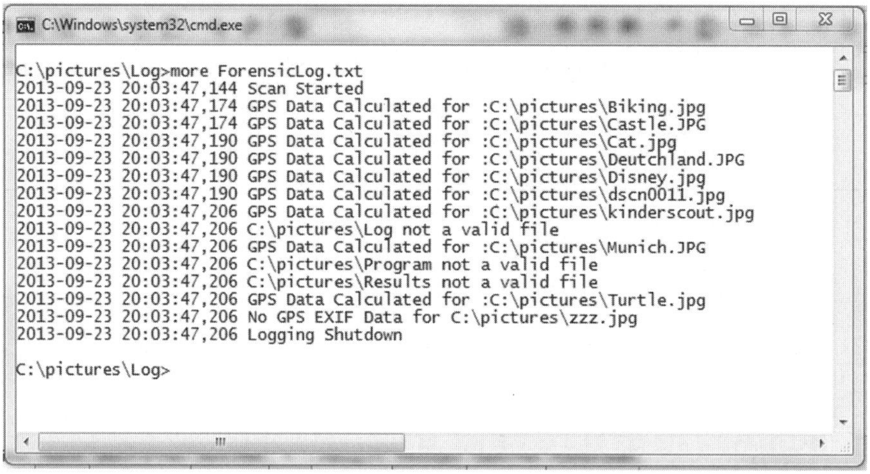

```
C:\Windows\system32\cmd.exe
C:\pictures\Log>more ForensicLog.txt
2013-09-23 20:03:47,144 Scan Started
2013-09-23 20:03:47,174 GPS Data Calculated for :C:\pictures\Biking.jpg
2013-09-23 20:03:47,174 GPS Data Calculated for :C:\pictures\Castle.JPG
2013-09-23 20:03:47,190 GPS Data Calculated for :C:\pictures\Cat.jpg
2013-09-23 20:03:47,190 GPS Data Calculated for :C:\pictures\Deutchland.JPG
2013-09-23 20:03:47,190 GPS Data Calculated for :C:\pictures\Disney.jpg
2013-09-23 20:03:47,190 GPS Data Calculated for :C:\pictures\dscn0011.jpg
2013-09-23 20:03:47,206 GPS Data Calculated for :C:\pictures\kinderscout.jpg
2013-09-23 20:03:47,206 C:\pictures\Log not a valid file
2013-09-23 20:03:47,206 GPS Data Calculated for :C:\pictures\Munich.JPG
2013-09-23 20:03:47,206 C:\pictures\Program not a valid file
2013-09-23 20:03:47,206 C:\pictures\Results not a valid file
2013-09-23 20:03:47,206 GPS Data Calculated for :C:\pictures\Turtle.jpg
2013-09-23 20:03:47,206 No GPS EXIF Data for C:\pictures\zzz.jpg
2013-09-23 20:03:47,206 Logging Shutdown

C:\pictures\Log>
```

그림 5.13 포렌식 로그 파일의 스냅샷

| 복습

이 장에서는 더 복잡한 데이터 타입을 처리하고 PIL과 접속하기 위해서 사전을 포함하는 새로운 파이썬 언어 요소를 사용한다. 또한 사진과 함께 이용할 GPS 데이터를 포함하는 사진에서 EXIF 데이터를 체계적으로 추출하기 위해서 PIL을 이용했다. 필자는 GPS 원시 데이터를 추출하는 방법뿐만 아니라 위도 및 경도의 위치를 계산하는 방법도 증명했다. 그리고 사진의 위치를 구성하는 온라인 매핑 프로그램으로 프로그램의 출력을 통합했다. 또한 EXIF 데이터 구조로부터 데이터를 추출하는 방법을 증명했고 파일, 카메라, 타임스탬프, 위치 정보에 대한 정보를 포함하는 .csv 파일을 결과로 하는 값의 일부를 포함했다.

| 요약 질문

1. 파이썬 내장 데이터 타입 사전으로 실험에 근거하는 키와 값에 대한 한계는 무엇으로 보는가?
2. EXIF 구조에서 다섯 개의 추가적인 필드를 선택 및 추출하는 추가 코드를 개발하고, 이러한 추가 데이터를 포함하는 몇몇의 사진을 찾아, .csv 출력에 그것들을 추가한다.

3. 다른 온라인 매핑 자원(예를 들면 사진에 태그를 허용하는 사람, 파일 이름)을 찾고 추가적인 데이터를 제공하기 위해 매핑 함수를 사용한다.

4. PIL을 사용하여 기존의 사진에 위도, 경도, 그리고/또는 타임스탬프 값을 악의적으로 수정하는 프로그램을 개발한다.

5. 고도를 포함하는 추출 방법을 확장하고 위도, 경도, 고도를 지도에 매핑할 수 있도록 해주는 매핑 프로그램을 찾아낸다. 그런 다음 다양한 고도와 함께 사진을 찾는다(예를 들어 열기구에서 사진을 촬영).

| 참고 문헌

FCC 911 Wireless Service Guide. http://www.fcc.gov/guides/wireless-911-services.

Python Imaging Library. https://pypi.python.org/pypi/PIL.

The Python Standard Library. http://docs.python.org/2/library/.

Web Based multiple coordinate mapping website. http://www.darrinward.com/lat-long/.

포렌식 시간

| 소개

여러분은 실지 검증의 증거를 구성하는 지점에서 시간을 고려하기 전에 더 나은 시간이 무엇인지 이해할 필요가 있다. 필자가 가장 좋아하는 책 중에 하나인 다바 소벨(Dava Sobel)의 『Longitude』(경도)에서 발췌한 것으로 시작하려 한다.

> "18세기 사람들은 경도 문제는 수세기 동안 만들어진 당대의 어려운 과학적인 딜레마라고 알고 있었다. 그들은 경도를 측정하는 능력이 부족하여, 선원들은 육지가 더 이상 안 보이게 되면 바다에 실종상태로 남겨졌다.
>
> 1714년 영국의 의회는 경도를 측정하는 방법이나 장치를 성공적으로 증명하는 사람에게 아주 많은 돈(2만 파운드, 오늘날의 통화에서 약 1천 2백만 달러)을 제공하여 출자금을 올렸고, 그로 인해 이에 대한 탐구는 2세기 동안 과학자들과 그들의 후원자들이 차지했다. 갈릴레오에서 아이작 뉴턴까지 유럽에 걸친 과학적 확립은 천상의 답에 대한 특정한 추적에 양쪽 반구로 하늘을 매핑했다. 대조적으로 존 해리슨은 기계적인 해결책을 상상했다. 모든 육지에서 사용되었던 시계처럼 시계가 없는 바다에서도 정확한 시간을 유지하는 기계적 해결책을 내놓은 것이다. 해리슨의 발명은 이 시대의 가장 위대한 해결책 중 하나가 되었다." [소벨, 1995]

해리슨의 시계와 해결책의 기본은 여전히 GPS 내에서의 시간 사용으로 현재 항해술을 안내하고 다른 항해시스템은 여러분이 있는 곳을 계산할 수 있도록 하는 핵심 기본 구성요소를 유지한다. 그림 6.1은 첫 번째의 해리슨 해양 시계 H1을 묘사하고 있다.

해리슨이 한 평생의 작업은 그리니치 표준시 또는 GMT의 형성을 위한 원동력이었다. 오늘날의 고속 글로벌 경제와 통신 인프라는 정밀하고 정확하며 믿을 수 있고, 위조 불가능한 비표준적인 시간은 18세기에 있었던 것만큼이나 어렵다. 물론 원자, 루비듐, 세슘 시계는 1000년 이상 정확한 시간을 전달하는 것을 보장받는다(박자를 놓치지 않고). 그러나 디지털 증거에 정확성을 제공하는 것은 어렵다. 필자가 가장 좋아하는 말은 "누구나 몇 시인지 알려줄 수 있다, 다만 어떤 시간을 증명하는 것은 여전히 힘든 문제이다."이다.[호스머 2002]

시간은 모든 사람들이 시간의 표현을 쉽게 이해할 수 있고 일련의 사건에 대해 동의할 수 있도록 사회를 질서 있게 기능하게 하는 개념이다. 1972년 이후, 시간에 대한 국제 표준은 협정 표준시 또는 UTC이다. UTC는 전세계 대부분의 국가에서 사용하는 공식 시간의 원본을 위한 기본을 형성한다. 이는 UTC 시간을 원본으로 국립 측정(또는 계량) 기관

(NMIs)을 지정한 국제 사회에 의해 채택된 외교 조약의 적용을 받는다. NMIs의 예로는 미국의 국가 표준 기술연구소(NIST), 일본에 통신종합연구소(CRL), 영국의 국립 물리학 연구소(NPL) 등이 있다. 전 세계적으로 공식 시간에 대한 책임이 있는 비슷한 계측 센터가 대략 50개 정도 있다.

그림 6.1 존 해리슨 H1 시계

시간은 수백 년 동안 사업에서 중요한 요소였다. 시간은 (기계적인 기록을 통해) 확인되고 사업 거래와 이벤트의 "때"에 증거로서 제공된다(일반적으로 종이에 기록된 이러한 시간 기록은 얼마간의 유일한 속성으로 인해 증거의 구성요소를 갖춘 흔적으로 제공된다. 종이에 내포된 잉크의 특수성, 입력 방식과 스타일, 기계 또는 손으로 작성한 것인지 아닌지, 종이와 이것의 특성, 수정, 삽입, 삭제의 탐지 가능성). 전자 세계에서 문서와 타임스탬프는 단순한 비트와 바이트이고, 사건에 대한 시간의 권위 있는 증거물은 확정 짓기가 힘들었다. 시간의 보안이 공식 소스에서 증거를 발생하도록 절대적으로 연결되어 있기 때문에, 쉽게 조작된 시간 원본(예를 들어 전형적인 컴퓨터 시스템 시계)에 의존은 문제가 있다.

정확성 및 신뢰성은 오랫동안 전자 타이밍 기술의 설계를 추진하는 주요 요인이었다. 다음 기술 조류는 디지털 타임스탬프에 대한 확실성, 보안, 감사 가능성의 차원을 추가한다. 이 세 가지 속성, 문서, 처리, 또는 다른 디지털 실체에 적용될 때 컴퓨터 시계 기반 타임스탬프에 비해 다음과 같은 이점을 제공한다.

시간이 공식 소스에서 비롯되었다는 것을 보증

시간이 조작되지 않았음을 보증

감사 및 부인 방지를 위한 증거의 구성요소를 갖춘 흔적

인증(발신자의 신원에 대한 지식)과 무결성(내용 수정에 대한 보호)은 신뢰할 수 있는 처리 과정에 필수적인 요소이다. 그러나 그 시간을 신뢰할 수 없다면, 처리 과정은 정말 신뢰할 수 있을까? 보안 타임스탬프는 신뢰할 수 있는 처리 방식에서 잃어버린 연결을 추가한다. "언제" 발생했는가? 그러나 그 질문에 대한 신뢰할 수 있는 답변을 제공하기 위한 타임스탬프 동안에 그것이 기반이 되는 시간이 신뢰할 수 있는 소스로부터 파생되어야 한다.

| 상황에 시간 추가

여러분에게 제공되는 모범 사례를 사용하여 오늘날 디지털 서명은 "무엇"(디지털 데이터)과 함께 "누가"(서명자)를 성공적으로 결합할 수 있다. 그러나 디지털 서명은 두 가지 중요한 질문에 대한 답을 남기지 못 한다는 단점을 가지고 있다.

1. 디지털 증거에 대한 서명은 언제 발생했는가?

2. 여러분이 서명한 디지털 증거에 대해 얼마나 오랫동안 무결성을 입증할 수 있는가?

이러한 두 가지 질문을 위해 시간은 디지털 증거에 대한 무결성을 입증하는 중요한 요소가 된다. 국제 인터넷 기술 위원회(IETF) 및 민간 기업들의 작업을 통해서 타임스탬핑은 실제 배포 단계에 진출했다.

이것을 이해하기 위해서 여러분은 우선 시간 그 자체와 디지털 증거 신뢰 메커니즘으로써의 시간을 사용하도록 선택하는 경우, 무엇이 필요한지에 대해 이해해야 한다. 고대사회에서 오늘에 이르기까지 시간은 많은 방식으로 해석되어 왔다. 시간은 본질적으로 사회가 질서 있게 기능할 수 있도록 하는 합의점 이다(모든 사람이 쉽게 표현을 이해할 수 있는 것). 시간 측정에 대한 몇 가지 예는 그림 6.2에 포함되어 있다.

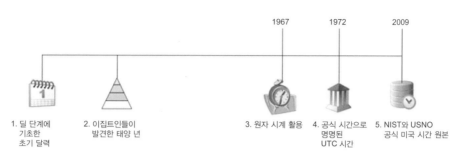

그림 6.2 시간의 아주 간단한 역사

그림 6.2에서 표시된 바와 같이, 인간에게 알려진 최초의 달력은 모든 사람이 시간의 보편적인 측정으로 쉽게 동의할 수 있기 때문에 달에 근거를 두었다. 계속해(나아가) 이집트인들은 태양 년을 가장 먼저 이해하는 사람들이었고, 그들은 태양 주변을 도는 지구의 공전에 기초한 달력을 개발할 수 있었다. 1967년에 국제 협정은 원자시계로 알려진 정밀 기기를 사용하는 세슘(Cesium)의 붕괴에 의해 두 번째로 시간의 단위를 정의했다. 그리고 1972년에 미터의 조약(1875년에 설립된, 미터의 협약으로 알려져 있다)은 세계 공식 시간으로 GMT를 대체했던 UTC(현재 시간 기준)를 포함하도록 확장되었다.

오늘날, 50개 이상의 국립 연구소는 일관되고 정확한 세계협정시(UTC)를 제공하기 위해서 300개 이상의 원자 시계를 작동한다. 따라서 시간을 신뢰할 수 있는 소스를 만들기 위해 여러분은 먼저 공식 시간 소스를 참조해야 한다. 미국에는 시간의 두 공식 소스가 있다. 볼더에 국립 표준 기술연구소(NIST), 상업 시간과 CO 및 군사 시간을 위해서 미국 해군 관측소(USNO)이다.

정확한 시간(시계, 컴퓨터 시계, 시간 서버 등)의 넓은 접근성에도 불구하고, 시스템 내에 신뢰할 수 있는 시간의 결합은 **보안, 감사 디지털 날짜/시간 소인**이 필요하다. 여러분이 국립 측정 기관(NMIs)에 직접 연결하지 않는 한 가장 신뢰할 수 있는 출처는 현재에는 시간의 근원으로 GPS를 사용한다. GPS 신호들에 의해 제공되는 정확도는 루비듐 시간 서버를 조율하기 위해서 적절하게 사용될 때, 대부분의 처리 및 기록 보존을 위해 필요한 정확성 및 정밀도를 제공한다. 이러한 요구사항, 표준 및 프로세스를 준수하는 경우에만 이것은 해당된다.

정확성: 제시된 시간은 신뢰할 수 있는 소스이며, 일, 시, 또는 밀리 초 여부를 트랜잭션에 의해 요구되는 정밀도를 계산한다.

인증: 시간의 원천은 NMI 타이밍 실험실, GPS 신호 또는 NIST 장파 표준 전파(미국 WWVB)와 같은 시간의 신뢰할 수 있는 출처로 인증되었다.

무결성: 시간은 보장되어야 하고 정상 "처리"하는 동안에 변질의 대상이 될 수 없다. 변질된 경우, 실수이든 의도적이든 누가 봐도 알 수 있어야 한다.

부인 방지: 이벤트나 문서가 시간에 인접하도록 이벤트 혹은 문서와의 시간 사이에 관계를 나중에 부정할 수 없다.

책임성: 시간 획득, 인증 및 무결성 추가, 대상 사건에 결합하는 절차는 책임을 져야 한다. 그러므로 제삼자는 절차가 적용되었기 때문에 결정할 수 있고 변질이 발생되지 않았다.

이 책을 읽는 대부분의 사람들은 실용적인 관점에서 디지털 조사 동안에 수집한 타임스탬프는 명시된 표준을 거의 충족할 수 없다는 것을 빠르게 인식할 것이다. 그러나 여러분이 배우려는 표준의 지식은 매우 중요하다. 이것은 여러분에게 모든 의문을 제기하게 한다.(특히 시간에 관련된 것은 무엇이든) 이제 달력 모듈과 시간, 날짜와 시간을 검사하는 파이썬 표준 라이브러리에 더 깊이 들어가보자.

| 시간 모듈

시간 모듈은 시간 관련 정보 처리를 지원하는 많은 속성과 메소드를 가지고 있다. 필자는 시간 모듈을 가지고 실험하기 위해서 "코드 전에 테스트"의 검증된 기술을 사용할 것이다.

여러분이 접하는 첫 번째 문제는 "그 시대"에 대한 정의이다. 시대는 시간 주기의 시작을 표시하는 주목할 만한 사건으로서 정의된다. 현재 디지털 컴퓨터는 역사에서 특정 지점을 참조 표시한다. 예를 들어 대부분의 유닉스 기반 시스템은 1970년 1월 1일 자정을 표시한다. 반면에 윈도우는 1601년 1월 1일을 표시하고, 매킨토시 시스템은 1904년 1월 1일을 일반적으로 참조 표시한다.

원래 유닉스 시대(Epoch)는 실제로 1971년 1월 1일에 정의된 이후 1970년 1월 1일로 수정되었다. 그 시대 이후 각 증가량의 1초에 해당하는 경우, 이 시대는 약 136년을 표현하는 부호 없는 32비트 정수를 감안한다. 따라서 1970년 1월 1일 이후의 초 단위의 수로 부호 없는 32비트 정수를 지정하여, 여러분은 2106년 2월 7일까지 시간에 모든 순간을 표시할 수 있다. 만약 서명된 32비트 수에 한정되는 경우, 최대 날짜가 2038년 1월 19일이다.

명시된 바와 같이 대부분의 시스템 시대는 1970년 1월 1일로 시작한다. 문제는 여러분이 이것을 어떻게 아는가? 이다. 간단한 답은 **gmtime()** 메소드를 사용하여 우리에게 알려줄 수 있는 파이썬 시간 모듈을 요청하는 것이다. gmtime은 그리니치 표준시(GMT)로 초 단위(gmtime() 메소드에 매개변수로 제공된)로 변환한다. 이를 설명하기 위해서, 매개변수로 0을 전달하고 메소드가 반환하는 날짜가 어떤 시대인지 확인하자.

```
>>>import time
>>>print time.gmtime(0)
time.struct_time(tm_year=1970, tm_mon=1, tm_mday=1, tm_hour=0,
tm_min=0, tm_sec=0, tm_wday=3, tm_yday=1, tm_isdst=0)
```

마찬가지로, 최대 시간 값(부호 없는 32비트 수의 최대 한계에 기반을 둔)을 알고 싶다면, 다음과 같은 코드를 실행할 것이다.

```
>>>import time
>>>time.gmtime(0xffffffff)
time.struct_time(tm_year=2106, tm_mon=2, tm_mday=7, tm_hour=6,
tm_min=28, tm_sec=15, tm_wday=6, tm_yday=38, tm_isdst=0)
```

또한 여러분은 궁금할 것이다. 그 시대 이후에 얼마나 많은 초가 지났을까? 이것을 판단하기 위해서, 필자는 시간 모듈에 의해 제공된 time() 메소드를 사용한다. 이 메소드는 시대 이후 초를 계산한다.

```
>>>time.time()
1381601236.189
```

time() 메소드에 대해 윈도우 버전에서 이 명령을 실행할 때, time() 메소드는 초 단위 정밀도를 제공하는 간단한 정수가 아닌 부동 소수점 숫자를 반환한다.

```
>>>secondsSinceEpoch=time.time()
>>>secondsSinceEpoch
1381601264.237
```

그리니치 날짜와 시간을 확인하기 위해서 이 시간(정보로 변환된 첫 번째)을 gmtime() 메소드에 입력하여 사용할 수 있다.

```
>>>time.gmtime(int(secondsSinceEpoch))
time.struct_time(tm_year=2013, tm_mon=10, tm_mday=12, tm_hour=18,
tm_min=7, tm_sec=44, tm_wday=5, tm_yday=285, tm_isdst=0)
```

그 결과는 2013년 10월 12일, 18시, 7분, 44초이고, 평일은 5(0=월요일로 주를 시작한다고 가정, 이 값은 토요일을 나타낸다)이다. 이는 2013년 285일이고, 현재 일광 절약 시간을 준수하지 않는다. 이는 더 나아가 완전한 명확성을 위해 현지 시간이 아닌 UTC/GMT 시간을 표시해야 한다. 또한 모듈이 시대 이후 초 단위를 계산하기 위해 시간대를 설정하고 컴퓨터 시스템 시간을 사용하는 것을 주의하는 것이 중요하다. 따라서 필자는 지금 어떤 것을 변경하고자 하는 경우, 나의 시스템 시계를 간단히 변경할 수 있고, 이전의 스크립트를 재실행할 수 있다.

```
>>>secondsSinceEpoch=time.time()
>>>secondsSinceEpoch
1381580629.793
>>>time.gmtime(int(secondsSinceEpoch))
time.struct_time(tm_year=2013, tm_mon=10, tm_mday=12, tm_hour=12,
tm_min=23, tm_sec=49, tm_wday=5, tm_yday=285, tm_isdst=0)
```

그 결과 시간에 대한 우리의 첫 번째 성공적인 위조가 되었다.

지금 현지 시간과 그리니치 표준시(GMT)/세계협정시(UTC)를 비교하는 경우, gmtime()와 localtime() 메소드를 모두 사용한다.

```
>>>import time

>>>now=time.time()
>>>now

1381670992.539

>>>time.gmtime(int(now))

time.struct_time(tm_year=2013, tm_mon=10, tm_mday=13, tm_hour=13,
tm_min=29, tm_sec=52, tm_wday=6, tm_yday=286, tm_isdst=0)

>>>time.localtime(int(now))

time.struct_time(tm_year=2013, tm_mon=10, tm_mday=13, tm_hour=9,
tm_min=29, tm_sec=52, tm_wday=6, tm_yday=286, tm_isdst=1)
```

여러분이 수율을 볼 수 있듯이

Local Time: Sunday October 13, 2013 **09:29:52**

GMT Time: Sunday October 13, 2013 **13:29:52**

localtime()와 gmtime()은 날짜와 시간을 결정하는 여러 가지 요소들을 고려해서 넣고, 또 중요한 고려사항 중 하나는 내 시스템의 구성되어있는 시간대이다.

다음 스크립트를 사용하여 내 시스템에 현재 시간대 설정을 제공하는 파이썬을 사용할 수 있다. 참고로 **time.timezone**은 속성보다는 직접 읽을 수 있도록 하는 메소드이다.

```
>>>import time
>>>time.timezone
18000
```

18,000은 무엇을 의미하는가? 여러분은 특정 영역이나 범위에 있는 시간대로 생각하는 경향이 있다. 또한 시간대는 각각 정확히 1시간 떨어져 있다고 생각한다. 그러나 이것이 항상 그런 것은 아니다.

예를 들어 전 세계 일부 지역은 세계협정시(UTC)/그리니치 표준시(GMT) 30분 오프셋을 사용한다.

아프가니스탄

호주 (북 모두와 남부 지역)

인도

이란

미얀마

스리랑카

다른 위치는 세계협정시(UTC)/그리니치 표준시(GMT)와 관련된 15분 오프셋 값을 사용한다. 예는 다음과 같다

네팔

뉴질랜드의 채텀 섬

서부 호주의 일부 지역

18,000은 세계협정시(UTC)의 서쪽 초를 나타내고 세계협정시(UTC)의 동쪽 지점은 부정적인 초에 기록된다. 18,000은 세계협정시(UTC)의 서쪽 초를 나타내기 때문에, 필자는 18,000초를 60(1분에 60초)에 의해 다시 60(1시간에 60분)으로 분할해 세계협정시(UTC) 서쪽 시간을 쉽게 계산할 수 있다:

$$18,000 = 60 = 60 = 5hours$$

이것은 현지 시간이 세계협정시(UTC)/그리니치 표준시(GMT)의 서쪽 5시간이라는 것을 의미한다. 다시 비교로 돌아가서, 현지 시간과 그리니치 표준시(GMT)의 차이가 정확이 5시간이 맞는가?

> Local Time: Sunday October 13, **2013 09:29:52**
>
> GMT Time: Sunday October 13, **2013 13:29:52**

아니다! 이 예제에서 localtime()과 gmtime() 사이의 차이는 단지 4시간의 차이를 나타낸다. 현지 시간 예에서 발견된 tm_isdst =1에 언급한 바와 같이 2013년 10월 13일 일요일은 미국 동부 시간대에 일광 절약 시간 범위에 들어간다. 이 특정 날짜에 시간 차이가 두 가지 방법에 의해 정확히 보고된 세계협정시(UTC)/그리니치 표준시(GMT)에서 정한 4시간이기 때문이다.

다음으로, 여러분은 내 시스템에 설정된 현재 시간대의 이름을 결정하는 방법을 궁금해할 것이다. 시간 모듈은 특별히 튜플을 제공하는 **time.tzname**의 추가적인 속성을 제공한다. 첫 번째 값은 표준 시간대 지정하고, 두 번째 값은 지역 일광 절약 시간대 지정한다.

여기에 로컬 시간을 사용하는 예제가 있다.

```
>>>import time
>>>time.tzname
('Eastern Standard Time','Eastern Daylight Time')
```

참고: 이 정보는 로컬 운영체제 내부 표현에 기초를 두고 있다. 예를 들어 맥(Mac)에서 "EST", "EDT"를 반환한다.

따라서 로컬 시스템의 현재 시간대 지정을 출력하고자 하는 경우, 다음과 같은 코드를 실행한다.

```
import time

# 현재 로컬 시간 가져오기.

now=time.localtime()

# 여러분이 일광 절약 시간을 관찰하는 경우
# tm_isdst는 검사할 수 있는 속성이다.
```

```
# 현재 로컬 시간의 값이 0이면 표준 시간 관측되고
# tm_isdst가 1이면 다음 일광 절약 시간이 관찰되고 있다.

if now.tm_isdst:

    # 일광 절약 시간 문자열을 출력한다.

    print time.tzname[1]

else:
    # 그렇지 않으면 표준 시간 문자열을 출력한다.
    print time.tzname[0]
```

동부 일광 절약 시간

시간 모듈 내에 다른 유용한 메소드는 strftime()이다. 이 메소드는 기본 시간 구조에서 제공된 사용자 지정 문자열을 만들어내는 상당한 유연성을 제공한다. 이것은 개별 시간 속성을 수동으로 추출하지 않고도 출력을 형식화할 수 있다.

예를 들어 다음과 같다.

```
import time
print time.strftime("%a, %d %b %Y %H:%M:%S %p",time.localtime())
time.sleep(5)
print time.strftime("%a, %d %b %Y %H:%M:%S %p",time.localtime())
```

이 짧은 스크립트는 strftime 메소드를 사용하는 로컬 시간 값을 출력하고 지연하기(이 예에서 5초) 위해 sleep() 메소드를 사용한다. 그리고 다음에 다른 시간 문자열을 출력한다. 그 결과 다음과 같은 결과를 출력한다.

```
Sun, 13 Oct 2013 10:38:44 AM
Sun, 13 Oct 2013 10:38:49 AM
```

strftime 메소드는 표 6.1에서 표시된 이용 가능한 옵션에 상당한 유연성을 가지고 있다.

여러분이 볼 수 있듯이 시간 모듈은 사용하기 간단한 메소드와 속성이 많이 있다. 시간 모듈에 대한 자세한 내용은, 파이썬 표준 라이브러리 [PYLIB]를 통해 확인할 수 있다.

| 네트워크 시간 프로토콜

오늘날, 시간 동기화를 위해서 가장 널리 받아들여지는 실행은 네트워크 시간 프로토콜 (NTP)을 사용하는 것이다. NTP는 시간 소스와 함께 동기화하기를 바라는 서버(시간의 매우 정확한 원천을 포함)와 클라이언트(NTP 프로토콜에 대한 기본 서버포트는 123이다) 사이에 깔끔하고 단정한 시간 패킷을 전달하는 사용자 데이터그램 프로토콜(UDP)을 이용한다. NTP 모델은 하나가 아니라 국립 연구소에 동기화된 여러 가지 쉽게 접근할 수 있는 시간 서버를 포함한다. NTP의 핵심은 인터넷을 통해 클라이언트에 이러한 서버로부터 시간을 전달 또는 분배하는 것이다. NTP 프로토콜 표준은 IETF에 의해 지배되고 프로토콜 표준은 RFC 5905, "네트워크 시간 프로토콜 버전 4: 프로토콜 및 알고리즘 사양"[NTP RFC]으로 제목이 붙여졌다. 대부분의 프로그램, 운영체제, 응용프로그램은 시간을 동기화하여 이 프로토콜을 사용하기 위해 개발되었다. 여러분은 간단한 시간 동기화 파이썬 프로그램을 개발할 것이고 포렌식 작업을 동기화하기 위해서 이것을 사용할 것이다. 아무런 준비 없이 프로토콜을 구현하는 대신에 필자는 무거운 것을 처리한 후 내 로컬 시스템 시계에 결과를 비교하기 위해서 타사 파이썬 라이브러리 **ntplib**를 활용할 것이다.

표 6.1 strftime 출력 사양

매개변수	정의
%a	평일 문자열의 약어
%A	전체 평일 문자열
%b	달 문자열의 약어
%B	완전한 월 이름
%c	장소에 기초하여 적절한 날짜와 시간 표시
%d	10진수 01~31로 그 달의 날
%H	10진수 00~24로 시간(24시간)
%I	10진수 00~12로 시간(12시간)
%j	10진수 001~256로 올해의 날
%m	10진수 01~12로 월
%M	10진수 00~59로 분
%p	장소에 따라 오전 또는 오후 표시
%S	10진수 00~59로 초
%U	올해 00~53의 주 번호(주 일요일에 시작을 가정)
%w	평일 0~6 일요일은 0이다.

%W	올해 00~53의 주 번호(주 월요일에 시작을 가정)
%x	장소에 기초하여 날짜 표시
%X	장소에 기초하여 시간 표시
%y	10진수 00~99세기를 제외 연도
%Y	십진수로 세기와 해
%Z	시간대 이름

｜ NTP 라이브러리 ntplib를 구하기 및 설치하기

그림 6.3처럼 ntplib를 다운로드(https://pypi.python.org/pypi/ntplib/) 할 수 있고, 이 글을 쓰고 있는 현재 버전 0.3.1을 사용할 수 있다. 라이브러리는 NTP 서버에 윤초(초를 추가하는) 및 특수 지표와 같은 다른 키 값에 쉽게 접근할 수 있도록 텍스트에 NTP 프로토콜 필드를 해석할 수 있는 메소드와 함께 간단한 인터페이스를 제공한다.

그림 6.3 파이썬 ntplib 다운로드 페이지

현재 라이브러리 설치는 수동 프로세스이다. 하지만 여전히 간단하고 네이티브 파이썬으로 쓰여 있기 때문에 ntplib는 플랫폼(윈도우, 리눅스, 맥 운영체제 X)에서 호환된다.

그림 6.4에 제시된 바와 같이, 첫 번째 설치 단계는 tar.gz 파일로 설치 패키지를 다운로드한다.

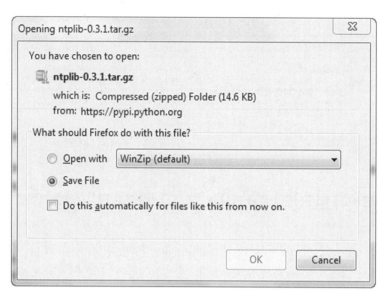

그림 6.4 ntplib-0.3.1.tar.gz 다운로드

다운로드 후에 여러분은 로컬 디렉토리에 tar.gz의 압축을 해제해야 한다. 필자는 파일 보관소 c:\Python27\Lib\ntplib-0.3.1에 압축 해제했다(그림 6.5). 파이썬 2.75를 사용하고 있기 때문에, 이 디렉토리에 다운로드 파일을 압축 해제하는 미래에 쉽게 접근하고 갱신하기 위해서 다른 설치된 libs와 함께 라이브러리를 구성한다.

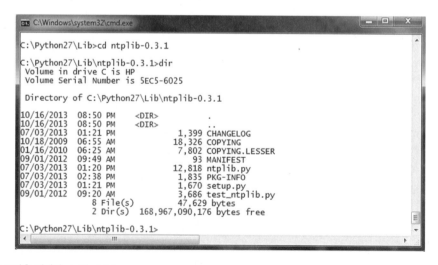

그림 6.5 압축 해제된 ntplib-0.3.1

ntplib와 같이 수동으로 설치된 라이브러리에 대한 설치 절차는 디렉토리에 포함된 설치 프로그램에 있는 **setup.py** 실행하여 수행한다. 설치를 수행하기 위해서 여러분은 그림 6.6에서 제시된 바와 같이 단순히 명령 창을 열고 다음 명령을 입력한다.

파이썬 setup.py 설치

setup.py 프로그램은 필요한 모든 설치 단계를 수행한다. 필자는 라이브러리의 이름을 간단히 입력하여 라이브러리를 가져오고 파이썬 셸을 열어 새로운 라이브러리의 설치를 확인하고자 한다. 파이썬은 이것을 사용할 수 있음을 확인하는 라이브러리에 대한 기본 정보를 제공한다(그림 6.7 참조).

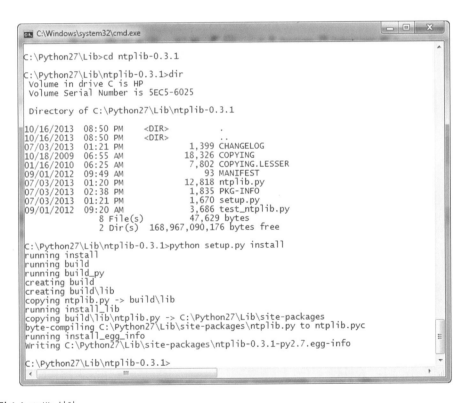

그림 6.6 ntplib 설치

201

```
Python 2.7.5 (default, May 15 2013, 22:43:36) [MSC
v.1500 32 bit (Intel)]
Type "help", "copyright", "credits" or "license" for
more information.
>>> import ntplib
>>> ntplib
<module 'ntplib' from
'C:\Python27\lib\site-packages\ntplib.pyc'>
>>> |
```

그림 6.7 설치 확인하기

모든 모듈과 마찬가지로, 여러분은 객체에 사용할 수 있는 속성, 클래스 및 메소드에 관해서 자세한 정보를 얻기 위해 내장된 함수 **dir**(objName)을 입력할 수 있다(그림 6.8 참조). 또한, 여러분은 더 많은 정보를 얻기 위해 내장 함수 **help**(objName)을 사용할 수 있다.

```
>>> dir(ntplib)
['NTP', 'NTPClient', 'NTPException', 'NTPPacket',
'NTPStats', '__builtins__', '__doc__', '__file__',
'__name__', '__package__', '_to_frac', '_to_int',
'_to_time', 'datetime', 'leap_to_text', 'mode_to_text',
'ntp_to_system_time', 'ref_id_to_text', 'socket',
'stratum_to_text', 'struct', 'system_to_ntp_time', 'time']
>>>
>>>
>>>
>>> |
```

그림 6.8 dir(ntplib) 결과

| 세계 NTP 서버

메소드와 속성을 검사하는 것은 처음에는 다소 혼란스러워 보일 수도 있다. 그러나 라이브러리 모듈을 사용하는 것은 실제로 매우 간단하다. 간단히 말해서 여러분은 시간의 타사 소스를 얻기 위해서 지정된 ntp 서버에 접근할 수 있는 ntp 클라이언트 기능을 만들고자 한다. 미국에서는 NIST는 "root" 시간을 얻기 위해 접근할 수 있는 시간 서버의 목록을 관리한다(그림 6.9).

갱신된 목록은 http://tf.nist.gov/tf-cgi/servers.cgi에서 찾을 수 있다.

유럽에서는 여러분은 NTP 공동 프로젝트에서 NTP 서버의 활성 목록을 찾을 수 있다. 그림 6.10은 http://www.pool.ntp.org/ zone/europe에서 자신의 홈페이지로부터 스크린샷을 보여준다.

Name	IP Address	Location	Status
nist1-ny.ustiming.org	64.90.182.55	New York City, NY	all services available
nist1-nj.ustiming.org	96.47.67.105	Bridgewater, NJ	all services available
nist1-nj2.ustiming.org	165.193.126.229	Weehawken, NJ	all services available
nist1-ny2.ustiming.org	216.171.112.36	New York City, NY	All services available
nist1-pa.ustiming.org	206.246.122.250	Hatfield, PA	all services available
time-a.nist.gov	129.6.15.28	NIST, Gaithersburg, Maryland	All services busy, not recommended
time-b.nist.gov	129.6.15.29	NIST, Gaithersburg, Maryland	All services busy, not recommended
time-c.nist.gov	129.6.15.30	NIST, Gaithersburg, Maryland	all services available
time-d.nist.gov	2610:20:6F15:15::27	NIST, Gaithersburg, Maryland	All services via IPV6
nist1.aol-va.symmetricom.com	64.236.96.53	Reston, Virginia	All services available
nist1-macon.macon.ga.us	98.175.203.200	Macon, Georgia	all services available
nist1-atl.ustiming.org	64.250.177.145	Atlanta, Georgia	All services available
wolfnisttime.com	207.223.123.18	Birmingham, Alabama	All services available
nist1-chi.ustiming.org	216.171.120.36	Chicago, Illinois	All services available

그림 6.9 NIST 시간 서버의 일부 목록

NTP POOL PROJECT

JOIN THE POOL   USE THE POOL   MANAGE SERVERS

News

How do I *use* pool.ntp.org?

How do I *join* pool.ntp.org?

Information for vendors

The mailing lists

Additional links

Translations

Deutsch
English
Español
Suomi
Français
日本語
한국어
Nederlands
Português
русский
Svenska

Europe — europe.pool.ntp.org

To use this pool zone, add the following to your ntp.conf file:

```
server 0.europe.pool.ntp.org
server 1.europe.pool.ntp.org
server 2.europe.pool.ntp.org
server 3.europe.pool.ntp.org
```

IPv4
There are 2084 active servers in this zone.

2092 (-8) active 1 day ago
2089 (-5) active 7 days ago
2101 (-17) active 14 days ago
2080 (+4) active 60 days ago
1992 (+92) active 1 year ago
1342 (+742) active 3 years ago
829 (+1255) active 6 years ago

See all zones in Global.

Austria — at.pool.ntp.org (78)
Switzerland — ch.pool.ntp.org (119)
Germany — de.pool.ntp.org (702)
Denmark — dk.pool.ntp.org (52)
Spain — es.pool.ntp.org (22)
France — fr.pool.ntp.org (297)
Italy — it.pool.ntp.org (40)
Luxembourg — lu.pool.ntp.org (25)
Netherlands — nl.pool.ntp.org (225)

IPv6
There are 617 active servers in this zone.

619 (-2) active 1 day ago
613 (+4) active 7 days ago
637 (-20) active 14 days ago
606 (+11) active 60 days ago
468 (+149) active 1 year ago

그림 6.10 유럽 NTP 공동 프로젝트

미군 해군 관측소(USNO)에서 시간을 얻기를 바라는 사람들을 위해 USNO는 째깍이라 명명된
NTP 서버에 접근을 제공하고 있다. 미국 해군 관측소에 대한 자세한 내용은 http://www.usno.
navy.mil/USNO에서 볼 수 있다.

| NTP 클라이언트 설치 스크립트

파이썬 ntp 클라이언트를 설치하기 위해 ntplib를 사용하는 간단한 절차는 다음과 같다.

```
import ntplib      # ntplib를 가져온다.
import time        # 파이썬 시간 모듈을 가져온다.

# 가장 가까운 NISTDML 증명된 NTP 서버 url

NIST='nist1-macon.macon.ga.us'

# ntplib를 사용하는 NTP 클라이언트 객체를 만든다.

ntp=ntplib.NTPClient()

# 시간에 대한 NTP 클라이언트 요청을 시작한다.

ntpResponse=ntp.request(NIST)

# 여분이 응답을 받았는지를 확인한다.

if ntpResponse:
    # 응답에서 시대 이후로 초를 획득한다.
    nistUTC=ntpResponse.tx_time
    print'NIST reported seconds since the Epoch :',
    print nistUTC
else:
    print'NTP Request Failed'
```

프로그램 출력

```
NIST reported seconds since the Epoch : 1382132161.96
```

이제 여러분은 시대 이후로 초를 얻을 수 있고, 로컬뿐만 아니라 그리니치 표준시(GMT)/
세계협정시(UTC) 시간도 표시하는 파이썬 표준 라이브러리 시간 모듈을 사용할 수 있다.

또한 다음처럼 자신의 로컬 시스템 시계에 현재 NTP 시간을 비교할 수 있다.

코드 목록 6.1

```
import ntplib
import time

NIST='nist1-macon.macon.ga.us'

ntp=ntplib.NTPClient()

ntpResponse=ntp.request(NIST)

if (ntpResponse):
    now=time.time()
    diff=now-ntpResponse.tx_time
    print'Difference :',
    print diff,
    print'seconds'

    print'Network Delay:',
    print ntpResponse.delay

    print'UTC: NIST :'+time.strftime("%a, %d %b %Y %H:%M:%S +0000",
    time.gmtime(int(ntpResponse.tx_time)))

    print 'UTC: SYSTEM : '+time.strftime("%a, %d %b %Y %H:%M:%S
    +0000", time.gmtime(int(now)))

else:
    print'No Response from Time Service'
```

프로그램 출력

```
Difference        : 3.09969758987 seconds
Network Delay     : 0.0309739112854
UTC NIST          : Fri, 18 Oct 2013 21:48:48 +0000
UTC SYSTEM        : Fri, 18 Oct 2013 21:48:51 +0000
```

다음은 주목할 만한 관찰이다.

(1) 여러분이 시간 서버(필자의 경우 NIST에서)에서 시간을 획득한 후에 바로 로컬 시스템 시간을 얻는 것이 중요하다.

```
ntpResponse=ntp.request(NIST)
if (ntpResponse):
    now=time.time()
```

여러분의 시스템 시계에 의해 유지되는 로컬 시간과의 비교는 처리의 작은 양에 의해 영향을 받는 것을 보장한다.

(2) NTP 클라이언트에 의해 보고된 네트워크 지연을 고려하는 것도 중요하다. 이 예에서 지연은 30밀리초를 약간 넘었다(특히 0.0309739112854초). 그러나 특정 상황에서의 지연은, 여러분의 훨씬 더 긴 날짜, 네트워크 연결 속도 및 다른 네트워크 지연 문제에 시간을 기초할 수 있다.

(3) 이 예에서 필자는 3.09969758987초 차이를 계산했다. 이것은 내 로컬 시스템 시계가 NIST 서버보다 3초 빠르게 실행하는 것을 의미한다.

```
diff=now-ntpResponse.tx_time
```

결과 값이 긍정적인 대신에 부정적인 경우, 필자는 내 시스템 시계가 NIST에 의해 보고된 뒤에 실행하고 있는지 결론을 내릴 수 있다.

(4) 마지막으로, ntplib 클라이언트 동작은 동기식이다. 요청하면 다음과 같다.

```
ntpResponse=ntp.request(NIST)
```

코드는 요청이 충족하거나 모든 메소드나 함수 호출처럼 실패할 때까지 처리를 계속하지 않는다.

| 복습

이 장에서 필자는 시간과 연산의 기초를 설명했다. 이는 시간의 역사의 조각과 함께 현대 시간을 유지하는 기원, 시대에 대한 더 나은 이해를 포함한다. 필자는 표준 라이브러리 모듈 시간에 더 깊이 들어가 설명했고, 여러 가지 모듈과 관련된 많은 메소드와 속성을 보여주었다. 필자는 여러분에게 시간 처리의 결과를 적용하고 해석하기 위한 방법에 대한 느낌을 주기 위해서 몇 가지 짧은 파이썬 스크립트를 개발했다.

필자는 국립 측정 출처를 가지고 시간 동기화 할 수 있는 기능을 여러분에게 제공하는 NTP에 대한 개요를 제공했다. 또 파이썬 NTP 라이브러리 **ntplib**의 설치 및 설정 과정을 다뤘다. 필자는 네트워크 기반의 시간 소스와 함께 상호작용하는 NTP 클라이언트를 설정하는 모듈을 가지고 실험했다. 내 로컬 시스템 시계와 NIST 시간 서버 사이의 차이를 비교하고 계산할 수 있는 스크립트를 작성했다.

| 요약 질문

1. 지난 3장에서 필자는 파일 시스템을 다루는 파일을 해시하고 수정, 접근 및 생성된 시간(MAC)을 기록하는 프로그램을 개발했다. 로컬 시간에서 GMT/UTC 시간 값으로 MAC 시간을 변환하는 시간 모듈을 사용하는 프로그램을 수정한다.

2. 코드 목록 6.1에서, 전세계에 걸쳐서 비교하는 메소드를 고안하고 여러분의 로컬 시스템 시계에 관련된 각각의 보고된 시간을 대조하는, 다섯 개의 추가적인 시간 서버를 선택한다. 또한 각각의 네트워크 지연 값을 기록한다. 참고로 여러분은 다중 실행을 할 수 있고 평균 결과를 낼 수 있다.

3. 포렌식 수사 기간 동안에 다른 시간 출처를 주의 깊게 조사하거나 정규화하기 위해 하는 것은 무엇인가?

| 참고 문헌

Proving the integrity of digital evidence with time. Int J Digital Evid 2002；1(1) 1-7.

The Python Standard Library. http：//docs. python. org/2/library/time. html？highlight＝time#time.

The Network Time Protocol Version 4：Protocol and Algorithms Specification. http：//tools. ietf.org/html/rfc5905.

Longitude. Longitude：the true story of a Lone Genius who solved the greatest scientific problem of his time. New York, NY：Walker & Co.；1995.

포렌식에 자연어 도구 사용하기

▶▶ 이 장에서 다루는 내용

자연어 처리는 무엇인가?
자연어 툴킷 및 관련된 라이브러리 설치하기
말뭉치를 사용하여 작업하기
NLTK를 사용하여 실험하기
인터넷에서 말뭉치 생성하기
NLTKQuery 응용프로그램
복습
요약 질문
참고 문헌

| 자연어 처리는 무엇인가?

시작하기 전에 자연어를 정의할 필요가 있다. 지난 1987년에 필자는 연구 프로젝트의 일환으로 자연어 처리에 대해 소개하는 책을 읽고, 일리노이 공과 대학 연구소(IITRI)의 제임스 쿡(James Cook) 박사와 함께 작업했다. 필자의 아내 자넷 역시 IITRI의 래리 존스 박사와 함께 자연어 프로젝트를 진행했었다. 그녀의 연구는 말의 행동을 진단하고 이해할 수 있는 의사결정 엔진의 일부로 자연어를 이용했다. 우리가 참조한 책은 자연어에 대해서 가장 좋은 정의를 한 책이다. 그러므로 필자는 여러분과 공유하기 위해 그 책의 일부분을 발췌했다.

> "자연어는 인간이 자신의 환경에서 학습하고 서로 의사소통을 하기 위해서 사용하는 임의의 언어이다. 의사소통에 대한 형식이 무엇이든지, 자연어는 우리의 지식과 행동을 표현하고 주위에 다른 사람들에게 응답을 전달하기 위해서 사용된다." [해리스(Harris)]

물론 모든 정의와 같이 그들은 시간의 시험을 견뎌냈다. 1980년대 후반까지 인터넷은 실제로 인식할 수 있는 형태로 실현되지 않았기 때문에, 감정과 지식을 표현하는 개념은 페이스 북(Facebook), 트위터(Twitter), 이모티콘(Emoticons), 블로그, 문자 메시지, 섹스팅, 비트스트립스(BitStrips), 혹은 인터넷 기반 전자메일 조차도 디지털 방식으로 포함되지 않았다! 그러나 정의는 확실히 자연어 표현의 이러한 최신의 형식에 대한 적용 범위를 제공한다. 자연어에서 의미(의미론)를 추출하는 것은 보기 보다 아주 조금 더 어렵다.

자연어 시스템의 효율성을 심사하는 것은 1950년 앨런 튜링(Alan Turing)의 논문 「계산 기계와 지능」의 이름을 따서 명명된 튜링 테스트에 적절히 응답하고, 이해하고, 해석하려고 시도한다. 그의 논문에서 튜링은 "기계가 생각할 수 있는가?"라는 능동적인 질문을 한다. [튜링(Turing)]

대화 기반 시스템

대화 기반 시스템의 목표는 사람 또는 기계 기반 반응 사이에 여러분이 구별할 수 없는 의미들이 사용자 입력에 자연스럽게 응답하는 것이다. 일부는 이러한 기능에 가까이 이동하는 시스템과 친숙할지 모른다. 예를 들어 여기에 나와 내 차의 동기화 시스템 사이에 대화가 있다.

나: 난 배고파.

동기화: 알겠습니다. 어디 이 근처에 당신의 경로 또는 도시를 따라 검색하시겠습니까?

나: 인근.

동기화: 어떻게 검색하시겠습니까? 이름 또는 카테고리로?

나: 카테고리로.

동기화: 알겠습니다. 카테고리는 무엇입니까?

나: 이탈리아.

동기화: 알겠습니다. 화면의 목록에서 선택하십시오. 예를 들어 1호선이라고 말하세요.

나: 4호선.

동기화: 알겠습니다. 로시 레스토랑. 당신은 전화 또는 목적지로 설정을 하시겠습니까?

나: 전화를 걸어.

동기화: 알겠습니다. 로시 레스토랑을 호출.....

유용하지만, 이것은 사람이 아닌 컴퓨터에 이야기하고 있다는 것을 알고 있기 때문에 그것은 확실히 튜링 기준을 부합하지 않는다. 그러나 동기화는 음성 단어를 텍스트로 번역하고 적절한 시기에 응답하며 그 결과 시스템은 일반적으로 내가 가고 싶은 곳 또는 내가 찾고 있는 정보를 내게 제공한다.

말뭉치

자연어 처리(NLP)를 수행하는 데 필요한 핵심 요소 중에 하나는 말뭉치(Corpus)이다. 말뭉치는 특정 유형에 관련된 언어 샘플의 큰 용량이다. 예를 들어 구텐베르크 프로젝트 [구텐베르크]는 http:// www.gutenberg.org/에 전자 형태로 이용 가능한 4만권이 넘는 책을 포함하고 있다.

이 장에서 의미 있는 사례를 만드는 과제 중 하나로 말뭉치를 구축했다. 그때 필자는 이러한 과학 수사 분야 내에서 NLP의 새로운 응용프로그램의 개발을 위해서 촉매 역할을 하는 사례를 만들기 위해 말뭉치의 용도를 증명할 필요가 있었다. 명심해라. NLP를 위해 의도된 응용 프로그램에 따라, 하나 이상의 장르가 필요할 수도 있다.

| 자연어 툴킷 및 관련된 라이브러리 설치하기

다른 타사 라이브러리 및 모듈과 마찬가지로 윈도우, 리눅스, 맥에서 설치할 수 있다. 자연어 툴킷(NLTK) 라이브러리는 무료이고 온라인으로 nltk.org에서 쉽게 얻을 수 있다. NLTK의 설치는 Numpy 및 PyYAML를 포함하는 다른 의존 라이브러리의 설치를 필요로 한다. 그림 7.1은 nltk.org 설치 페이지를 보여준다. 일단 여러분이 모든 것을 설치하면, 가장 좋아하는 파이썬 셸을 통해 설치를 검증할 수 있다:

Import NLTK

그림 7.1 nltk.org 설치 url

| 말뭉치를 사용하여 작업하기

말뭉치를 사용하여 작업하는 첫 번째 단계는 NLTK가 포함된 현존하는 말뭉치의 적재, 로컬 파일 또는 인터넷에서 자신을 만드는 것이다. 이것이 완료되면 말뭉치에서 수행할 수 있는 다양하고 강력한 작업이나 NLTK 같은 도구 세트의 도움 없이 복잡하고 시간이 걸리는 작업 등이 모두 동작될 수 있다. 표 7.1은 말뭉치에서 수행되는 핵심 동작의 일부를 서술한다. 이 장의 뒷부분 코드에서 이것들을 보여줄 것이다.

표 7.1 NLTK 조작의 입문 목록

메소드	설명
raw()	말뭉치의 원시 내용을 추출한다. 이 메소드의 반환 타입: 파이썬 "str"
word_tokenize()	공백과 구두점을 제거하고 개별 토큰(기본적으로 단어)의 목록을 만든다. 이 메소드의 반환 타입: 파이썬 "list"
collocations()	단어는 종종 텍스트 내에서 연속적으로 나타나고 이것들은 수사관에게 유용한 정보를 제공한다. 또한 단어를 발견하면 그들은 단어 발생 사이의 연관성을 찾기 위해서 사용될 수 있다. 이것은 단어의 빈도를 계산함으로써 달성되고 그것들을 다른 단어와 함께 연결한다. 연어 방법은 이러한 단일 메소드로 모두 수행한다.
concordance()	이 메소드는 문맥 내에서 특정 단어의 모든 발생을 생성하는 기능을 제공한다(예를 들어 특정 문장에 사용된 단어 방법).
findall(search)	이 메소드는 말뭉치 텍스트의 간단한 정규 표현식에 사용될 수 있다
index(word)	이 메소드는 제공되는 단어의 첫 번째 발견을 위하여 색인을 제공한다.
similar(word)	참고로 동기화 없이 이 메소드는 배포 유연성을 제공하고, 서술은 단순히 "상황" 같은 지정된 단어로 표시하는 다른 단어를 식별한다.
vocab()	제출된 텍스트의 포괄적인 어휘 목록을 생성한다.

| NLTK를 사용하여 실험하기

이 절에서 필자는 표 7.1에 메소드를 호출할 것이고, 처음으로 새로운 말뭉치 텍스트를 생성하기 위해 간단한 프로그램을 만들 것이다. 그리고 이러한 메소드를 가지고 말뭉치를 검사할 것이다. 첫째, 말뭉치에 약간의 배경은 필자가 만들 것이다.

잭 웰레이븐(Jack Walraven)은 웹 사이트 http://simpson.walraven.org/를 유지한다. 해당 사이트에서 잭은 O.J.심슨의 재판에 대한 녹취록을 정리했다. 이 실험을 위해서, 필자는 1995년 1월에 재판 녹취록을 다운로드했다(여러분은 물론 긴 기간 내의 것들을 다운로드할 수 있고 여러분이 바라는 대로 발췌할 수 있다). 거기에는 1995년 1월 소송 절차에 대해 저장된 아홉 개의 재판 녹취록 텍스트 파일이 있고, 그것들은 1월 11~13, 23~26, 30, 31일에 대한 인터뷰를 글로 옮긴 기록을 나타낸다. 필자는 별도의 파일을 보관하기 위해서 내 윈도우 시스템에 c:\simpson\ 디렉토리를 생성했다. 내 목표는 이 파일의 모두를 포함하는 새로운 텍스트 말뭉치를 만들기 위해서 이러한 파일을 사용하는 것이다. 이 작업을 수행하는 방법을 설명하기 위한 가장 좋은 방법은 각 관점을 다루는 예제 코드를 통해서 여러분을 안내하는 것이다. 필자는 처리의 각 단계를 이해할 수 있도록 코드에 주석을 달았다.

NLTK 실험

첫 번째 절은 실험하기 위해서 필요한 모듈을 가져온다. 가장 중요한 것은 새로 설치된 NLTK 모듈이다.

```
from __future__ import division
import nltk
```

다음으로, 필자는 NLTK 모듈에서 PlaintextCorpusReader를 가져올 것이다. 이 메소드는 읽을 수 있도록 하고 궁극적으로 함께 작업할 수 있는 텍스트 말뭉치를 만들 수 있을 것이다.

```
from nltk.corpus import PlaintextCorpusReader
```

지정해야 하는 첫 번째는 말뭉치에 포함될 파일의 위치이다. 필자는 c:\simpson\에 이러한 파일을 위치시켰다. 각 아홉 개의 파일은 저장되었고 각각은 텍스트 문서이다.

```
rootOfCorpus = "c:\\simpson\\"
```

이제 필자는 rootOfCorpus 변수에 지정된 디렉토리에 모든 파일을 수집하는 PlainTextCorpusReader 메소드를 사용할 것이다. 필자는 두 번째 매개변수 '.*'에 의해 모든 파일을 지정한다. 여러 개의 파일 형식을 가지는 디렉토리가 있고 텍스트 문서를 포함하기를 원하는 경우, '.txt'를 지정할 수 있다. 이러한 호출의 결과는 newCorpus라고 명명된 NLTK 말뭉치 객체가 될 것이다.

```
newCorpus = PlaintextCorpusReader(rootOfCorpus,'.*')
print type(newCorpus)
```

출력 유형(newCorpus)은 newCorpus의 NLTK 유형으로 제공하는 다음과 같은 출력을 생성한다.

<class'nltk.corpus.reader.plaintext.PlaintextCorpusReader'>

또한 fileids() 메소드를 사용하여 새로운 말뭉치를 구성하는 각 파일에 대한 파일 식별자를 출력할 수 있다.

```
print newCorpus.fileids()
```

```
['Trial-January-11.txt','Trial-January-12.txt','Trial-January-13.txt',
'Trial-January-23.txt','Trial-January-24.txt','Trial-January-25.txt',
'Trial-January-26.txt','Trial-January-30.txt','Trial-January-31.txt']
```

또한 abspaths() 메소드를 사용하여 새로운 말뭉치에 포함된 개별 문서의 절대 경로를 결정할 수 있다.

```
print newCorpus.abspaths()
```

```
[FileSystemPathPointer('c:\\simpson\\Trial-January-11.txt'),
FileSystemPathPointer('c:\\simpson\\Trial-January-12.txt'),
FileSystemPathPointer('c:\\simpson\\Trial-January-13.txt'),
FileSystemPathPointer('c:\\simpson\\Trial-January-23.txt'),
FileSystemPathPointer('c:\\simpson\\Trial-January-24.txt'),
FileSystemPathPointer('c:\\simpson\\Trial-January-25.txt'),
FileSystemPathPointer('c:\\simpson\\Trial-January-26.txt'),
FileSystemPathPointer('c:\\simpson\\Trial-January-30.txt'),
FileSystemPathPointer('c:\\simpson\\Trial-January-31.txt')]
```

이제 필자는 지정된 rootOfCorpus 디렉토리에 포함된 파일에 대한 완전한 수집을 나타내는 원시 텍스트를 추출하는 newCorpus 객체를 활용할 수 있다. 필자는 아홉 개의 재판 기록에 대한 조합의 길이 또는 크기를 결정할 수 있다.

```
rawText = newCorpus.raw()
```

```
print len(rawText)
```

이것은 출력을 생성한다:

2008024

현재 말뭉치의 내용을 더 잘 이해하고 해석하기 위해서 nltk.Text 모듈 메소드를 적용할 수 있다. 말뭉치의 rawText를 토큰화하여 처리를 시작한다. 이것은 토큰을 생성한다(주로 단어뿐만 아니라 숫자 및 특수 문자를 차례로 포함한다).

```
tokens = nltk.word_tokenize(rawText)
```

토큰화는 표준 파이썬 언어와 list 객체와 함께 관련된 모든 메소드를 모두 사용하여 작업할 수 있는 파이썬 list 기준을 만든다. 예를 들면 필자는 텍스트로부터 추출된 토큰의 수를 결정하는 len(token)을 사용할 수 있다.

```
print len(tokens)
```

401,032 토큰의 말뭉치에 대한 결과를 생성한다.

401032

이것은 현재 간단한 목록이기 때문에 일부 또는 약간의 내용을 표시할 수 있다. 예제에서 토큰화 처리로부터 반환된 처음 100개의 토큰을 나타내는 처음 100개의 목록 요소를 출력한다.

```
print tokens[0:100]
```

```
['*LOS','ANGELES',',','CALIFORNIA',';','WEDNESDAY',',','JANUARY','11',',','1995',
'9:05','A.M.*','DEPARTMENT','NO.','103','HON.','LANCE','A.','ITO',',','JUDGE',
'APPEARANCES',':','(','APPEARANCES','AS','HERETOFORE','NOTED',',','DEPUTY','DIST
RICT','ATTORNEY','HANK',';','ALSO','PRESENT','ON','BEHALF','OF','SOJOURN',',','MS
.','PAMELA','W.','WITHEY',',','ATTORNEY-AT-LAW.',')','(','JANET','M.','MOXHAM',',
',','CSR','NO.','4855',',','OFFICIAL','REPORTER.',')','(','CHRISTINE','M.','OLSON',
',',',','CSR','NO.','2378',',','OFFICIAL','REPORTER.',')','(','THE','FOLLOWING','PROC
EEDINGS','WERE','HELD','IN','OPEN','COURT',',','OUT','OF','THE','PRESENCE','OF','
THE','JURY',':',')', '*THE','COURT',':','*','ALL','RIGHT.','THE', 'SIMPSON']
```

다음으로, NLTK Text 메소드에 적용할 수 있는 텍스트를 생성하고자 한다. 토큰화 처리에 의해 추출된 토큰에 Text 메소드를 사용하여 NLTK Text 객체 textSimpson를 생성하여 이것을 수행한다.

```
textSimpson = nltk.Text(tokens)
```

```
print type(textSimpson)
```

예상한 대로 객체 유형은 nltk.text.Text이다.

<class'nltk.text.Text'>

필자는 말뭉치 전역에서 사용된 어휘의 크기를 알고자 한다. 토큰의 수를 알고 있지만, 물론 중복도 있다. 따라서 재판 기록에 텍스트로 존재하는 어휘의 고유한 집합을 얻기 위해 파이썬 set 메소드를 사용한다.

```
vocabularyUsed = set(textSimpson)
```

```
print len(vocabularyUsed)
```

12604

전체 401,032에서 훨씬 더 처리하기 쉬운 숫자 12,604개의 고유한 토큰을 생성한다. 이로부터 모든 고유한 토큰을 확인하고 싶고, 집합을 정렬하여 그것을 수행할 수 있다.

```
print sorted(set(textSimpson))
```

```
'ABERRANT','ABIDE','ABIDING','ABILITIES','ABILITIES.','ABILITY','ABILITY.', 'ABLA
ZE','ABLE','ABOUT','ABOUT.','ABOVE','ABRAHAM','ABROGATE','ABROGATED','ABRUPT','A
BRUPTLY','ABSENCE','ABSENCE.','ABSENT','ABSOLUTE','ABSOLUTELY','ABSOLUTELY.','AB
SORB','ABSTRACT','ABSTRACT.','ABSURD.','ABSURDITY','ABUDRA HM','ABUDRAHM.','ABUND
ANCE','ABUNDANT','ABUNDANTLY','ABUSE','ABUSE.', 'ABUSE/BATTERED','ABUSED','ABUSER
','ABUSER.','ABUSES','ABUSES.','ABUSING','ABUSIVE', 'ABUSIVE.',

    ...

    ... 대략 10,000개의 토큰을 건너뛰기

    ...

'WRITTEN','WRITTEN.','WRONG','WRONG.','WRONGFULLY','WRONGLY','WROTE','X','
XRAYS',' XANAX','XEROX','XEROXED','XEROXED.','XEROXING','XEROXING.','Y', 'YAMAUC
HI','YAMAUCHI.','YARD','YARD.','YARDS','YEAGEN','YEAH','YEAH.','YEAR','YEAR.','
YEARS','YEARS.','YELL','YELLED','YELLING','YELLING.','YELLOW','YEP.','YES','YES
.','YESTERDAY','YESTERDAY.','YET','YET.','YIELD','YORK','YORK.','YOU', "YOU'LL",
"YOU'RE", "YOU'VE",'YOU.','YOUNG','YOUNGER','YOUNGSTERS','YOUR', 'YOURS.','YOURSEL
F','YOURSELF.','YOURSELVES','YOUTH','YUDOWITZ','YUDOWIT Z.', 'Z','ZACK','ZACK.','Z
EIGLER','ZERO','ZLOMSOWITCH', "ZLOMSOWITCH'S",'ZLOMSOWITCH.','ZOOM'
```

다음으로, 필자는 특정 단어가 재판 기록에 나타나는 횟수를 확인할 수 있다. nltk. Text 객체 유형의 count() 메소드를 사용하여 달성한다.

```
myWord = "KILL"
```

```
textSimpson.count(myWord)
```

84

1995년 1월 한 달 동안 말뭉치에 포함된, 9일 동안의 재판 기록에 표현된 단어 "KILL"은 84번의 합계를 산출한다.

지금까지 이 모든 것은 매우 직설적이다. nltk.Text 모듈에 포함된 더 진보된 메소드들 중 몇 가지를 살펴보자. 연어 방법으로 시작할 것이다. 이것은 텍스트에 통계학상으로 종종 함께 발견되는 단어의 목록과 함께 제공할 것이다.

```
print textSimpson.collocations()
```

Building collocations list
*THE COURT; *MS. CLARK; *MR. COCHRAN; MR. SIMPSON; NICOLE BROWN;
*MR.DARDEN; OPENING STATEMENT; LOS ANGELES; MR. COCHRAN; DETECTIVE FUHRMAN;
DISCUSSION HELD; WOULD LIKE; *MR. DOUGLAS; BROWN SIMPSON;THANK YOU.; MR. DARDEN;
DEPUTY DISTRICT; FOLLOWING PROCEEDINGS; DISTRICT ATTORNEYS.;
MISS CLARK

보는 바와 같이, 생성된 연어 목록은 다량의 의미를 만든다. 이러한 짝은 소송 절차를 진행 중에 다른 사람들을 더 자주 자연스럽게 발견한다.

다음으로, 필자는 관심을 가질 수 있는 특정 단어에 대한 기록으로부터 일치를 생성하고자 한다. NLTK는 문맥과 함께 단어의 각 발견을 생성할 것이다(즉 일치한 단어를 둘러싸는 문장). 두 번째 선택적인 매개변수는 확인할 수 있는 주변 단어의 창 크기를 표시한다. 몇 가지 예제를 보여줄 것이다.

단어 "KILL"로 시작할 것이고, 84번의 일치를 산출하고 이것은 처음 6을 포함했다.

```
myWord = "KILL"
```

```
print textSimpson.concordance(myWord)
```

Displaying 6 of 84 matches:

WAS IN EMINENT DANGER AND NEEDED TO KILL IN SELF-DEFENSE. BUT THE ARIS COURT

R OCCURRED.''I KNOW HE'S GOING TO KILL ME. I WISH HE WOULD HURRY UP AND GET

FLICTED HARM WAY BEYOND NECESSARY TO KILL THE VICTIM. AND THIS IS A
QUOTE FROM

'M GOING TO HURT YOU , I'M GOING TO KILL YOU , I'M GOING TO BEAT YOU.''THO

HAVE HER AND NO ONE ELSE WILL IS TO KILL HER. THAT IS CLEAR IN THE RESEARCH.

WAS A FIXED PURPOSE , FULL INTENT TO KILL , WHERE THE DEFENDANT LITERALLY
WENT

"GLOVE"라는 단어를 사용하는 경우, 코드는 92번의 일치를 산출한다; 처음 6을 포함했다:

```
myWord = "GLOVE"
```

```
print textSimpson.concordance(myWord)
```

Displaying 6 of 92 matches:

CE DEPARTMENT PLANTED EVIDENCE , THE GLOVE AT ROCKINGHAM. NOW , THAT OF
COURSE

HAT A POLICE DETECTIVE WOULD PLANT A GLOVE , AND IT MADE HOT NEWS AND THE
DEFEN

R THIS POLICE DETECTIVE PLANTED THIS GLOVE AT ROCKINGHAM. NOW , YOUR
HONOR , BE

DETECTIVE FUHRMAN'S RECOVERY OF THE GLOVE AND AS . INSOFAR AS IT RELATES TO T

HEY SAW THE LEFT-HANDED BULKY MAN'S GLOVE THERE AT THE FEET OF RONALD GOLDMAN.

E BUNDY CRIME SCENE. THEY SAW A LONE GLOVE , A SINGLE GLOVE AT THE FEET OF
RONA

NLTK는 또한 텍스트 말뭉치에서 작동할 수 있는 더 복잡한 방법을 제공한다. 예를 들어 기능은 관용 단어의 유사점을 식별한다. 이 방법은 비슷한 문맥에서 사용되는 단어를 식별한다.

```
myWord = "intent"
```

```
print textSimpson.similar(myWord)
```

Building word-context index...
time cochran court evidence and house it blood defense motive that jury other
people the this witnesses case defendant discovery

변경하는 경우, "victim"라는 단어 결과는 다음과 같다:

Building word-context index...
court defendant jury defense prosecution case evidence and people record
police time relationship house question statement tape way crime glove

또한 말뭉치에 모든 토큰을 포함하는 포괄적인 어휘 목록 및 빈번한 분포를 산출하는 NLTK를 활용할 수 있다. 문서 전체에 이 방법을 사용하여 한 문서의 작성자 또는 생성자의 성향을 유도할 수 있다. vocab 메소드는 여기에서 볼 수 있듯이 nltk. probability.FreqDist 클래스에 기초를 두고 객체를 반환한다.

```
simpsonVocab = textSimpson.vocab()

type(simpsonVocab)

<class'nltk.probability.FreqDist'>
```

따라서 simpsonVocab 객체는 지금 텍스트 내에 모든 토큰의 빈도 분포를 검사하기 위해서 활용될 수 있다. 이 메소드 중에 하나를 사용하여(예를 들어 simpsonVocab. items()) 각각의 어휘 항목의 정렬된 사용 목록(가장 먼저 사용)을 얻을 수 있다

```
simpsonVocab.items()

<bound method FreqDist.items of <FreqDist with 12604 samples and 401032 outcomes>>
```

[('THE', 19386), (',', 18677), ('TO', 11634), ('THAT', 10777), ('AND', 8938), (':', 8369), ('OF', 8198), ('*', 7850), ('IS', 6322), ('I', 6244), ('A', 5590), ('IN', 5456), ('YOU', 4879), ('WE', 4385), ('THIS', 4264), ('IT', 3815), ('COURT', 3763), ('WAS', 3255), ('HAVE', 2816), ('-', 2797), ('?', 2738), ('HE', 2734), ("'S", 2677), ('NOT', 2417), ('ON', 2414), ('THEY', 2287), ('*THE', 2275), ('BE', 2240), ('ARE', 2207), ('YOUR', 2200), ('WHAT', 2122), ('AT', 2112), ('WITH', 2110),

    ...
    ... 출력의 간결성을 위해서 밑부분을 건너뛰기
    ...

('WRENCHING', 1), ('WRESTLING.', 1), ('WRISTS.', 1), ('WRITERS', 1), ('WRONGLY', 1), ('X-RAYS', 1), ('XANAX', 1), ('XEROXED.', 1), ('XEROXING.', 1), ('YAMAUCHI.', 1), ('YARD.', 1), ('YARDS', 1), ('YEAGEN', 1), ('YELL', 1), ('YELLING.', 1), ('YEP.', 1), ('YIELD', 1), ('YOUNGSTERS', 1), ('YOURS.', 1), ('YUDOWITZ', 1), ('YUDOWITZ.', 1), ('Z', 1), ('ZEIGLER', 1), ('ZERO', 1), ("ZLOMSOWITCH'S", 1)]

참고: 다른 어휘 항목이 발생의 수가 동일하고, 그것들이 알파벳 순서로 정렬된 경우, vocab 메소드의 좋은 부산물이다.

| 인터넷에서 말뭉치 생성하기

여러분이 조사하고자 하는 텍스트는 인터넷에서 찾을 수 있다. 여러분은 파이썬, 파이썬 표준 라이브러리 **urllib** 및 NLTK를 결합하여 온라인 문서에 대해 분석의 동일한 유형을 수행할 수 있다. 이를 설명하기 위해 구텐베르그 프로젝트에서 다운로드된 단순한 텍스트 문서로 시작할 것이다.

urllib에서 NLTK 및 urlopen 모듈의 경우에 있어 필요한 모듈을 가져옴으로써 시작한다.

참고: 전체 라이브러리를 적재하는 대신에 라이브러리에서 특정 모듈을 선택적으로 가져올 수 있다.

```
>>> import nltk
```

```
>>> from urllib import urlopen
```

다음으로, urlopen.read 메소드 접근 및 호출할 URL을 지정한다.

```
>>> url = "http://www.gutenberg.org/files/2760/2760.txt"
```

```
>>> raw = urlopen(url).read()
```

예상한 대로 'str' 유형을 반환한다.

참고: 파이썬 셸 및 직접 출력 정보를 얻는 것으로부터 이러한 명령을 입력한 이후로, 이 예제가 실제 프로그램으로 실행된 경우 필자가 사용하는 것과 같은 **try/except**를 사용하지 않는다. 물론 여러분이 원한다면 그것을 추가할 수 있다.

```
>>> type(raw)
```

<type'str'>

이제 결과가 문자열임을 확인했고, 반환된 길이를 점검한다. 이 경우 3.6MB이다.

```
>>> len(raw)
```

3608901

이 온라인 소스에 포함된 무엇에 대한 느낌을 얻기 위해서, 다음과 같은 출력을 생성하는 최초 200개의 문자를 인쇄할 표준 파이썬 문자열 기능을 사용한다.

```
>>> raw[:200]
```

'CELEBRATED CRIMES, COMPLETE\r\n\r\n\r\nThis eBook is for the use of anyone anywhere at no cost and with almost\r\nno restrictions whatsoever. You may copy it, give it away or re-use it\r\n'

이제 모든 NLTK 모듈 기능을 수행할 수 있고, 다운로드된 텍스트에 대한 느낌을 여러분에게 주기 위해 여기에 몇 가지를 포함했다.

```
>>> tokenList = nltk.word_tokenize(raw)

>>> type(tokenList)
```

<type'list'>

```
>>> len(tokenList)
```

707397

```
>>> tokenList[:40]
```

```
['CELEBRATED','CRIMES',',','COMPLETE','This','eBook','is','for','the','use','of',
'anyone','anywhere','at','no','cost','and','with','almost','no','restrictions',
'whatsoever.','You','may','copy','it',',','give','it','away','or','re-use','it',
'under','the','terms','of','the','Project','Gutenberg']
```

많은 다른 NLTK 메소드들, 객체들, 함수들은 자연어에 대해 탐구할 수 있도록 존재한다. 현재로는 시험 후 코드 방법을 사용하여 기본을 배웠다. 이제 이러한 동일한 방법을 사용하여 NLTK 기능을 접속하고 기능을 확장하기 위해 기준선을 제공하는 두 가지 모두를 훨씬 쉽게 할 수 있는 간단한 응용프로그램을 만들 것이다.

| NLTKQuery 응용프로그램

더 쉽고 확장 가능한 NLTK로 인터페이스를 만들기 위해서, NLTKQuery 응용프로그램을 구축했다. 응용프로그램은 세 개의 소스 파일이 있다.

소스 파일	설명
NLTKQuery.py	NLTK와 연계하기 위한 주요 프로그램 순환과 같은 역할
_classNLTKQuery.py	이 모듈은 제어된 방식으로 NLTK 메소드에 접속할 수 있도록 적절하게 예시되고 사용된 새로운 클래스를 정의한다.
_NLTKQuery.py	이 모듈은 주로 사용자 입력 및 메뉴 표시를 처리하는 NLTKQuery 주요 프로그램 순환을 위해 지원하는 기능을 제공한다.

프로그램은 NLTK 라이브러리 작동 방법을 이해하기 위해 사용자 강요 없이 NLTK 메소드에 간소화된 사용자 인터페이스 접근을 제공한다. 모든 사용자는 파일 또는 말뭉치에 포함할 파일이 들어있는 디렉토리를 설정할 필요가 있다. 응용 프로그램은 제공된 디렉토리 경로에 근거하여 말뭉치를 만들 것이고, 사용자와 상호작용하거나 더 나은 명시 및 말뭉치를 조회할 수 있다.

세 개의 소스 파일의 내용은 다음과 같다.

NLTKQuery.py

```
#
# NLTK 조회 착수 준비
# 파이썬-포렌식
#      소프트웨어 불법 복제에 대비한 하드웨어 (HASP) 는 필요하지 않다.
#

import sys
import _NLTKQuery

print " NLTK 쿼리 실험에 오신 것을 환영합니다."
print " NLTK 적재를 기다려주십시오... "

import _classNLTKQuery

oNLTK = _classNLTKQuery.classNLTKQuery()

print
print " 의도된 말뭉치 파일 또는 저장된 파일이 있는 전체 경로 이름을 입력"
print " 참고: 인용된 문자열을 입력해야 한다. 예를 들어, c:\\simpson\\ "
print
userSpecifiedPath = raw_input("경로: ")

# 말뭉치 텍스트를 만들기 위해 시도한다.
result = oNLTK.textCorpusInit(userSpecifiedPath)
```

223

```python
if result == "성공":

    menuSelection = -1

    while menuSelection != 0:

        if menuSelection != -1:
            print
            s = raw_input('계속하기 위해 Enter키를 누르시오...')

        menuSelection = _NLTKQuery.getUserSelection()

        if menuSelection == 1:
            oNLTK.printCorpusLength()

        elif menuSelection == 2:
            oNLTK.printTokensFound()

        elif menuSelection == 3:
            oNLTK.printVocabSize()

        elif menuSelection == 4:
            oNLTK.printSortedVocab()

        elif menuSelection == 5:
            oNLTK.printCollocation()

        elif menuSelection == 6:
            oNLTK.searchWordOccurence()

        elif menuSelection == 7:
            oNLTK.generateConcordance()

        elif menuSelection == 8:
            oNLTK.generateSimiliarities()

        elif menuSelection == 9:
            oNLTK.printWordIndex()

        elif menuSelection == 10:
            oNLTK.printVocabulary()

        elif menuSelection == 0:
            print "Goodbye"
            print

        elif menuSelection == -1:
            continue
```

```
        else:
            print "예기치 않은 오류 조건"
            menuSelection = 0

    else:
        print " NLTK 쿼리 실험을 닫기"
```

_classNLTKQuery.py

```
#
# NLTK Query 클래스 모듈
# 파이썬-포렌식
#      소프트웨어 불법 복제에 대비한 하드웨어 (HASP) 는 필요하지 않다.
#

import os                                    # 표준 라이브러리 OS 기능
import sys
import logging                               # 표준 라이브러리 로깅 기능
import nltk                                  # 자연어 툴킷 가져오기.
from nltk.corpus import PlaintextCorpusReader   # CorpusReader 모듈 평문 가져오기.

# NLTKQuery 클래스

class classNLTKQuery:

    def textCorpusInit(self, thePath):
        # 경로가 디렉토리인지 유효성 검사를 한다.
        if not os.path.isdir(thePath):
            return "Path is not a Directory"
            # 경로가 읽기 가능한지 유효성 검사를 한다.
            if not os.access(thePath, os.R_OK):
                return "Directory is not Readable"
        # 디렉토리에서 발견된 모든 .xtx 파일로 말뭉치를 만들기
          위해 시도한다.
            try:
                self.Corpus = PlaintextCorpus
                Reader(thePath,'.*')
                print "파일 처리 : "
                print self.Corpus.fileids()
                print "기다려주세요..."
                self.rawText = self.Corpus.raw()
                self.tokens = nltk.word_tokenize
                (self.rawText)
                self.TextCorpus = nltk.Text
                (self.tokens)
            except:
```

```
                        return "말뭉치 작성 실패"

            self.ActiveTextCorpus = True

            return "성공"

    def printCorpusLength(self):
            print "말뭉치 텍스트 길이: ",
            print len(self.rawText)

    def printTokensFound(self):
            print "토큰 발견: ",
            print len(self.tokens)

    def printVocabSize(self):
            print "계산하기..."
            print "어휘 크기: ",
            vocabularyUsed = set(self.TextCorpus)
            vocabularySize = len(vocabularyUsed)
            print vocabularySize

    def printSortedVocab(self):
            print "명령어 번역하는 중..."
            print "저장된 어휘 ",
            print sorted(set(self.TextCorpus))

    def printCollocation(self):
            print "연어 번역하는 중..."
            self.TextCorpus.collocations()

    def searchWordOccurence(self):
            myWord = raw_input("검색 단어 입력 : ")
            if myWord:
                    wordCount = self.TextCorpus.count
                    (myWord)
                    print myWord+" 발견됨: ",
                    print wordCount,
                    print " 시간"
            else:
                    print "단어 입력이 잘못되었습니다."

    def generateConcordance(self):

            myWord = raw_input("일치하는 단어 입력 : ")
            if myWord:
                    self.TextCorpus.concordance
                    (myWord)
            else:
                    print "단어 입력이 잘못되었습니다."
```

```python
    def generateSimiliarities(self):

        myWord = raw_input("종자 단어 입력 : ")
        if myWord:
                self.TextCorpus.similar(myWord)
        else:
                print "단어 입력이 잘못되었습니다."

    def printWordIndex(self):

        myWord = raw_input("어떤 단어의 처음으로 발견되는
        부분을 찾아냈는가? : ")
        if myWord:
                wordIndex = self.TextCorpus.index
                (myWord)
                print "첫 번째 발견: " +
                myWord + "오프셋 : ",
                print wordIndex
        else:
                print "단어 입력이 잘못되었습니다."

    def printVocabulary(self):
        print "어휘 빈도 편집 중",
        vocabFreqList = self.TextCorpus.vocab()
        print vocabFreqList.items()
```

_NLTKQuery.py

```python
#
# NLTK 조회 지원 메소드
# 파이썬-포렌식
#     소프트웨어 불법 복제에 대비한 하드웨어 (HASP) 는 필요하지 않다.
#

# NLTK 조회 옵션 메뉴를 출력하는 기능
def printMenu():

print "==========NLTK 조회 옵션 ========="
print "[1] 말뭉치의 길이 출력"
print "[2] 발견된 토큰의 수 출력"
print "[3] 어휘 크기 출력"
print "[4] 정렬된 어휘 출력"
print "[5] 연어 출력"
print "[6] 단어 발견을 위한 검색"
print "[7] 용어 색인 생성"
print "[8] 유사성 생성"
```

227

```python
        print "[9] 단어 색인 출력"
        print "[10] 어휘 출력"
        print
        print "[0] NLTK 실험 종료"
        print

    # 사용자 입력을 얻기 위한 함수

def getUserSelection ():
    printMenu ()

    try:
        menuSelection = int(input('선택사항 입력 (0-10) >>'))
    except ValueError:
        print'입력이 잘못되었습니다. 0 -10 사이의 값을 입력.'
        return -1

    if not menuSelection in range(0, 11):
        print'입력이 잘못되었습니다. 0 -10 사이의 값을 입력.'
        return -1

    return menuSelection
```

NLTKQuery 예제 실행

윈도우, 리눅스, 맥에 대한 명령줄에서 NLTKQuery 실행은 동일하다. 단순히 파이썬 NLTKQuery.py 명령을 사용하고 화면 명령 및 메뉴 지시를 따른다.

» NLTK 실행 추적

참고로 어떤 출력의 간소화를 위해서 별도로 나타낸 경우 편집되었다. 또한 메뉴 옵션의 재표시를 배제시켰다.

```
C:\Users\app\Python NLTKQuery.py
Welcome to the NLTK Query Experimentation
Please wait loading NLTK ...
Input full path name where the intended corpus file or files are stored
Format for Windows e.g. c:\simpson\
Path: c:\simpson\
```

파일 처리:
```
['Trial-January-11.txt','Trial-January-12.txt','Trial-January-13.txt',
'Trial-January-23.txt','Trial-January-24.txt','Trial-January-25.txt', 'Trial-
January-26.txt','Trial -January-30.txt','Trial-January-31.txt']
```

==========NLTK Query Options =====
[1]   말뭉치의 길이 출력
[2]   발견된 토큰의 수 출력
[3]   어휘 크기 출력
[4]   정렬된 어휘 출력
[5]   연어 출력
[6]   단어 발견을 위한 검색
[7]   용어 색인 생성
[8]   유사성 생성
[9]   단어 색인 출력
[10]   어휘 출력

[0] NLTK 실험종료

Enter Selection (0-10) >> **1**
Corpus Text Length: 2008024

Enter Selection (0-10) >> **2**
Tokens Found: **401032**

Enter Selection (0-10) >> **3**
Calculating...
Vocabulary Size: **12604**

Enter Selection (0-10) >> **4**
Compiling ... Sorted Vocabulary
'ABYSMALLY','ACADEMY','ACCENT','ACCEPT','ACCEPTABLE','ACCEPTED','ACCEP TING
','ACCESS','ACCESSIBLE','ACCIDENT','ACCIDENT.','ACCIDENTAL','ACCIDENTALLY',
'ACCOMMODATE',

.

. Edited for brevity

.

'YOUNGER','YOUNGSTERS','YOUR','YOURS.','YOURSELF','YOURSELF.','YO URSELVES',
'YOUTH','YUDOWITZ','YUDOWITZ.','Z','ZACK','ZACK.', "ZLOMSOWITCH'S",'ZLOMSOWI
TCH.','ZOOM','''''']

Enter Selection (0-10) >> **5**
Compiling Collocations...
Building collocations list
*THE COURT; *MS. CLARK; *MR. COCHRAN; MR. SIMPSON; NICOLE BROWN; *MR. DARDEN;
OPENING STATEMENT; LOS ANGELES; MR. COCHRAN; DETECTIVE FUHRMAN; DISCUSSION
HELD; WOULD LIKE; *MR. DOUGLAS; BROWN SIMPSON; THANK YOU.;MR. DARDEN; DEPUTY
DISTRICT; FOLLOWING PROCEEDINGS; DISTRICT
ATTORNEYS.; MISS CLARK

Enter Selection (0-10) >> **6**
Enter Search Word: **MURDER**
MURDER occurred: **125 times**

```
Enter Selection (0-10) >> 7
Enter word to Concord: KILL
Building index...
Displaying 15 of 84 matches:
```

WAS IN EMINENT DANGER AND NEEDED TO KILL IN SELF-DEFENSE. BUT THE ARIS
COURT
R OCCURRED.''I KNOW HE'S GOING TO KILL ME. I WISH HE WOULD HURRY UP AND GET
FLICTED HARM WAY BEYOND NECESSARY TO KILL THE VICTIM. AND THIS IS
A QUOTE FROM
'M GOING TO HURT YOU , I'M GOING TO KILL YOU , I'M GOING TO BEAT YOU.''THO
HAVE HER AND NO ONE ELSE WILL IS TO KILL HER. THAT IS CLEAR IN THE RESEARCH.
ELLED OUT TO HIM ,''HE'S GOING TO KILL ME.''IT WAS CLEAR TO OFFICER EDWAR
NNING OUT SAYING ,''HE'S GOING TO KILL ME ,''THEN THE DEFENDANT ARRIVES I
NS OUT AND SAYS ,''HE'S TRYING TO KILL ME.''SHE'S LITERALLY IN FLIGHT. S
HERDURINGTHE BEATING THATHEWOULDKILLHER ,AND THE DEFENDANT CONTINUED TH
TATEMENT OF THE DEFENDANT ,''I'LL KILL YOU ,''CONSTITUTES COMPOUND HEARSA
FFICER SCREAMING ,''HE'S GOING TO KILL ME.''I CA N'T IMAGINE A STRONGER C
''HE'S GOING CRAZY. HE IS GOING TO KILL ME.''THIS IS VERY SIMILAR TO THE S
NNER THAT SHE BELIEVED THAT HE WOULD KILL HER. NOW , MR. UELMEN HAS TALKED
ABO
OF A DOMESTIC VIOLENCE , A MOTIVE TO KILL , THE FINAL ACT OF CONTROL. THERE IS
CTIMTHATTHEDEFENDANTHADTRIEDTOKILLHER PREVIOUSLYWASUSEDTOSHOWTHAT

```
Enter Selection (0-10) >> 8
Enter seed word: MURDER
Building word-context index...
```
**court and case evidence defendant time jury crime motion relationship
statement witness issue so that trial blood defense person problem**

```
Enter Selection (0-10) >> 9
Find first occurrence of what Word? : GLOVE
First Occurrence of: GLOVE is at offset: 93811
```

```
Enter Selection (0-10) >> 10
Compiling Vocabulary Frequencies Building vocabulary index...
[('THE', 19386), (',', 18677), ('TO', 11634), ('THAT', 10777), ('AND', 8938),
(':', 8369), ('OF', 8198), ('*', 7850), ('IS', 6322), ('I', 6244), ('A', 5590),
('IN', 5456), ('YOU', 4879), ('WE', 4385), ('THIS', 4264), ('IT', 3815),
('COURT', 3763), ('WAS', 3255), ('HAVE', 2816), ('-', 2797), ('?', 2738),
```

.

. 간결하게 편집

.

```
('WORLDWIDE', 1), ('WORRYING', 1), ('WORSE.', 1), ('WORTHWHILE', 1), ('WOULDBE',
1), (''WOULDN'T'', 1), ('WOUNDS.', 1), ('WRECKED.', 1), ('WRENCHING', 1),
('WRESTLING.', 1), ('WRISTS.', 1), ('WRITERS', 1), ('WRONGLY', 1), ('X-RAYS', 1),
('XANAX', 1), ('XEROXED.', 1), ('XEROXING.', 1), ('YAMAUCHI.', 1), ('YARD.', 1),
('YARDS', 1), ('YEAGEN', 1), ('YELL', 1), ('YELLING.', 1), ('YEP.', 1), ('YIELD',
```

1), ('YOUNGSTERS', 1), ('YOURS.', 1), ('YUDOWITZ', 1), ('YUDOWITZ.', 1), ('Z',
1), ('ZEIGLER', 1), ('ZERO', 1), (''ZLOMSOWITCH'S'', 1)]

이제 여러분에게 NLTK의 예제 동작을 가지고, 응용프로그램과 함께 실험하고 자연어 실험의 가능성을 더 탐구하기 위하여 classNLTKQuery에 새로운 NLTK 작동을 추가하기 시작하는 것을 제안한다.

| 복습

이 장에서, 포렌식 응용프로그램을 획득 및 형식화하고, 표시하는 것을 넘어서 여러분의 생각을 확장하기 위해서 NLP의 개념을 도입했다. NLP 및 앨런 튜링의 흥미로운 일부 역사에 대해 논의했다. 그런 다음 여러분에게 NLTK을 소개했고 즉시 파이썬에서 NLP로 실험 할 수 있었다. 또한 텍스트 기반 말뭉치의 개념과 응용프로그램을 소개했고 실험을 위해 작은 말뭉치를 만들기 위해서 O.J.심슨의 재판 녹취록에서 작은 표본을 사용했다. 말뭉치를 만들 뿐만 아니라 조회를 위해서 자세하게 기본 NLTK 메소드 및 동작의 일부를 다뤘다. 일단 기본적으로 편안하게 메뉴 방식 인터페이스를 통해서 NLTK 기능이 추상화된 NLTKQuery 응용프로그램을 만들었다. NLTKQuery의 핵심은 classNLTKQuery이다. 이 클래스는 쉽게 더 복잡한 동작을 수행할 수 있도록 확장할 수 있고 여러분은 NLTK 및 여러분의 도전에 더 깊이 들어갈 수 있다.

| 요약 질문

1. 다음과 같은 기능을 추가하여 NLTKQuery 클래스를 확장:

    a. 녹취록의 언어는 재판 내내 변화하는 방법을 보여주는 심슨 재판에 대한 빈도 분포 그래프를 생성하는 새로운 클래스 메소드를 만든다(힌트: self.textCorpus 객체에 적용될 수 있는 분산_구상 방법으로 실험).

    b. 특이한 단어의 목록을 생성하는 새로운 메소드를 만든다. 이것은 표준 사전에 없거나 비정상적으로 긴 단어일 수도 있다(힌트: http://nltk.org/data.html에서 발견된 NLTK 데이터를 다운로드하고 일반적인 단어를 걸러내기 위해 "단어 목록" 말뭉치를 활용).

    c. 이름 또는 장소를 식별할 수 있는 새로운 메소드를 만든다(힌트: 심슨 말뭉치에서 발견된 "이름" 말뭉치에서 일치하는 이름을 활용).

찾아보기

2. 여러분 자신의 기준에서 텍스트 파일의 집합을 수집하고 포렌식 분야를 도울 수 있는 영역 또는 장르에 대한 여러분 자신의 말뭉치를 만든다.

| 참고 문헌

Project Gutenberg. http://www.gutenberg.org/.

Harris MD. Introduction to Natural Language Processing. Reston, VA: A Prentice-Hall Company: Reston Publishing Company, Inc.; 1985.

Turing A. Computing machinery and intelligence. http://www.csee.umbc.edu/courses/471/papers/turing.pdf; October 1950.

8

네트워크 포렌식: 1부

▶▶ **이 장에서 다루는 내용**

네트워크 조사 기본 사항

라미아스(Ramius) 선장: 대상 범위를 재확인... 핑(Ping) 전용

포트 스캐닝

복습

요약 질문

참고 문헌

ǀ 네트워크 조사 기본 사항

현대적인 네트워크 환경을 조사하는 것은 어려운 문제가 될 수 있다. 이는 위반에 응답, 내부자 활동 조사, 취약성 평가 수행, 네트워크 트래픽 감시, 규정 준수를 검증하는 것을 포함한다.

많은 전문적인 도구 및 기술은 맥피아, 시만텍, IBM, 세인트, 테너블 같은 다른 주요 공급업체에서 존재한다. 그러나 그들이 무엇을 하는지, 어떻게 하는지와 조사 값의 완료 여부에 대한 깊은 이해는 다소 신비스러울 수 있다. 네트워크 패킷을 정확히 포착하고 분석을 수행할 수 있는 와이어샤크 같은 무료 도구도 있다.

이러한 기술의 토대의 일부 가면을 벗기기 위해서, 네트워크 조사 방법의 기본 사항을 검사할 것이다. 프로그램 매뉴얼 예제를 달성하기 위해 몇 가지 타사 라이브러리와 함께 파이썬 표준 라이브러리를 활용할 것이다. 중요한 세부 사항을 예제를 통해 다룰 것이므로, 이것이 네트워크 프로그램과 함께 여러분의 첫 번째 상호작용인 경우, 여러분은 예제에 따라 확장할 수 있는 충분한 세부 사항을 가질 것이다.

이 소켓은 무엇인가?

네트워크로 상호작용할 때, 소켓은 네트워크와 상호 접속하는 잠재적인 운영체제 기능을 활용할 수 있는 기본적인 구성 요소이다. 소켓은 예를 들어, 클라이언트와 서버 사이, 네트워크 종단점 사이의 통신을 위해 채널 정보를 제공한다. 여러분은 클라이언트와 서버 사이의 연결의 종단점으로 소켓에 대해 생각할 수 있다. 파이썬, 자바, C++, 그리고 C# 같은 언어로 개발된 응용 프로그램은 응용 프로그램 인터페이스(API)를 이용하여 네트워크 소켓으로 접속 한다. 오늘날 대부분 시스템에 소켓 API는 버클리 소켓을 기반으로 한다. 원래 있었던 버클리 소켓은 1983년 유닉스 BSD 버전 4.2로 다시 제공했다. 이후 1990년 즈음에, 버클리는 대부분 운영체제(리눅스, 맥 운영체제, 윈도우)의 전역에서 오늘날 소켓 API의 근본이 되는 라이센스 무료 버전을 배포했다. 이 표준화는 교차 플랫폼 구현에 일관성을 제공한다.

그림 8.1은 다중 네트워크의 호스트 컴퓨터(종단점)가 네트워크 허브에 연결된 샘플 네트워크를 묘사한다. 각 호스트 컴퓨터는 고유 인터넷 프로토콜(IP) 주소를 갖고 있고, 이 간단한 네트워크를 위해서 여러분은 각 호스트에 유일한 IP 주소를 갖는다.

이 IP 주소는 로컬 영역 네트워크 설정에서 볼 수 있는 가장 일반적인 주소이다. 이들 특정한 주소는 인터넷 프로토콜 버전 4(IPv4) 표준에 근거하고 C 클래스 네트워크 주소를 표현한다. C 클래스 주소는 일반적으로 192.168.0.1과 같이 점이 찍힌 표기법으로 기록된다. 주소를 구성 요소 부분으로 나누어 보면, 처음 세 개의 바이트 또는 처음 24비트는 네트워크 주소(일명 네트워크 식별자 또는 NETID)로 간주된다. 마지막 네 번째 바이트 또는 8비트는 로컬 호스트 주소(일면 호스트 식별자, 또는 HOSTID)로 간주된다.

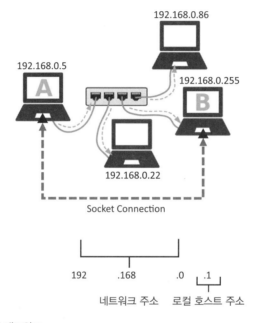

그림 8.1 간단한 근거리 영역 네트워크.

이 예에서 각 호스트, 네트워크 장비, 라우터, 방화벽 등 로컬 네트워크에서 IP주소(192.168.0)의 동일한 네트워크 주소 부분을 가질 것이다. 그러나 각각은 범위가 0에서 255에 이르는 고유한 호스트 주소를 가질 것이다. 이것은 근거리 환경 내에서 256개의 고유한 IP 주소를 허용한다. 따라서 범위는 다음과 같다: 192.168.0.0-192.168.0.255. 그러나 254개의 주소만 사용할 수 있다. 이는 192.168.0.0은 네트워크 주소이며 로컬 호스트에 할당 될 수 없고, 192.168.0.255는 브로드 캐스트 전용 주소이기 때문이다.

이러한 근거로 전체 범위를 나타내는 IP 주소 목록을 만들 수 있는 몇 가지 간단한 내장 파이썬 언어 기능을 사용할 수 있다. 이러한 언어 기능은 string, list, range 및 "for 루프(loop)"를 포함한다.

```
# 기본 네트워크 주소를 지정(첫 3개의 바이트)
ipBase ='192.168.0.'

# 다음으로 작성된 IP 주소의 목록을 보관할 빈 목록을 만든다.
# List of IP Addresses
ipList = []
# 마지막으로, 0~255 범위를 사용하는 로컬 호스트 주소의
# 가능한 목록을 통해서 순환한다.
# 다음의 ipList에 각각의 완전한 주소를 추가한다.
# 0~255 숫자의 목록으로 ipBase 문자열과 str(ip) 함수를
# 순서대로 연결하여 사용하는 것에 주의한다.

for ip in range(0,256):
    ipList.append(ipBase+str(ip))
    print ipList.pop()
```

Program Output Abbreviated

192.168.0.0

192.168.0.1

192.168.0.2

192.168.0.3

..... skipped items

192.168.0.252

192.168.0.253

192.168.0.254

192.168.0.255

여러분이 확인한 바와 같이, 표준 파이썬 언어 요소로 IP 주소를 처리하는 것은 간단하다. 이 장의 핑 스윕 절에서 이러한 기술을 이용할 것이다.

» 소켓을 사용하여 간단한 네트워크 클라이언트 서버 연결

파이썬으로 제시된 소켓API에 소개한 방법으로, 간단한 네트워크 서버와 클라이언트를 만들 것이다. 이를 동일한 호스트(즉 서버 및 클라이언트는 동일한 기계에서 실행하는 동일한 IP 주소를 사용할 것이다)를 사용하기 위해서, 특별히 IP 주소 127.0.0.1로 특수 목적 및 예약된 **로컬 호스트** 되돌림(loopback)을 사용할 것이다. 이 표준 루프백 IP는 모든 가상화 시스템과 외부 세계에 결코 닿지 못하는 127.0.0.1로 전송된 모든 메시지와 동일하며, 대신에 로컬호스트에 자동으로 반환된다. 여러분은 네트워크 프로그래밍으로 실험을 시작하면서 여러분의 코드가 숙달될 때까지, 선택한 IP 주소로 127.0.0.1을 사용하고 실제 네트워크에서 동작하기 위해 준비된다(그림 8.2).

127.0.0.1
Port 5555

그림 8.2 고립된 로컬호스트 루프백

이를 달성하기 위해서 실제로 두 개의 파이썬 프로그램을 작성하려고 한다: (1) server. py와 (2) client.py. 이 작업을 위해서 두 개의 응용 프로그램은 통신 채널을 지원하기 위해 사용되는 포트에 동의해야 한다. (여러분은 이미 로컬 호스트 루프백 IP 주소 127.0.0.1을 사용하기로 결정했다.) 포트 번호는 0과 65,535 사이에 있다(기본적으로 임의의 부호 없는 16비트 정수 값). 여러분은 표준 네트워크 서비스에 할당된 대로 낮은 번호가 매겨진 포트 1024에서 떨어져 있다(실제로 등록된 포드는 현재 49,500으로 높은 범위이지만 그 중 어느 것도 현재 내 시스템에는 없다). 이러한 응용 프로그램을 위해서 쉽게 기억할 수 있는 포트 5555를 사용한다. 이제 IP 주소와 포트번호를 정의했으니, 연결에 필요한 모든 정보를 가지고 있다.

IP 주소 및 포트: 한 가지 방법에 대해 더 물리적인 용어로 생각한다. 필자가 설명하고자 하는 것은 IP 주소를 우체국의 거리 주소와 마찬가지로 생각하고 포트를 우체국 내에서 특정 사서함과 같이 생각한다.

---

server.py 코드

```
#
# 서버 목표
# 1) 단순히 듣는 소켓을 설정한다.
# 2) 연결 요청을 기다린다.
# 3) 포트 5555에 연결을 수락한다.
# 4) 연결이 성공하면 클라이언트에 메시지를 보낸다.
#

import socket        # 표준 라이브러리 소켓 모듈
# 소켓을 생성
myServerSocket = socket.socket()

# 내 로컬 호스트 주소를 얻는다.

localHost = socket.gethostname()

# 연결를 수락하는 로컬 포트를 지정한다.

localPort = 5555

# localHost 및 지정된 localPort에 대한 myServerSocket를 결합한다.
# 참고로 bind 호출은 한 개의 매개 변수를 필요로 하지만,
# 해당 매개변수는 한 벌(tuple)이다. (괄호 사용을 주의)

myServerSocket.bind((localHost, localPort))

# 연결을 위해서 듣기를 시작한다.

myServerSocket.listen(1)

# 연결 요청을 위해서 기다린다.
# 참고로 이는 동시에 발생하는 호출이다.
# 프로그램 의미는 연결이 수신될 때까지 휴지시킨다.
# 연결이 수신되면
# 연결을 수용하고 연결자의 ipAddress를 구한다.

print'Python-Forensics .... Waiting for Connection Request'

conn, clientInfo = myServerSocket.accept()

# 여러분이 연결이 수신되었다는 것을 표시하는 메시지를 출력한다.

print'Connection Received From:', clientInfo

# myServerSocket.accept() 호출에서 반환된
# 연결 객체 'conn'을 사용하는 연결자에 메시지를 전송한다.
# 응답으로 사용된 클라이언트 IP 주소와 포트를 포함한다.
```

```
conn.send('Connection Confirmed:'+'IP:'+ clientInfo[0] +'Port:'+ str
(clientInfo[1]))
```

client.py 코드

다음은 서버에 연결해야 할 클라이언트 코드이다.

```
#
# 클라이언트 목표
# 1) 클라이언트 소켓을 설정한다.
# 2) 서버에 포트 5555의 연결을 시도한다.
# 3) 회신을 기다린다.
# 4) 서버로부터 수신된 메시지를 출력한다.
#

import socket          # 표준 라이브러리 소켓 모듈

MAX_BUFFER = 1024      # 수신하기 위한 최대 크기를 설정

# 소켓을 생성

myClientSocket = socket.socket()

# 내 로컬 호스트 주소를 얻는다.

localHost = socket.gethostname()

# 연결을 시도하기 위한 로컬 포트를 지정한다.

localPort = 5555

# 내 localHost와 localPort에 대한 연결을 시도한다.

myClientSocket.connect((localHost, localPort))

# 회신을 기다린다.
# 이는 동시에 발생하는 호출이다.
# 프로그램이 응답을 받거나
# 프로그램이 종료될 때까지 휴지시키는 것을 의미한다.

msg = myClientSocket.recv(MAX_BUFFER)
print msg

# 소켓을 닫는다, 연결을 종료한다.

myClientSocket.close()
```

» server.py 및 client.py 프로그램 실행

그림 8.3은 프로그램 실행을 표현한다. 두 개의 터미널 창을 생성했고, 윗부분은 server.py(먼저 시작)의 실행이며 아랫부분은 client.py 실행이다. 소스 포트 59,714로부터 통신된 클라이언트는 소켓 서비스에 의해 선택되었고, 클라이언트 코드에 지정되지 않았음을 주목하라. 이 예제에서 서버 포트 5555는 목적지 포트이다.

필자는 이것이 어떠한 수사 가치를 제공하지 않는다는 것을 알고 있다. 하지만 이것은 네트워크 소켓 기능의 방법에 관해서 좋은 기본적인 이해를 제공한다. 그리고 이것은 증명하거나 조사하는 프로그램의 일부를 이해하기 위한 필요조건이 된다.

그림 8.3 server.py/client.py 프로그램 실행.

| 라미아스(Ramius) 선장: 대상 범위를 재확인... 핑(Ping) 전용

여러분은 클랜시의 책이 원작인 영화 "붉은 10월(The Hunt for Red October)"에서 마르코 라미아스 역할로 매우 설득력 있게 연기한 숀 코너리를 기억할 것이다. 그들은 붉은 10월과 USS 달라스 사이의 거리를 계산하기 위해서 수중 음파 탐지 파장을 사용하고 있었다(그림 8.4).

잠수함 전쟁과 마찬가지로 네트워크 조사의 핵심 요소 중에 하나는 네트워크 상에서 모든 호스트(또는 보다 일반적으로 참조된 종단점)의 발견이다. 이것은 네트워크 상에서 각각의 가능한 IP 주소에 핑(인터넷 제어 메시지 프로토콜 또는 ICMP 사용)을 전송함으로써 달성된다. 정보를 두 가지 중요한 조각으로 응답 제공하는 IP 주소: (1) 응답하는 경우, 여러분은 그들이 즉시 반응한다는 것을 알고 (2) 응답에 걸린 시간을 반환한다. 특별히 주목할 한 가지는 많은 현대의 방화벽은 네트워크 상에서 정찰 활동을 수행하는 해커에 의해 이용될 수 있는 ICMP 메시지를 차단한다. 이것은 또한 기본적으로 ICMP에 응답하지 않는 현대적인 운영체제에 관해서도 마찬가지이다. 하지만 네트워크 내부에서 그들은 네트워크 상에서 종단점의 정확한 위치를 찾아내고 검출하는 가치 있는 서비스를 제공한다.

다음 예제의 프로그램 매뉴얼을 예를 들면, IP주소를 이용하기 위해 로컬 네트워크를 탐색할 수 있도록 파이썬으로 핑 스윕 응용 프로그램을 개발할 것이다. 또 이 절을 위해서 몇 가지 특별한 모듈을 사용할 것이다. 첫째, 핑 스윕 응용 프로그램을 위해 간편한 그래픽 사용자 인터페이스(GUI)를 만드는 **wxPython**을 사용할 것이다. 둘째, ICMP 프로토콜의 무거운 처리를 파이썬으로 완벽하게 기록하는 Ping.py 타사 모듈을 사용할 것이다.

GUI 환경에서 이 장에 응용 프로그램을 개발하기 위해 선택한 두 가지 이유는 첫째는 여러분에게 wxPython을 교차 플랫폼 GUI 환경으로 접하게 하기 위해서이고, 둘째는 명령 줄 옵션을 사용하여 핑 스윕을 실행하는 것은 매우 지루할 것이고, GUI 인터페이스는 상호 작용을 간소화할 수 있기 때문이다.

그림 8.4 실제 USS 달라스 로스 앤젤레스 사진 - 핵 추진 공격 잠수함

wxPython

이 책을 통해 보았듯이 파이썬의 장점 중 하나는 고정 관념에서 벗어난 공통 사용이 가능한 플랫폼 기능을 제공하는 것이다. 파이썬의 정신에 따라, wxPython은 공통 사용이 가능한 플랫폼(윈도우, 리눅스, 맥)에도 있는 GUI 기능을 제공한다. 이러한 라이브러리는 표준 파이썬 언어 및 구조로 GUI기반 응용 프로그램의 완전한 기능을 만들 수 있도록 한다. 이 장에서 간단한 GUI 응용 프로그램은 wxPython을 간단히 소개한 것에 불과하고, 가능한 한 단순하고 쉽게 이해하는 정도로 첫 번째 GUI 응용 프로그램을 유지하려고 노력하고 있다.

wxPython에 대한 자세한 정보를 얻고 환경을 설치하기 위해서는 http://www.wxPython. org/ 프로젝트 페이지를 방문하면 된다. wxPython와 같은 타사 라이브러리는 파이썬의 다른 버전 및 다른 운영체제(윈도우, 맥, 리눅스)를 지원할 수 있는 다양한 버전이 있다. 반드시 여러분의 구성과 호환되는 것을 설치하도록 선택해야 한다.

ping.py

ping.py 모듈은 http://www.g-loaded.eu/2009/10/30/Pythonping/에서 구할 수 있다. 파이썬으로 완벽하게 작성된 ICMP 동작의 세부 사항을 처리하는 공개 소스 파이썬 모듈이 있고 이것은 공개 소스 모듈이기 때문에 여러분의 검사를 위해 여기에 소스 및 모든 적절한 속성과 개정을 포함하고 있다.

[PYTHON PING]

```
#!/usr/bin/env Python
"""
    A pure Python ping implementation using raw socket.

    Note that ICMP messages can only be sent from processes running as root.

    Derived from ping.c distributed in Linux's netkit. That code is
    copyright (c) 1989 by The Regents of the University of California.
    That code is in turn derived from code written by Mike Muuss of the
    US Army Ballistic Research Laboratory in December, 1983 and
    placed in the public domain. They have my thanks.

    Bugs are naturally mine. I'd be glad to hear about them. There are
    certainly word - size dependencies here.

    Copyright (c) Matthew Dixon Cowles, <http://www.visi.com/∞mdc/>.
    Distributable under the terms of the GNU General Public License
    version 2. Provided with no warranties of any sort.
```

Original Version from Matthew Dixon Cowles:
-> ftp://ftp.visi.com/users/mdc/ping.py

Rewrite by Jens Diemer:
-> http://www.Python-forum.de/post-69122.html#69122

Rewrite by George Notaras:
-> http://www.g-loaded.eu/2009/10/30/Python-ping/

Revision history
~~~~~~~~~~~~~~~~~

November 8, 2009

Improved compatibility with GNU/Linux systems.

Fixes by:
* George Notaras -- http://www.g-loaded.eu
Reported by:
* Chris Hallman -- http://cdhallman.blogspot.com
Changes in this release:
- Re-use time.time() instead of time.clock(). The 2007 implementation
  worked only under Microsoft Windows. Failed on GNU/Linux.
  time.clock() behaves differently under the two OSes[1].

[1] http://docs.Python.org/library/time.html#time.clock

May 30, 2007
----
little rewrite by Jens Diemer:
- change socket asterisk import to a normal import
- replace time.time() with time.clock()
- delete "return None" (or change to "return" only)
- in checksum() rename "str" to "source_string"

November 22, 1997

Initial hack. Doesn't do much, but rather than try to guess
what features I (or others) will want in the future, I've only
put in what I need now.

December 16, 1997

For some reason, the checksum bytes are in the wrong order when
this is run under Solaris 2.X for SPARC but it works right under
Linux x86. Since I don't know just what's wrong, I'll swap the
bytes always and then do an htons().

```python
December 4, 2000
----------------
Changed the struct.pack() calls to pack the checksum and ID as
unsigned. My thanks to Jerome Poincheval for the fix.

Last commit info:
~~~~~~~~~~~~~~~~~~~~
$LastChangedDate: $
$Rev: $
$Author: $
"""


import os, sys, socket, struct, select, time

# From /usr/include/linux/icmp.h; your mileage may vary.
ICMP_ECHO_REQUEST = 8 # Seems to be the same on Solaris.

def checksum(source_string):
    """
    I'm not too confident that this is right but testing seems
    to suggest that it gives the same answers as in_cksum in ping.c
    """
    sum = 0
    countTo = (len(source_string)/2)*2
    count = 0
    while count<countTo:
        thisVal = ord(source_string[count + 1])*256 + ord
        (source_string[count])
        sum = sum + thisVal
        sum = sum & 0xffffffff # Necessary?
        count = count + 2

    if countTo<len(source_string):
        sum = sum + ord(source_string[len(source_string) - 1])
        sum = sum & 0xffffffff # Necessary?

    sum = (sum >> 16) + (sum & 0xffff)
    sum = sum + (sum >> 16)
    answer = ∞sum
    answer = answer & 0xffff

    # Swap bytes. Bugger me if I know why.
    answer = answer >> 8 | (answer << 8 & 0xff00)

    return answer

def receive_one_ping(my_socket, ID, timeout):
    """
    receive the ping from the socket.
```

```
    """
    timeLeft = timeout
    while True:
        startedSelect = time.time()
        whatReady = select.select([my_socket], [], [], timeLeft)
        howLongInSelect = (time.time() - startedSelect)
        if whatReady[0] == []: # Timeout
            return

        timeReceived = time.time()
        recPacket, addr = my_socket.recvfrom(1024)
        icmpHeader = recPacket[20:28]
        type, code, checksum, packetID, sequence = struct.unpack(
            "bbHHh", icmpHeader
        )
        if packetID == ID:
            bytesInDouble = struct.calcsize("d")
            timeSent = struct.unpack("d", recPacket[28:28 +
            bytesInDouble])[0]
            return timeReceived - timeSent
        timeLeft = timeLeft - howLongInSelect
        if timeLeft <= 0:
            return

def send_one_ping(my_socket, dest_addr, ID):
    """
    Send one ping to the given >dest_addr<.
    """
    dest_addr = socket.gethostbyname(dest_addr)

    # Header is type (8), code (8), checksum (16), id (16), sequence (16)
    my_checksum = 0

    # Make a dummy header with a 0 checksum.
    header = struct.pack("bbHHh", ICMP_ECHO_REQUEST, 0, my_checksum, ID, 1)
    bytesInDouble = struct.calcsize("d")
    data = (192 - bytesInDouble) * "Q"
    data = struct.pack("d", time.time()) + data

    # Calculate the checksum on the data and the dummy header.
    my_checksum = checksum(header + data)

    # Now that we have the right checksum, we put that in. It's just easier
    # to make up a new header than to stuff it into the dummy.
    header = struct.pack(
        "bbHHh", ICMP_ECHO_REQUEST, 0, socket.htons(my_checksum), ID, 1
    )
    packet = header + data
    my_socket.sendto(packet, (dest_addr, 1)) # Don't know about the 1
```

```python
def do_one(dest_addr, timeout):
    """
    Returns either the delay (in seconds) or none on timeout.
    """
    icmp = socket.getprotobyname("icmp")
    try:
        my_socket = socket.socket(socket.AF_INET, socket.SOCK_RAW, icmp)
    except socket.error, (errno, msg):
        if errno == 1:
            # Operation not permitted
            msg = msg + (
                " - Note that ICMP messages can only be sent from processes"
                " running as root."
            )
            raise socket.error(msg)
        raise # raise the original error

    my_ID = os.getpid() & 0xFFFF

    send_one_ping(my_socket, dest_addr, my_ID)
    delay = receive_one_ping(my_socket, my_ID, timeout)

    my_socket.close()
    return delay
def verbose_ping(dest_addr, timeout = 2, count = 4):
    """
    Send >count< ping to >dest_addr< with the given >timeout< and
    display the result.
    """
    for i in xrange(count):
        print "ping %s. . ." % dest_addr,
        try:
            delay = do_one(dest_addr, timeout)
        except socket.gaierror, e:
            print "failed. (socket error:'%s')" % e[1]
            break

        if delay == None:
            print "failed. (timeout within %ssec.)" % timeout
        else:
            delay = delay * 1000
            print "get ping in %0.4fms" % delay
    print
if __name__ =='__main__':
    verbose_ping("heise.de")
    verbose_ping("google.com")
    verbose_ping("a-test-url-taht-is-not-available.com")
    verbose_ping("192.168.1.1")
```

여러분이 주석을 읽는 프로그램을 통해서 명확성 있게 다룰 수 있도록 프로그램에 맞춰서 자세한 설명서를 제공하고 있다. 그림 8.5 및 그림 8.6은 핑 스윕의 시작과 GUI를 묘사한다. 그림 8.5에서 관리자 권한으로 명령줄에서 프로그램을 시작했다는 것을 알 수 있다. 이것은 핑 동작을 수행하기 위해 관리자 권한이 필요하다. 코드를 검사하기 전에 프로그램의 전체적인 설계구조에 대해서 살펴보자. 필자는 몇 페이지 아래쪽의 코드에서 "응용 프로그램 창 설정" 부분을 검토하여 시작할 것을 추천한다. 그런 다음, 코드의 시작 부분으로 다시 이동하고 "def pingScan(event)"로 시작하는 pingScan 이벤트 처리기를 검토할 것이다:

필자는 단지 Scan과 Exit 두 개의 버튼, 기본 IP 주소와 로컬 호스트 범위를 지정하는 몇 가지 정보 조작과 함께 간단한 GUI 설계를 선택했다.

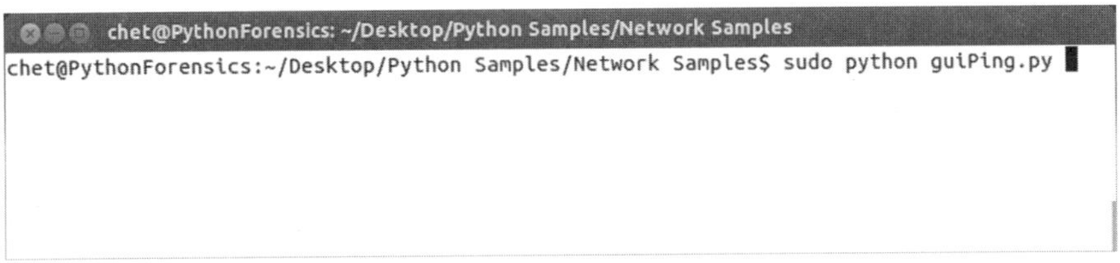

그림 8.5 루트로 guiPing.py의 명령 줄 시작.

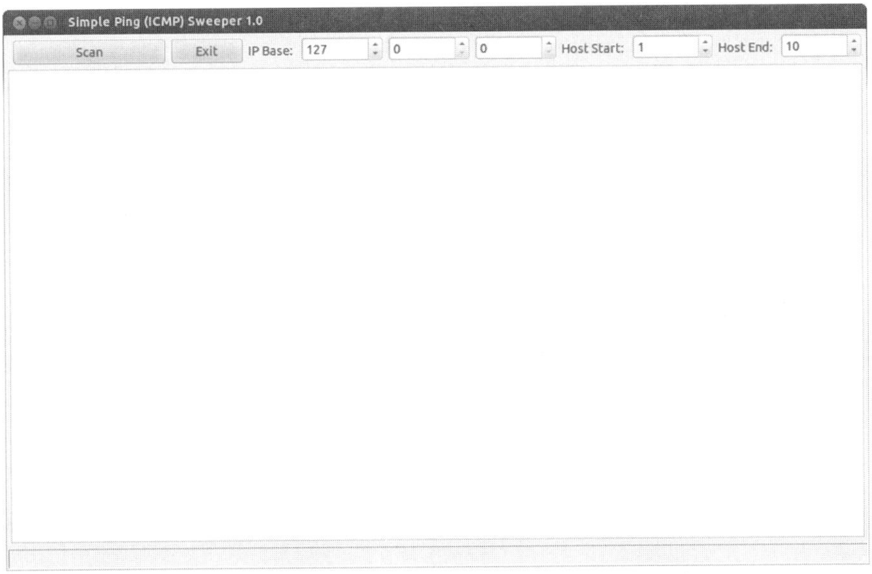

그림 8.6 핑 스윕에 대한 GUI 인터페이스.

guiPing.py 코드

```
#
# 파이썬 핑스윕 GUI 응용 프로그램
#

import wxversion    # wxPython의 적절한 버전을 지정한다.
wxversion.select("2.8")
# 필요한 모듈들 가져오기
import wx           # GUI 모듈 wx 가져오기
import sys          # 표준 라이브러리 모듈 sys 가져오기
import ping         # ICMP Ping 모듈 가져오기
import socket       # 표준 라이브러리 모듈 socket 가져오기

from time import gmtime, strftime # 시간 기능 가져오기

#
# pingScan 버튼을 누르는 이벤트 처리기
# 이것은 GUI 상에서 Scan 버튼이 눌려질 때마다 실행된다.
#

def pingScan(event):

    # 사용자가 검색하는 호스트의 범위를 지정하기 때문에,
    # 검색하기 전에 startHost 값이 endHost 값보다 작은지 확인해야 한다.
    # 이것은 유효한 범위를 나타낸다
    # 사용자에게 오류를 통신할 필요가 없는 경우

    if hostEnd.GetValue() < hostStart.GetValue():

        # 이것은 잘못된 설정이다.
        # wx.MessageDialog 대화상자를 사용하여 사용자에게 알린다.

        dlg = wx.MessageDialog(mainWin,"Invalid Local Host
            Selection","Confirm", wx.OK | wx.ICON_EXCLAMATION)

        result = dlg.ShowModal()
        dlg.Destroy()
        return

    # 유효한 범위가 있는 경우 상태 표시 바(Bar)를 갱신한다.

    mainWin.StatusBar.SetStatusText('Executing Ping Sweep .... Please Wait'

    # 시작 시간을 기록하고 결과 창을 갱신한다.

    utcStart = gmtime()
    utc = strftime("%a, %d %b %Y %X +0000", utcStart)
```

```
results.AppendText("\n\nPing Sweep Started: "+ utc+ "\n\n")

# 장의 시작 부분에서 예제 스크립트와 유사하게
# 기본 IP 주소 문자열을 만들어야 한다.
# IP 범위 및 호스트 이름 사용자 선택에서 데이터를 추출한다.
# IP 주소의 파이썬 리스트를 만든다.

baseIP = str(ipaRange.GetValue())+'.'+str(ipbRange.GetValue())+'.'
+str(ipcRange.GetValue())+'.'

ipRange = []

for i in range(hostStart.GetValue(), (hostEnd.GetValue()+1)):
    ipRange.append(baseIP+str(i))

# ipRange 목록에서 각각의 IP 주소에 대한 핑(ping)을 시도한다.

for ipAddress in ipRange:

  try:

        # 시도하기 전에 윈도우 상태 표시 바에 IP 주소를 알린다.

        mainWin.StatusBar.SetStatusText('Pinging IP:'+ ipAddress)

        # 핑을 수행한다.
        delay = ping.do_one(ipAddress, timeout=2)

        # 메인 창에 IP 주소를 표시한다.
        results.AppendText(ipAddress+'\t')

        if delay != None:
            # 성공한 경우(즉 시간 초과 없음) 결과와 응답시간을 표시한다.

            results.AppendText('Response Success')
            results.AppendText('Response Time:'+str(delay)+' Seconds')
            results.AppendText("\n")
        else :
            # 지연이 없는 경우, 그 요청이 시간 초과
            # 응답 시간 초과를 알린다.
            results.AppendText('Response Timeout')
            results.AppendText("\n")

  except socket.error, e:

        # 어떤 소켓 오류가 발생하면
        # 소켓에 의해 제공된 오류 정보와 함께 잘못된 IP를 알린다.

        results.AppendText(ipAddress)
```

```
            results.AppendText('Response Failed:')
            results.AppendText(e.message)
            results.AppendText("\n")

        # 일단 모든 IP 주소가 처리되면
        # 스윕의 종료 시간을 기록하고 표시한다.

        utcEnd = gmtime()
        utc = strftime("%a, %d %b %Y %X +0000", utcEnd)
        results.AppendText("\nPing Sweep Ended: "+ utc + "\n\n")

        # 상태 표시 바를 정리한다.
        mainWin.StatusBar.SetStatusText('')

        return

# 스캔 이벤트 처리기의 끝 ===========================

#
# 프로그램 종료 이벤트 처리기
# 이것은 사용자가 Exit 버튼을 눌렀을 때 실행된다.
# 프로그램은 sys.exit() 메소드를 사용하여 종료된다.
#

def programExit(event):
    sys.exit()

# 프로그램 종료 이벤트 처리기의 끝 ==================


#
# 응용 프로그램 창 설정 ==================
#
# GUI 환경 코드 설정의 부분
#

# wx.App() 객체 인스턴스화
app = wx.App()

# 크기 및 표제를 포함하는 메인 창을 정의

mainWin = wx.Frame(None, title="Simple Ping (ICMP) Sweeper 1.0", size
=(1000,600))

# 버튼과 스피너가 위치한 영역의 행위 패널의 정의

panelAction = wx.Panel(mainWin)

# 버튼 행위 정의
```

```python
# Scan과 Exit, 두 개의 버튼 생성
# 각 버튼은 버튼을 눌러서 pingScan 및 ProgramExit 각각의
# 이벤트를 처리할 함수의 이름을 포함하는 것을 볼 수 있다.

scanButton = wx.Button(panelAction, label='Scan')
scanButton.Bind(wx.EVT_BUTTON, pingScan)

exitButton = wx.Button(panelAction, label='Exit')
exitButton.Bind(wx.EVT_BUTTON, programExit)

# 결과를 표시할 수 있는 텍스트 영역을 정의

Results = wx.TextCtrl(panelAction, style = wx.TE_MULTILINE | wx.HSCROLL)

# C 클래스 IP 주소에 대한 기본 네트워크는 3가지 구성요소가 있다.
# C 클래스 주소, 첫 3바이트 (24비트)는 네트워크를 정의, 예를 들면 127.0.0
# 마지막 바이트 (8비트)는 호스트를 정의, 즉 0~255 정의
# 따라서 3개의 스핀 제어는 각각 3개의 네트워크 바이트를 설정
# 편의상 127.0.0에 기본 값을 설정

ipaRange = wx.SpinCtrl(panelAction, -1,'')
ipaRange.SetRange(0, 255)
ipaRange.SetValue(127)

ipbRange = wx.SpinCtrl(panelAction, -1,'')
ipbRange.SetRange(0, 255)
ipbRange.SetValue(0)

ipcRange = wx.SpinCtrl(panelAction, -1,'')
ipcRange.SetRange(0, 255)
ipcRange.SetValue(0)

# 또한, 사용자에 대한 라벨을 추가한다.

ipLabel = wx.StaticText(panelAction, label="IP Base: ")

# 다음으로 그들이 검색하기 바라는 호스트 범위 (0~255)를
# 설정하는 기능으로 사용자에게 제공하려고 한다.

hostStart = wx.SpinCtrl(panelAction, -1,'')
hostStart.SetRange(0, 255)
hostStart.SetValue(1)

hostEnd = wx.SpinCtrl(panelAction, -1,'')
hostEnd.SetRange(0, 255)
hostEnd.SetValue(10)

HostStartLabel = wx.StaticText(panelAction, label="Host Start: ")
HostEndLabel = wx.StaticText(panelAction, label="Host End: ")
```

이제 패널 내에서 깔끔하게 구성요소의 차이를 자동으로 정렬하는 BoxSizer를 만든다.
첫째, 수평 상자를 만든다.
IP 범위와 호스트 스핀 컨트롤, 버튼을 추가

```python
actionBox = wx.BoxSizer()
actionBox.Add(scanButton, proportion=1, flag=wx.LEFT, border=5)
actionBox.Add(exitButton, proportion=0, flag=wx.LEFT, border=5)

actionBox.Add(ipLabel, proportion=0, flag=wx.LEFT, border=5)

actionBox.Add(ipaRange, proportion=0, flag=wx.LEFT, border=5)
actionBox.Add(ipbRange, proportion=0, flag=wx.LEFT, border=5)
actionBox.Add(ipcRange, proportion=0, flag=wx.LEFT, border=5)

actionBox.Add(HostStartLabel, proportion=0, flag=wx.LEFT|wx.CENTER, border=5)
actionBox.Add(hostStart, proportion=0, flag=wx.LEFT, border=5)

actionBox.Add(HostEndLabel, proportion=0, flag=wx.LEFT|wx.CENTER, border=5)
actionBox.Add(hostEnd, proportion=0, flag=wx.LEFT, border=5)
```

다음으로 결과 텍스트 영역과 함께
수평 상자 안에 배치하는 수직 상자를 만든다.

```python
vertBox = wx.BoxSizer(wx.VERTICAL)
vertBox.Add(actionBox,proportion=0,flag=wx.EXPAND|wx.ALL,border=5)
vertBox.Add(results, proportion=1, flag=wx.EXPAND | wx.LEFT | wx.
BOTTOM | wx.RIGHT, border=5)
```

상태 메시지를 표시하기 위해 메인 창에 상태 표시 바를 추가한다.

```python
mainWin.CreateStatusBar()
```

마지막으로 정의에 기초하여 자동으로 창 크기 SetSizer 함수를 사용한다.

```python
panelAction.SetSizer(vertBox)
```

메인 창을 표시한다.

```python
mainWin.Show()
```

응용 프로그램 메인 루프를 입력
사용자 행위 대기 중

```python
app.MainLoop()
```

핑 스윕 실행

그림 8.7은 핑 스윕 프로그램의 두 개의 실행에 대한 요약을 제공한다. 첫 번째 실행에서, 기본 IP 주소 127.0.0. 이 사용되었고 호스트 1-5가 선택되었으며 그 결과가 표시되었다. 두 번째 실행에서, 나의 포컬 네트워트 192.168.0. 기본 주소를 선택했고 호스트 1-7을 탐색했고 각 핑의 결과는 기록되었다. 모든 호스트가 응답할 때 두 가지 실행을 위해서 시간(또는 지연) 또한 보고된다.

그림 8.8에서, 의도적으로 호스트 선택을 근거가 없는 것으로 잘못 구성했다(시작하는 호스트는 종료하는 호스트 번호 보다 더 크다). 예상대로 오류와 함께 대화 상자는 보고된다. 여러분은 pingScan 이벤트 처리기에 대화상자를 표시하는 코드를 검사할 수 있다..

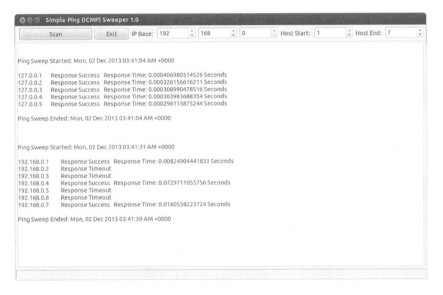

그림 8.7 핑 스윕 실행.

그림 8.8 잘못된 구성된 호스트 범위에 대한 오류 처리

여러분이 볼 수 있듯이 대부분의 작업은 GUI 응용 프로그램을 설정하고 검색하기 위한 IP 주소의 목록을 만든 것에 관련되어 있다. 일단 이것이 완료되면 핑(ping)을 수행하고 그 결과를 검색하는 ping.py 모듈을 활용하는 코드는 단지 한 줄의 코드뿐이다. 오직 하나의 핑을 보낸다.

```
# 핑을 수행한다.
delay = ping.do_one(ipAddress, timeout=2)
```

명심해야 할것은 종단점을 식별하기 위해 수행할 때 핑 스윕을 사용할 수 없고, 종료하거나 여러분이 검색을 사용하지 못 하여 실패한 종단점으로 자주 검색을 실행한다는 것이다. 이러한 주제를 다루는 응용 프로그램을 개선하기 위해 요약 질문을 도전 문제와 함께 여러분에게 제공한다.

| 포트 스캐닝

여러분의 네트워크 내에서 종단점을 식별한 후에, 다음 단계는 포트 탐색을 수행하는 것이다. 정확히 포트 탐색 또는 더 구체적으로 TCP/IP 포트 탐색은 무엇인가? 통신 프로토콜을 지원하는 컴퓨터는 다른 이해관계자에 접근하기 위해 포트를 이용한다. 포트는 다양한 이해관계자와 다른 대화를 지원하고 다양한 통신을 구분하기 위해 사용된다. 예를 들어, 웹 서버는 기본적으로 TCP/IP 포트 번호 80을 이용하여 웹 페이지에 대한 접근을 제공하는 하이퍼텍스트 전송 프로토콜(HTTP)를 사용할 수 있다. 간단한 메일 전송 프로토콜 또는 SMTP는 메일 메시지를 보내거나 전송하는 포트 25를 사용한다. 각각의 고유한 IP 주소에 대해, 프로토콜 포트 번호는 일반적인 포트 번호로 알려진 0~65,535의 16비트 번호에 의해 식별된다. 포트 번호와 IP주소의 조합은 통신하기 위한 완전한 주소를 제공한다. 통신하는 이해관계자들은 각기 IP주소와 포트 번호를 가질 것이다. 통신의 방향에 따라 소스 주소와 목적지 주소(IP 주소 및 포트의 조합) 양쪽 모두 필요하다.

포트는 표 8.1에서와 같이 3가지 기본 범주로 구분된다.

표 8.1 네트워크 포트의 분류

분류	포트 범위	사용법
잘 알려진 포트	0-1023	이러한 포트는 널리 사용되는 네트워크 서비스를 제공하는 시스템 프로세스에 의해 사용된다

등록된 포트	1024-49,151	등록은 국제 인터넷주소 관리기구(ICANN)에 의해 관리된다. 또 보다 구체적으로 인터넷 할당번호 관리기관(IANA)은 현재 ICANN에 의해 운영된다.(ICANN)
동적 포트	49,152-65,535	포트는 일반적으로 자연에서 수명이 짧다(또는 일시적이다). 포트는 운영체제의 필요에 의해 미리 한정된 범위에서 자동으로 할당된다. 이러한 서버상에서 포트는 파일 전송 프로토콜 또는 FTP 같이 잘 알려진 포트에 원래 연결된 클라이언트와의 통신 연결을 계속하는데 사용된다.

잘 알려진 포트의 예

아마도 표8.2에 제시되어 있는 포트는 여러분에게 일부 잘 알려진 포트일 것이다(이것은 단지 목록의 샘플이다).

등록된 포트의 예

표 8.3에 등록된 포트의 짧은 예는 아마도 여러분에게 친숙할 것이다(이것은 단지 목록의 샘플이다).

파이썬에서 단순한 포트 스캐너를 개발하기 위해 몇 가지 알아두어야 할 것이 있다.

(1) 어떤 IP 주소를 대상으로 하는가?

(2) 탐색해야 하는 포트 범위는 무엇인가?

(3) 둘 중 어느 하나는 모든 결과를 표시해야 하든지, 열려 진 것으로 발견된 포트를 표시해야 한다. 즉, 성공적으로 연결할 수 있는 포트여야 한다.

그림 8.9는 간단한 포트 스캐너에 대한 GUI를 보여준다. GUI는 포트 범위와 함께 탐색할 IP주소를 지정하도록 사용자에게 허용한다. GUI는 또한, 사용자가 모든 결과 혹은 당시 성공한 결과가 표시될 것인지를 지정할 수 있는 체크박스를 포함한다.

명확성을 주기 위해서 주석을 읽고 프로그램을 통해서 다룰 수 있도록 프로그램에 따른 자세한 설명서를 제공했다. 그림 8.10은 시작 포트 스캔 GUI에 대한 개시를 보여준다. 그림 8.10에서 볼 수 있듯이 관리자 권한으로 명령줄에서 프로그램을 시작했다. 이는 포트 스캔 네트워크 동작을 수행하기 위해 요구되는 관리자 권한이 필요하다.

표 8.2 잘 알려진 포트의 예

서비스 명	포트 번호	전송 프로토콜	설명
echo	7	tcp	반복(되풀이)
echo	7	udp	반복(되풀이)
ftp	21	tcp	파일 전송 (제어)
ftp	21	udp	파일 전송 (제어)
ssh	22	tcp	보안 셸 (SSH) 프로토콜
ssh	22	udp	보안 셸 (SSH) 프로토콜
telnet	23	tcp	텔넷
telnet	23	udp	텔넷
smtp	25	tcp	단순 메일 전송
smtp	25	udp	단순 메일 전송
nameserver	42	tcp	이름 서버 호스트
nameserver	42	udp	이름 서버 호스트
http	80	tcp	월드 와이드 웹 HTTP
http	80	udp	월드 와이드 웹 HTTP
nntp	119	tcp	네트워크 뉴스 전송 프로토콜
nntp	119	udp	네트워크 뉴스 전송 프로토콜
ntp	123	tcp	네트워크 시간 프로토콜
ntp	123	udp	네트워크 시간 프로토콜
netbios-ns	137	tcp	NETBIOS 이름 서비스
netbios-ns	137	udp	NETBIOS 이름 서비스
snmp	161	tcp	SNMP
snmp	161	udp	SNMP

표 8.3 등록된 포트의 예

서비스 명	포트 번호	전송 프로토콜	설명
nlogin	758	tcp	nlogin 서비스
nlogin	758	udp	nlogin 서비스
telnets	992	tcp	TLS/SSL을 통한 텔넷 프로토콜
telnets	992	udp	TLS/SSL을 통한 텔넷 프로토콜
pop3s	995	tcp	TLS/SSL을 통해 POP3 프로토콜 (spop3)
pop3s	995	udp	TLS/SSL을 통해 POP3 프로토콜 (spop3)

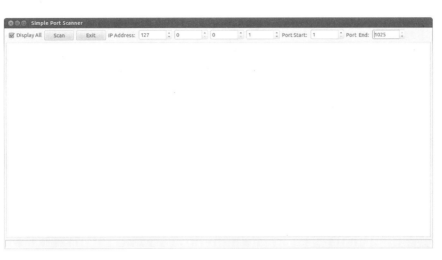

그림 8.9 포트 스캐너 GUI.

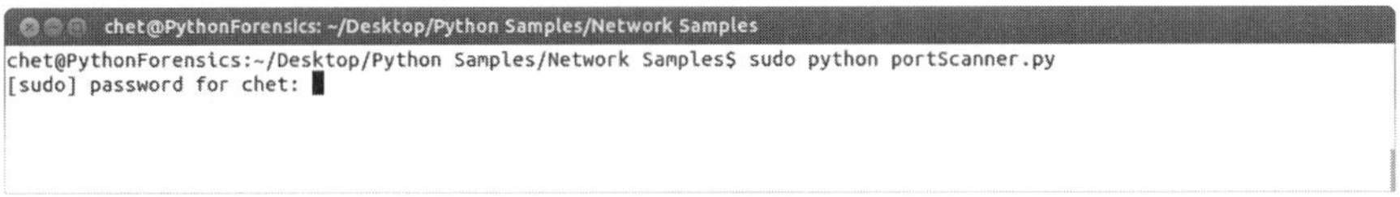

그림 8.10 포트 스캐너 프로그램 시작.

코드로 바로 들어가기 전에 프로그램의 전체 설계 구조를 살펴보자. "응용 프로그램 설정 창" 절에서 몇 페이지 아래 코드 부분을 검토하여 시작하는 것을 추천한다. 그런 다음 코드 처음으로 되돌아가 "def portScan(even)"로 시작하는 portScan 이벤트 처리기를 검사해야 한다.

여러분이 볼 수 있듯이 대부분의 작업은 응용 프로그램 GUI를 설정하고 탐색하기 위한 호스트 포트의 목록을 설정하는 것에 관련이 있다. 그것들이 완료되면 실제로 각 포트를 탐색하고 결과를 검사하는 코드는 여기에서 보여지는 것처럼 단지 몇 줄뿐이다.

```
# 소켓을 연다.
reqSocket = socket(AF_INET, SOCK_STREAM)

# 지정된 IP, 포트에 연결을 시도한다.

response = reqSocket.connect_ex((baseIP, port))
```

```
#
# 파이썬 포트 스캐너
#

import wxversion
wxversion.select("2.8")

import wx             # GUI 모듈 wx 가져오기
import sys            # 표준 라이브러리 모듈 sys 가져오기
import ping           # ICMP 핑 모듈 가져오기
from socket import *  # 표준 라이브러리 모듈 socket 가져오기

from time import gmtime, strftime # 시간 기능 가져오기

#
# portScan 버튼을 누르는 이벤트 처리기
#

def portScan(event):

    # 첫째, 시작 포트 값이 종료 포트 값 보다 작거나 같은지 검사해야 한다.

    if portEnd.GetValue() < portStart.GetValue():

        # 이것은 잘못된 설정이다.
        # 사용자에게 알리고 반환한다.

        dlg = wx.MessageDialog(mainWin,"Invalid Host Port Selection",
        "Confirm", wx.OK | wx.ICON_EXCLAMATION)

        result = dlg.ShowModal()
        dlg.Destroy()
        return

    # 상태 표시 바를 갱신한다

    mainWin.StatusBar.SetStatusText('Executing Port Scan .... Please Wait')

    # 시작 시간을 기록한다.

    utcStart = gmtime()
    utc = strftime("%a, %d %b %Y %X +0000", utcStart)
    results.AppendText("\n\nPort Scan Started: "+ utc+ "\n\n")

    # 기본 IP 주소 문자열을 만든다.
    # IP 범위 및 호스트 이름 사용자 선택에서 데이터를 추출한다.
    # IP 주소에 대해 스윕 하는 파이썬 목록을 만든다.

baseIP = str(ipaRange.GetValue())+
```

스파르탄! 파이썬 포렌식

8 네트워크 포렌식: 1부

258

```
                   '.'+str(ipbRange.GetValue())+
                   '.'+str(ipcRange.GetValue())+
                   '.'+str(ipdRange.GetValue())

# IP 주소가 지정된 경우, 지정된 포트를 탐색한다.

for port in range(portStart.GetValue(), portEnd.GetValue()+1):

    try:

        # 윈도우 상태표시 바에 IP 주소를 보고한다.
        mainWin.StatusBar.SetStatusText('Scanning:'+ baseIP+'
        Port:'+str(port))

        # 소켓을 연다.
        reqSocket = socket(AF_INET, SOCK_STREAM)

        # 지정된 IP, 포트에 연결을 시도한다.

        response = reqSocket.connect_ex((baseIP, port))

        # 포트에서 적절한 응답을 수신하는 경우
        # 수신된 결과를 표시한다.

        if(response == 0) :
            # IP주소와 포트를 표시한다.
            results.AppendText(baseIP+'\t'+str(port)+'\t')
            results.AppendText('Open')
            results.AppendText("\n")
        else:
            # 사용자가 "모두 표시"를 선택했을 때
            # 결과가 실패한 경우에만 결과를 표시
            if displayAll.GetValue() == True:
                results.AppendText(baseIP+'\t'+str(port)+'\t')
                results.AppendText('Closed')
                results.AppendText("\n")

        # 소켓을 닫는다.
        reqSocket.close()

    except socket.error, e:
            # 소켓 오류에 대한 잘못된 IP를 보고한다.
            results.AppendText(baseIP+'\t'+str(port)+'\t')
            results.AppendText('Failed:')
            results.AppendText(e.message)
            results.AppendText("\n")
            # 스윕의 종료 시간을 기록하고 표시한다.
            utcEnd = gmtime()
            utc = strftime("%a, %d %b %Y %X +0000", utcEnd)
```

259

```
                    results.AppendText("\nPort Scan Ended: "+ utc + "\n\n)"

                    # 상태 표시 바를 정리한다.
                    mainWin.StatusBar.SetStatusText('')

# 탐색 이벤트 처리기의 끝 ============================


#
# 프로그램 종료 이벤트 처리기
#

def programExit(event):
    sys.exit()

# 프로그램 종료 이벤트 처리기의 끝 ==================

#
# 응용프로그램 창 설정 ==================
#

app = wx.App()

# 창 정의
mainWin = wx.Frame(None, title="Simple Port Scanner", size
=(1200,600))

# 행위 패널 정의

panelAction = wx.Panel(mainWin)

# 버튼 행위 정의
# 두 개의 버튼을 하나는 Scan, 그리고 하나를 Exit로 만든다.
# 각각의 포트 스캔 및 프로그램 종료
# 버튼을 눌러 이벤트를 처리할 함수의 이름이 포함된 것을 알 수 있다.

displayAll = wx.CheckBox(panelAction, -1,'Display All', (10, 10))
displayAll.SetValue(True)

scanButton = wx.Button(panelAction, label='Scan')
scanButton.Bind(wx.EVT_BUTTON, portScan)

exitButton = wx.Button(panelAction, label='Exit')
exitButton.Bind(wx.EVT_BUTTON, programExit)

# 결과를 표시할 수 있는 텍스트 영역을 정의한다.

results = wx.TextCtrl(panelAction, style = wx.TE_MULTILINE | wx.HSCROLL)
```

```
# C 클래스 IP 주소에 대한 기본 네트워크는 3개의 구성 요소를 가진다.
# C 클래스 주소를 위한 처음 3바이트는 네트워크를 정의한다. 즉 127.0.0
# 마지막 8비트는 호스트를 정의한다. 즉 0~255

# 따라서 3개의 스핀은 4개의 네트워크 바이트의 각 하나를 제어한다.
# 또한 편의를 위해서 127.0.0.0으로 기본 값을 설정한다.

ipaRange = wx.SpinCtrl(panelAction, -1,'')
ipaRange.SetRange(0, 255)
ipaRange.SetValue(127)

ipbRange = wx.SpinCtrl(panelAction, -1,'')
ipbRange.SetRange(0, 255)
ipbRange.SetValue(0)

ipcRange = wx.SpinCtrl(panelAction, -1,'')
ipcRange.SetRange(0, 255)
ipcRange.SetValue(0)

ipdRange = wx.SpinCtrl(panelAction, -1,'')
ipdRange.SetRange(0, 255)
ipdRange.SetValue(1)

# 명확성을 위해서 이름표를 추가한다.

ipLabel = wx.StaticText(panelAction, label="IP Address: ")

# 다음으로, 탐색하기 바라는 포트 범위를 설정하는 기능을 사용자에게 제공하고자 한다.
# 최대 20~1025

portStart = wx.SpinCtrl(panelAction, -1,'')
portStart.SetRange(1, 1025)
portStart.SetValue(1)

portEnd = wx.SpinCtrl(panelAction, -1,'')
portEnd.SetRange(1, 1025)
portEnd.SetValue(5)

PortStartLabel = wx.StaticText(panelAction, label="Port Start: ")
PortEndLabel = wx.StaticText(panelAction, label="Port End: ")

# 이제 깔끔하게 다른 구성요소를 자동으로 정렬하는 BoxSizer를 만든다.
# 우선 수평 상자를 만든다.
# IP 범위 및 호스트 스핀 제어 버튼을 추가한다.

actionBox = wx.BoxSizer()

actionBox.Add(displayAll, proportion=0, flag=wx.LEFT|wx.CENTER, border=5)
actionBox.Add(scanButton, proportion=0, flag=wx.LEFT, border=5)
```

```
actionBox.Add(exitButton, proportion=0, flag=wx.LEFT, border=5)

actionBox.Add(ipLabel, proportion=0, flag=wx.LEFT|wx.CENTER,
border=5)

actionBox.Add(ipaRange, proportion=0, flag=wx.LEFT, border=5)
actionBox.Add(ipbRange, proportion=0, flag=wx.LEFT, border=5)
actionBox.Add(ipcRange, proportion=0, flag=wx.LEFT, border=5)
actionBox.Add(ipdRange, proportion=0, flag=wx.LEFT, border=5)

actionBox.Add(PortStartLabel, proportion=0, flag=wx.LEFT|wx.CENTER, border=5)
actionBox.Add(portStart, proportion=0, flag=wx.LEFT, border=5)

actionBox.Add(PortEndLabel, proportion=0, flag=wx.LEFT|wx.CENTER, border=5)
actionBox.Add(portEnd, proportion=0, flag=wx.LEFT, border=5)

# 다음으로 결과 텍스트 영역과 함께 수평 박스 내에
# 구성요소를 배치하는 수직 박스를 만든다.

vertBox = wx.BoxSizer(wx.VERTICAL)
vertBox.Add(actionBox,proportion=0,flag=wx.EXPAND|wx.ALL,border=5)
vertBox.Add(results, proportion=1, flag=wx.EXPAND | wx.LEFT | wx.
BOTTOM | wx.RIGHT, border=5)

# 메인 창에 메뉴와 상태표시 바를 추가한다.

mainWin.CreateStatusBar()

# 마지막으로 SetSizer 정의에 근거하여
# 창 크기를 자동으로 하기 위해 SetSizer 함수를 사용한다.

panelAction.SetSizer(vertBox)

# 메인 창을 표시한다.

mainWin.Show()

# 응용 프로그램 메인 루프(순환)를 입력
# 사용자 작업 대기 중

app.MainLoop
```

지금까지 코드를 검토했고, 그림 8.11과 8.12는 프로그램 실행을 보여준다. 두 그림의 유일한 차이는 표시 체크박스의 설정이다.

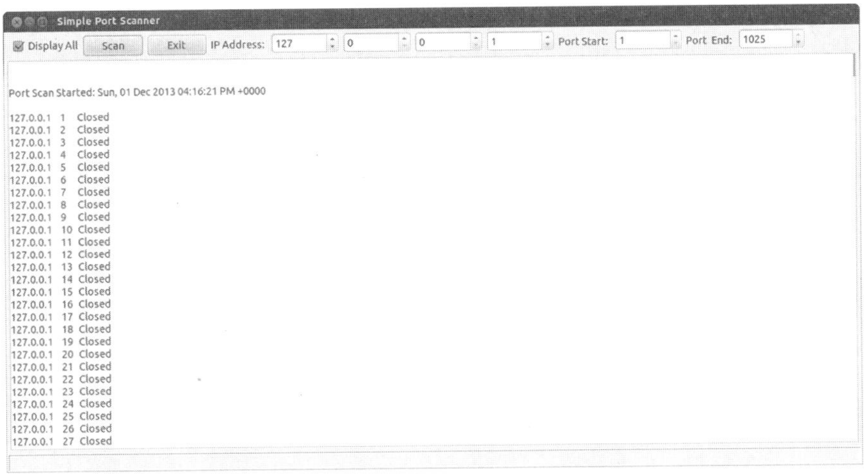

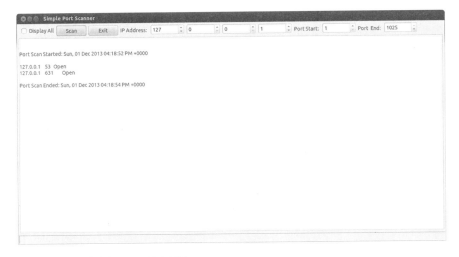

그림 8.11 모두 표시가 선택된 포트 스캐너 실행.

그림 8.12 표시 없음이 선택된 포트 스캐너 실행.

| 복습

이 장에서 네트워크의 디지털 수사에 대한 개념을 처음 소개했다. 또한 파이썬에서 기본 동기 방식 네트워크 소켓 작업을 수행하는데 필요한 기초를 다뤘다. 작성된 세 가지 프로 그램: (1) 서버 (2) 연결을 만드는 방법을 시연하는 클라이언트. 다음으로 핑 스윕의 개념과 네트워크 기반 조사를 위해서 가져올 수 있는 값을 논의했다. 그런 다음 기본 핑 스위퍼 응용 프로그램을 만들었다. 이 응용 프로그램에 사용된 두 가지 타사 모듈: wxPython과 ping.

py. wxPython은 핑 스윕 작업을 제어하는 간단한 GUI 응용 프로그램을 만들기 위해 사용되었다. 마지막으로 GUI를 사용하여 포트를 탐색하는 응용 프로그램을 개발했고 오로지 파이썬으로 응용 프로그램을 만들었다.

9장 "네트워크 포렌식 2부"에서, 운영체제 지문의 예제를 제공하고 호스트 및 포트 사용을 식별하는 수동 감시의 예제를 제공하며 포트 스캔 응용 프로그램을 확장할 것이다.

┃ 요약 질문

1. 핑 스윕을 수행할 때 얻을 수 있는 조사 장점은 무엇인가?

2. 포트 스캔을 수행할 때 얻을 수 있는 조사 장점은 무엇인가?

3. 파이썬 list로 스윕의 결과를 저장하도록 핑 스윕 응용 프로그램을 수정한다.

4. 탐색하는 옵션을 추가하고, 핑 스윕 응용 프로그램을 수정한다. 예를 들어,

   a. 탐색 프로그램이 종단점의 넓은 범위를 식별하기 위해서 미리 정의된 간격에서 자동으로 그리고 반복적으로 실행한다. 목록에서 식별된 IP들을 추적한다(이 작업에 대한 집합을 선택할 수 있을까, 파이썬 set는 왜 유익할까?).

   b. 며칠에 걸친 기간 동안 지정된 주소 범위 내에서 호스트를 무작위로 핑 하는 잠행 방식을 만든다.

5. 허용된 포트의 범위를 확장하기 위해 포트 스캔 응용 프로그램을 수정한다.

6. 핑과 호스트의 응답 없음을 무시하는 반응을 자동으로 다시 호스트에 실행되도록 하는 방식으로 포트 스캔 및 핑 스윕 응용 프로그램을 통합한다.

┃ 참고 문헌

Internet Corporation for Assigned Numbers and Names, http://www.icann.org/.

The Hunt for Red October, http://www.tomclancy.com/book_display.php?isbn13=9780425240335.

Python Ping Module, https://pypi.Python.org/pypi/ping.

wxPython GUI environment, www.wxPython.org.

네트워크 포렌식: 2부

| 소개

8장에서 알아본 바와 같이 파이썬은 네트워크 상호작용, 발견, 그리고 분석을 수행하기 위한 풍부한 표준 라이브러리 기능의 집합을 가지고 있다. 여러분이 근본적인 라이브러리 및 모듈에 익숙해지면 핑 스윕과 포트 스캔 응용 프로그램은 매우 간단하다. 하지만 대화형 탐색 및 조사는 몇 가지 중요한 제약 사항이 있다:

1. 효과적인 스윕 및 탐색을 위해서 대상(호스트, 라우터, 스위치, 프린터, 서버) 전원이 켜져 있어야 하고 그들과 상호 작용하기 위해 기능해야 한다.

2. 여러분이 작업하고 있는 환경은 탐색 활동의 "잡음" 유형에 관대해야 한다. 실제로 대부분의 침입 방지 시스템(IPS)은 활동에 대해 이 유형을 정밀하게 찾을 수 있지만, 공격으로 그들을 분류하고 무시하도록 구성되어 있지 않는 한, 그에 따라 반응할 것이다. 이것은 여러분이 생각하는 것 보다 더 달성하기 어렵고, 대부분 사이버 보안 종사자들은 그들의 IPS에 구성을 변경하는 경향이 없다.

3. 여러분이 예상하는 대로, 포트 스캔은 이러한 포트를 소유하는 서비스를 조사하기 위해 응답할 때만 효과적이다. 악의적인 서비스는 사이 좋지 않은 것으로 검색될 수 있고 초보자의 문의에 응답하지 않을 것이다.

4. 대부분의 악의적인 서비스는 취약점 평가 기술에 의해 검사 중일 때 조용히 동작할 수 있고 그들의 처리기와 통신할 때 사용자 데이터그램 프로토콜(UDP)를 이용한다.

5. 마지막으로 중요한 기반구조 환경의 운영은 많은 경우에, 조사 활동은 조작 및 충동 시스템을 방해할 수 있기 때문에 그 네트워크의 탐색 및 조사 활동을 허용할 것 같지 않다. 감시 제어 및 데이터 획득 환경에서 발생한 경우, 이러한 중단 또는 시스템 충돌은 수천의 고객 및 심각한 상황을 차단할 수 있다.

| 패킷 스니핑

네트워크(또는 패킷) 스니핑은 정상적으로 사용될 때 통찰력을 제공할 수 있는 또 다른 하나의 방법이다. 네트워크 스니핑을 잘 할 경우, 포트 탐색을 통해서 중요한 3가지 이점을 제공할 수 있다:

1. 스니퍼는 완전히 침묵하고 네트워크 운영에 충격이 없음을 보장하는 네트워크 상에 단일 패킷을 배치하지 않는다.

2. 스니퍼는 로컬 호스트, 서버, 네트워크 장비, 불량 장치가 이전에 들키지 않고 있었던 활동을 설명하는 시간, 일, 주, 달 또는 지속적으로 정보를 수집하는 것을 실행할 수 있는 감시자이다.

3. 마지막으로 스니퍼는 은밀하게 활동을 캡처할 수 있고 주기적으로 또는 간헐적으로 발생한다.

원시적인 형태로, 패킷 스니퍼(또한 네트워크 스니퍼로 언급됨)는 네트워크 인터페이스를 통해서 전송되는 데이터의 모든 패킷을 수집한다. 이러한 패킷을 수집하기 위해서, 여러분의 네트워크 인터페이스는 **Promiscuous Mode** 이어야 하며, 인터페이스는 모든 패킷에 대한 가시성을 가지고 있는 포트에 연결되어 있어야 한다. 예를 들어, 특정한 서브넷에 이해관계가 있다면, 서브넷에 스위치 또는 허브로 스니퍼를 연결한다. 그림 9.1과 9.2에서 볼 수 있듯이, 가장 최신의 스위치는 오늘날 스위치 포트 분석기(SPAN) 또는 원격 스위치 포트 분석기를 통해서 포트 이중화(mirriong)를 지원한다. 이러한 포트는 일반적으로 네트워크 부하를 감지할 수 있는 IPS, 네트워크 감시 장비 또는 성능 측정 장치에 연결된다.

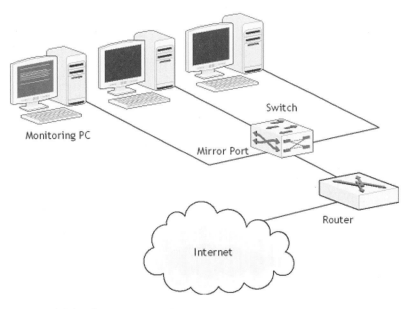

그림 9.1 SPAN 포트 다이어그램.

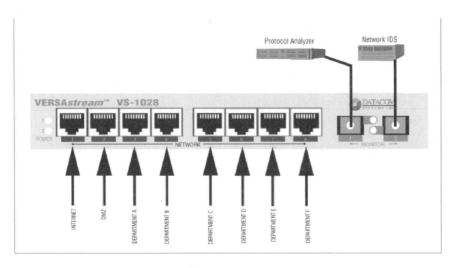

그림 9.2 SPAN 포트 연결.

SPAN 포트는 가장 일반적으로 시스코(Cisco: 원래 포트 이중화라고 언급했다)에 결과로 본다. 현대의 스위치는 보안 기기의 다양성과 함께 네트워크 감시 및 인터페이스를 위해 공통 인터페이스로 사용되는 특정 네트워크 포트를 반영하도록 구성될 수 있다.

| 파이썬에서 원시 소켓

파이썬에서 패킷 스니핑을 수행하기 위해서는 다음과 같이 필요하다:

1. 여러분은 무차별 모드에서 동작하는 기능을 가진 네트워크 인터페이스 카드(NIC)를 사용해야 한다.

2. 가장 최신의 운영체제 — 즉 윈도우, 리눅스, 맥 OS X는 관리자 권한을 가지고 있어야 한다.

3. 여러분이 1+2를 달성하면 원시 소켓을 만들 수 있다.

무차별 모드 또는 모니터 모드는 무엇인가?

가능한 NIC가 무차별 모드로 배치될 때, 이것은 NIC가 가로챌 수 있고 전체의 각 도착하는 네트워크 패킷을 읽는다. NIC가 무차별 모드에 있지 않으면, 이것은 오로지 NIC에 구체적으로 제출된 패킷을 받을 것이다. 무차별 모드는 NIC에 의해 그리고 운영체제 및 다른 연관된 드라이버에 의해 지원되어야 한다. 모든 NIC는 무차별 모드를 지원하지 않는다, 하지만 여러분이 무차별 모드가 가능한 NIC 및 OS가 있는 경우, 결정하는 것은 매우 쉽다.

» 우분투 12.04 LTS 무차별 모드 설정 예제

리눅스에서 여러분은 **ifconfig** 명령을 사용하여 무차별 모드로 여러분의 NIC를 배치할 수 있다(주의, 관리 권한이 필요하다).

무차별 모드를 허용하는 명령:

chet@PythonForensics:$ **sudo ifconfig eth0 promisc**

결과를 확인:

(UP BROADCAST RUNNING PROMISC MULTICAST 메시지를 확인할 수 있다.)

chet@PythonForensics:$ **sudo ifconfig**

```
eth0 Link encap:Ethernet HWaddr 00:1e:8c:b7:6d:64
inet addr:192.168.0.25 Bcast:192.168.0.255 Mask:255.255.255.0
        inet6 addr: fe80::21e:8cff:feb7:6d64/64 Scope:Link
        UP BROADCAST RUNNING PROMISC MULTICAST MTU:1500 Metric:1
        RX packets:43284 errors:0 dropped:0 overruns:0 frame:0
        TX packets:11338 errors:0 dropped:0 overruns:0 carrier:0
        collisions:0 txqueuelen:1000
        RX bytes:17659022 (17.6 MB) TX bytes:1824060 (1.8 MB)
```

다음으로 무차별 모드를 해제하고 결과를 확인: 여러분은 현재 상태 메시지를 확인할 수 있다: PROMISC 없이 UP BROADCAST RUNNING MULTICAST

chet@PythonForensics:~$ **sudo ifconfig eth0 -promisc**

chet@PythonForensics:~$ sudo ifconfig eth0

```
eth0 Link encap:Ethernet HWaddr 00:1e:8c:b7:6d:64
```

```
inet addr:192.168.0.25 Bcast:192.168.0.255 Mask:255.255.255.0
        inet6 addr: fe80::21e:8cff:feb7:6d64/64 Scope:Link
        UP BROADCAST RUNNING MULTICAST MTU:1500 Metric:1
        RX packets:43381 errors:0 dropped:0 overruns:0 frame:0
        TX packets:11350 errors:0 dropped:0 overruns:0 carrier:0
        collisions:0 txqueuelen:1000
        RX bytes:17668285 (17.6 MB) TX bytes:1827000 (1.8 MB)
```

무차별 모드가 되는 것이 가능한 NIC를 가진 것으로 판단되면, 여러분은 파이썬에서 원시 소켓과 함께 작업할 준비가 된 것이다.

리눅스에서 파이썬으로 원시 소켓

특별 참고 사항: 이 장의 나머지 부분에서 리눅스 환경을 사용하는 것이다. 원시 소켓을 처리하기 위한 코드는 운영체제 사이에 차이가 있기 때문에 원시 소켓으로 접속하는 코드는 윈도우를 지원하도록 수정되어야 한다.

파이썬으로 매우 간단한 원시 소켓을 만드는 것은 다음과 같은 스크립트를 보여준다. 스크립트는 다음을 수행한다:

(1) NIC에서 무차별 모드 사용

(2) 원시 소켓을 작성한다

(3) NIC에 의해 전달하는 다음의 TCP 패킷을 수집한다

(4) 패킷의 내용을 출력한다

(5) NIC에서 무차별 모드를 사용 안 함

(6) 원시 소켓을 닫는다

```
# 참고: 스크립트는 관리자 권한으로 실행해야 한다.

# socket 및 os 라이브러리를 가져온다.
import socket
import os

# 무차별 모드에서 어댑터를 배치하기 위해 명령을 실행한다.
ret=os.system("ifconfig eth0 promisc")

# 명령이 성공적으로 계속된 경우
if ret == 0:
```

```
# 리눅스에서 원시 소켓을 만든다.
# AF_INET는 IPv4 패킷을 지정한다.
# SOCK_RAW는 네트워크 계층에서 원시 프로토콜을 지정한다.
# IPPROTO_TCP은 수집할 프로토콜을 지정한다.

mySocket=socket.socket(socket.AF_INET, socket.SOCK_RAW,
socket.IPPROTO_TCP)

# 최대 255바이트의 다음 패킷을 수신한다.
# 참고로 이것은 동기 방식 호출이고
# 패킷이 수신될 때까지 기다릴 것이다.

recvBuffer, addr=mySocket.recvfrom(255)

# 버퍼의 내용을 출력한다.

print recvBuffer
ret=os.system("ifconfig eth0 -promisc)"
else:
    # 시스템 명령이 실패한 경우 메시지를 출력한다.
    print'Promiscious Mode not Set'
```

스크립트는 그림 9.3에서 볼 수 있듯이 출력을 작성할 것이다. 여러분이 확인한 바와 같이 패킷 내용의 출력은 매우 수수께끼 같은 것으로 보인다.

버퍼 분석하기

여러분이 버퍼에서 관련 정보를 구문 분석해야 하기 때문에, 이와 같이 버퍼에서 정보를 추출하는 것은 꽤 지루하게 보일 수 있다. 구조화 정의로 버퍼링된 데이터를 다루기 위해서 파이썬 함수의 unpack() 함수를 제공한다. 많은 예제와 분석 응용 프로그램은 잘 알려진 다양한 데이터 구조를 구문 분석하는 웹에서 사용할 수 있지만, 기능을 조작하는 방법에 대한 설명은 일반적으로 독자의 상상에 맡기고 있으며 적어도 더 많은 연구가 필요하다.

그림의 경우, 여러분은 IPv4 헤더에서 정보를 추출하기 위해 이와 같이 웹에서 예제를 찾을 수 있다.

```
ipHeader=packet[0:20]
buffer=unpack('!BBHHHBBH4 s4 s', ipHeader)
```

271

`E\000\0004  ÿ@\000@ACK2Å \000\000SOH \000\000SOHAPCSÇP%CST2ÈnµRIjPADDLESOH\000\000þ(\000\000SOHSOHBS`
`\000[&ó\000[&é`

그림 9.3 원시 TCP/IP 패킷 내용.

이 책의 모든 장과 마찬가지로, 필자는 여러분이 가까이에 있는 과제뿐만 아니라 미래에 다른 문제를 적용할 수 있도록 기능 조작 방법을 깊게 이해하는지를 확인하려 한다. unpack() 함수는 두 개의 매개 변수로 첫 번째는 버퍼에 유지된 데이터의 형식을 정의하는 문자열이고 두 번째는 구문 분석이 필요한 버퍼를 사용한다. 이 함수는 목록 등을 처리할 수 있는 튜플을 반환한다.

이것을 알아내기 위해서, 여러분은 우선 그림 9.4에서와 같이 IPv4 패킷 헤더의 구조를 연구해야 하고 "!BBHHHBBH4 s4 s." 형식 문자열과 함께 비교해야 한다.

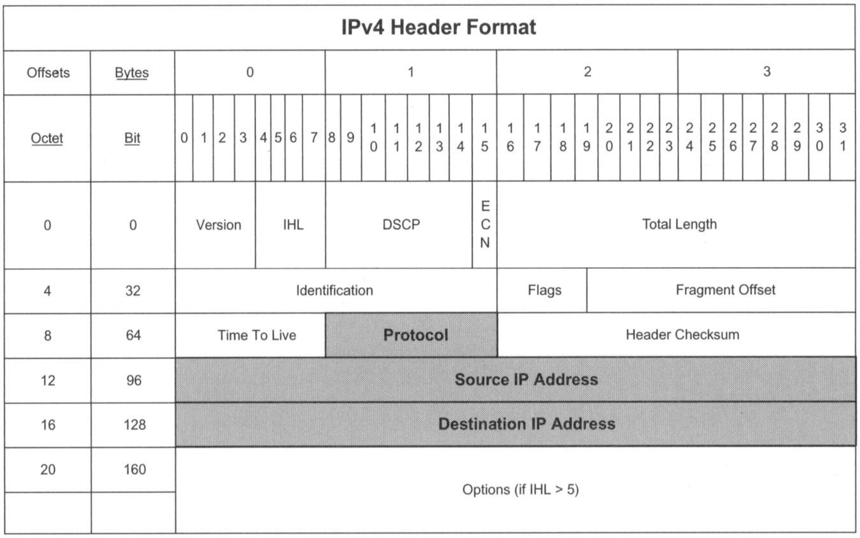

IPv4 Header Format

Offsets	Bytes	0										1							2								3				
Octet	Bit	0	1	2	3	4	5	6	7	8	9	10	11	12	13	14	15	16	17	18	19	20	21	22	23	24	25	26	27	28	29	30	31
0	0	Version				IHL				DSCP						ECN		Total Length															
4	32	Identification																Flags			Fragment Offset												
8	64	Time To Live								Protocol								Header Checksum															
12	96	Source IP Address																															
16	128	Destination IP Address																															
20	160	Options (if IHL > 5)																															

그림 9.4 전형적인 IPv4 패킷 헤더.

형식 문자열의 각각의 문자는 unpack() 함수의 처리를 제어하는 구체적인 의미를 가진다. 형식 문자열이 틀린 경우, 쓰레기를 되찾을 것이고, 두 번째 변수로 전달하는 버퍼가 지정한 정확한 형식을 준수하지 않을 경우, 결과가 잘못될 것이다.

형식 문자열 "!BBHHHBBH4 s4 s."에서 각각의 문자의 의미를 살펴보자.

참고: 다른 형식 설계의 설명서가 존재하고 표준 라이브러리 설명서[UNPACK] 내에서 문서로 기록된다:

형식	파이썬 타입	바이트
!	빅 엔디안(Big Endian)	
B	Integer	1
H	Integer	2
s	String	n

형식 문자에서 첫 문자는 빅 엔디안(big endian; 입력 값의 가장 큰 바이트가 메모리의 맨 앞자리) 형식으로 네트워크 패킷에 대하여 데이터의 바이트 순서를 나타낸다. 이것은 형식 명세서에서 첫 번째 문자인 느낌표로 표시된다. 여러분은 또한 엔디안을 의미하는 "〉" 또는 보다 큰 기호를 사용할 수 있다. 실제로 이것은 즉시 네트워크 패킷에 관한 형식 문자열을 식별하기 때문에 느낌표를 사용하는 것이 좋다.

아래 표는 IPv4 헤더와 관련된 각각의 형식 문자에 대한 매핑을 제공한다.

```
"!BBHHHBBH4 s4 s"
```

형식	크기(Bytes)	IPv4 매핑	정의
B	1	Version 및 IHL	4-비트 버전 필드 (IPv4에 대해 4일 것이다) 헤더에 포함된 32비트 워드의 개수를 나타내는 4- 비트의 인터넷 헤더 길이
B	1	DSCP 및 ECN	7-비트 차별화된 서비스 코드 포인트 1-비트의 혼잡 알림
H	2	Total length	16비트 전체 패킷 크기를 정의
H	2	Identification	16비트 IP의 그룹에 대한 식별자
H	2	Flags 및 fragment offset	3-비트 단편화 플래그 13-비트 조각 오프셋 값
B	1	Time to live (TTL)	패킷 순환 방지를 위한 8-비트 유효기간(TTL)
B	1	Protocol	패킷의 데이터 부분에 사용된 프로토콜을 식별하는 8-비트 값
H	2	Header Checksum value	오류 검출을 위한 16-비트 체크섬 값
4 s	4	Source IP address	4-바이트 소스 IP 주소
4 s	4	Destination IP address	4-바이트 목적지 IP 주소

이제 형식 문자열 및 기본 unpack() 함수의 의미를 이해했다. 다음 코드는 IPv4 헤더를 압축 해제하고 처리를 위한 변수에 각 필드를 추출한다. 또한 여기에 내장된 소켓 메소드를

사용하여 사람이 읽을 수 있는 형태로 소스 및 목적지 IP 주소를 변환하는 코드를 포함했다.

```
# IPv4 패킷을 압축 해제한다.

# 버퍼에 있는 패킷 변수는 그림 9.3에서 보여준

# socket.recvfrom() 메소드로부터 반환된다.

ipHeaderTuple=unpack('!BBHHHBBH4s4s', packet)

# 필드 내용

verLen       =ipHeaderTuple[0]   # Field 0: 버전 및 길이
dscpECN      =ipHeaderTuple[1]   # Field 1: 서비스 코드 포인트(DSCP) 및 혼잡 알림(ECN)
packetLength =ipHeaderTuple[2]   # Field 2: 패킷 길이
packetID     =ipHeaderTuple[3]   # Field 3: 신원 확인
flagFrag     =ipHeaderTuple[4]   # Field 4: 플래그(Flags)/조각 오프셋(Frag Offset)
timeToLive   =ipHeaderTuple[5]   # Field 5: 유효 기간(TTL)
protocol     =ipHeaderTuple[6]   # Field 6: 프로토콜 번호
checkSum     =ipHeaderTuple[7]   # Field 7: 헤더 체크섬
sourceIP     =ipHeaderTuple[8]   # Field 8: 소스 IP
destIP       =ipHeaderTuple[9]   # Field 9: 목적지 IP

# 표준 점으로 sourceIP 및 destIP 변환
# 예를 들어 '192.168.0.5'에 적합한 쿼드 문자열 표현

sourceAddress=socket.inet_ntoa(sourceIP);
destAddress =socket.inet_ntoa(destIP);

# 패킷의 데이터 부분에 대한 오프셋을 여러분에게 제공할
# 버전 및 헤더 크기를 추출한다.

version     =verLen >>4          # 상위 4비트 버전을 얻는다.
length      =verLen & 0x0F       # 하위 4비트 헤더 길이를 얻는다.
ipHdrLength =length * 4          # hdr 바이트 크기를 계산한다.
fragOffset  =flagFrag & 0x1FFF   # 하위 13비트를 얻는다.
fragment    =fragOffset * 8      # 조각의 시작을 계산한다.
```

다음으로, 여러분은 이 경우에 TCP 헤더인 패킷의 데이터 부분에서 필드를 추출하는 동일한 처리 과정을 사용한다. 여러분은 프로토콜 분야를 검사하여 패킷에 대해 데이터 부분의 유형을 판단할 수 있다. 그림 9.5는 unpack() 함수와 함께 전형적인 TCP 헤더 및 형식 문자열 "!HHLLBBHHH"을 묘사하고, 이것은 TCP 헤더의 개별 필드를 추출하기 위해 사용될 수 있다.

TCP Header																																		
Offset	Bytes	0															1									2							3		
Octet	BITS	0	1	2	3	4	5	6	7	8	9	10	11	12	13	14	15	16	17	18	19	20	21	22	23	24	25	26	27	28	29	30	31		
0	0	Source port															Destination port																		
4	32	Sequence number																																	
8	64	Acknowledgment number (if ACK set)																																	
12	96	Data offset				Reserved 0 0 0			N S	C W R	E C E	U R G	A C K	P S H	R S T	S Y N	F I N	Window Size																		
16	128	Checksum																Urgent pointer (if URG set)																		
20 ...	160 ...	Options (if data offset > 5. Padded at the end with "0" bytes if necessary.) ...																																	

그림 9.5 전형적인 TCP 패킷 헤더.

```
# IPv4 헤더 압축 풀기의 결과를 사용하여
# 원본 패킷으로부터 TCP 헤더를 분해할 수 있다.

# 참고로 ipHdrLength는 버퍼의 선두로부터의 오프셋이다.
# TCP 패킷의 표준 길이는 20바이트 이다.
# 우리의 목적을 위해 20바이트는
# 여러분이 찾을 수 있는 관련 정보를 포함한다.

stripTCPHeader=packet[ipHdrLength:ipHdrLength+20]

# unpack은 튜플을 반환한다.
# 이해를 돕기 위해 unpack() 함수를 사용하는 각각의 개별 값을 추출할 것이다.

tcpHeaderBuffer=unpack('!HHLLBBHHH', stripTCPHeader)

sourcePort              =tcpHeaderBuffer[0]
destinationPort         =tcpHeaderBuffer[1]
sequenceNumber          =tcpHeaderBuffer[2]
acknowledgement         =tcpHeaderBuffer[3]
dataOffsetandReserve    =tcpHeaderBuffer[4]
tcpHeaderLength         =(dataOffsetandReserve >>4) * 4
flags                   =tcpHeaderBuffer[5]
FIN                     =flags & 0x01
SYN                     =(flags >>1) & 0x01
RST                     =(flags >>2) & 0x01
PSH                     =(flags >>3) & 0x01
ACK                     =(flags >>4) & 0x01
URG                     =(flags >>5) & 0x01
ECE                     =(flags >>6) & 0x01
```

```
CWR                          =(flags >>7) & 0x01
windowSize                   =tcpHeaderBuffer[6]
tcpChecksum                  =tcpHeaderBuffer[7]
urgentPointer                =tcpHeaderBuffer[8]
```

이제 아래 기초를 가지고 살펴보자:

1. 무차별 모드로 NIC를 배치하는 방법

2. 리눅스에서 원시 소켓을 만드는 방법

3. 개별 필드를 획득하기 위해 패킷을 압축 해제하는 방법

여러분은 네트워크 패킷을 수집할 수 있는 응용 프로그램을 구축할 준비가 되어있으며, 트래픽을 추적 관찰할 수 있는 정보를 추출한다.

ㅣ파이썬 자동 네트워크 매핑 도구(PSNMT)

이제 네트워크 패킷 스니핑을 위한 기초를 가지고, 데이터를 구문 분석하고 필요한 정보를 추출해야 한다. 이러한 예제를 위해서, 패킷을 수집하고 결과를 단순히 인쇄하는 것보다는 오히려 다음과 같은 목표를 달성하고자 한다:

(1) 여러분이 감시하는 네트워크 상에서 활동화된 IP 주소를 수집한다(주기적으로 또는 간헐적으로 켜지는 네트워크 장치를 수집하기 위해 장기간 동안 배치한 상태로 감시할 계획이다).

(2) 나의 로컬 네트워크와 상호작용하는 원격 컴퓨터의 IP 주소를 수집한다. 이들은 웹, 메일, 또는 클라우드 서비스에 과잉될 수 있다.

(3) 로컬 및/또는 원격 컴퓨터에 의해 사용된 서비스 포트를 수집한다. 특히 "잘 정의된 포트: 0~1023" 또는 "등록된 포트: 1024~49151"에 이해 관계가 있다.

(4) 다음으로는 유일한 고유 항목을 알리고자 한다. 즉, 로컬 호스트 192.168.0.5가 발견되고 호스트 포트 80을 사용하는 것으로 밝혀지는 경우, 이것이 발견되지 않을 때마다 한 번씩 고유한 항목을 확인하고자 한다.

(5) 마지막으로, 프로그램의 범위를 제한하기 위해 IPvR 환경 내에서 TCP 또는 UDP 패킷만을 수집하고자 한다. 프로그램은 미래에 다른 프로토콜 및 IPv6를 쉽게 처리하도록 확장할 수 있다.

정해진 요구사항을 초월하여 충족시키려면 헤더로부터 다음 필드들을 추출해야 한다:

(1) 프로토콜

(2) 소스 IP 주소

(3) 목적지 IP 주소

(4) 소스 포트

(5) 목적지 포트

프로토콜 필드와 함께 소스 및 목적지 IP주소를 검사하는 그림 9.4와 9.5는 IPv4 헤더에 존재하는 반면, 소스 및 목적지 포트는 TCP 헤더에 있다. 이는 필요한 정보를 얻기 위해 두 개의 헤더를 구문 분석해야 한다는 것을 의미한다. 또한 UDP 패킷 추출을 처리하는데 사용하는 UDP 헤더를 묘사한 그림 9.6을 포함했다.

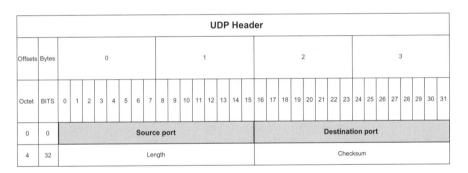

그림 9.6 전형적인 UDP 패킷 헤더.

이들은 높은 수준의 요구사항과 함께 고려되어야 할 필요가 있는 몇 가지 기술적 문제가 있다.

(1) 수집된 정보를 저장하기 위해 사용해야 하는 데이터 요소의 유형은 무엇인가?

　　a. 패킷에서 수집된 데이터를 보관하고 수신된 각 패킷에 적합한 목록의 데이터를 추가하기 위한 간단한 목록을 사용할 예정이다.

```
ipObservations=[]
```

(2) socket.recvfrom()는 동기 방식이다. 이때, 수집을 중지할 때 신호 방법과 수집 활동의 시간을 제한할 방법은 무엇인가?

a. 파이썬 표준 라이브러리 **신호**(signal) 모듈을 사용하고 수집 루프에 이것을 통합할 예정이다. 만료될 시간이 지정되었을 때 처리기에 의해 발생될 것을 첫 번째 myTimeout 클래스를 작성하여 설정한다. 그런 다음 수신 패킷 루프의 try/except 처리기에 myTimeout 예외 처리기를 통합한다.

```
class myTimeout(Exception):
    pass

def handler(signum, frame):
    print'timeout received', signum
    raise myTimeout()

# 처리기 신호를 설정한다.
signal.signal(signal.SIGALRM, handler)

# n 초로 만료되는 신호를 설정한다.
signal.alarm(n)
...
...
try:

    while True:
        recvBuffer, addr=mySocket.recvfrom(65535)

        src,dst=decoder.PacketExtractor(recvBuffer,\ False)
        sourceIPObservations.append(src)
        destinationIPObservations.append(dst)

except myTimeout:
  pass
```

(3) 유일하고 고유한 항목을 어떻게 만들 것인가?

a. 위의 코드는 결과가 정렬되지 않는 목록으로 소스 IP/포트 및 목적지 IP/포트의 모든 쌍을 기록하고, 중복된 항목을 포함할 것이다. 이러한 문제를 해결하기 위해서, 수집이 완료되면 여기에 도와줄 수 있는 파이썬 데이터 형식의 작은 지식을 사용할 것이다. 수집이 완료되면(전체 시간 프레임에 대해) 먼저 합으로 항목을 변환하고, 즉시 중복이 축소된다(집합의 근본적인 속성이다). 그런 다음 목록에 다시 집합을 변환하면 목록을 정렬할 수 있다.

```
uniqueSrc=set(map(tuple, ipObservations))
finalList= list(uniqueSrc)
finalList.sort()
```

(4) 결과를 어떻게 출력해야 하는가?

    a. 실행 가능한 목록을 제공하기 위해서, 프로그램은 워크쉬트에 추가 처리 또는 조사될 수 있는 쉼표로 구분된 값(CSV) 파일을 생성할 것이다.

| PSNMT 소스 코드

소스 코드는 다음 다섯 개의 소스 파일로 분할된다. 각 파일은 프로그램의 모든 측면을 설명하는 자세한 주석을 포함한다. 그림 9.7은 이 응용 프로그램에 대한 WingIDE 환경을 묘사한다.

소스	목적
psnmt.py	메인 프로그램 설정 및 순환
decoder.py	원시 패킷에 대한 해석
_commandparser.py	사용자 명령줄에 대한 구문 분석
_csvHandler.py	CSV 파일 출력을 만들고 기록하기 위한 처리기
_classLogging.py	포렌식 로깅 처리를 위한 클래스

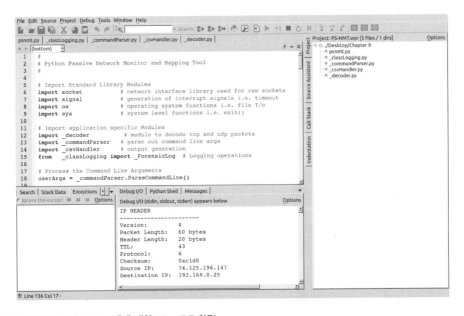

그림 9.7 PSNMT 응용 프로그램에 대한 WingIDE 환경.

psnmt.py 소스 코드

```
#
# 파이썬 수동 네트워크 감시 및 매핑 도구
#

# 표준 라이브러리 모듈 가져오기
import socket          # 원시 소켓을 위해 사용된 네트워크 인터페이스 라이브러리
import signal          # 인터럽트 신호의 생성. 즉, 시간 제한
import os              # 운영 체제 기능. 즉, 파일 입/출력
import sys             # 시스템 수준 기능. 즉, exit()

# 응용 프로그램 특정 모듈 가져오기
import decoder                    # TCP 및 UDP 패킷을 해독하는 모듈
import _commandParser             # 명령줄 인수 구문 분석
import _csvHandler                # 출력 생성
from _classLogging import _ForensicLog # 로깅 작업

# 명령줄 인수를 처리한다.
userArgs=_commandParser.ParseCommandLine()

# 로그 객체를 만든다.
logPath=os.path.join(userArgs.outPath,"ForensicLog.txt")
oLog=_ForensicLog(logPath)

oLog.writeLog("INFO", "PS-NMT Started")

csvPath=os.path.join(userArgs.outPath,"ps-nmtResults.csv")
oCSV=_csvHandler._CSVWriter(csvPath)

# 수집하는 프로토콜을 설정한다.

if userArgs.TCP:
    PROTOCOL=socket.IPPROTO_TCP
elif userArgs.UDP:
    PROTOCOL=socket.IPPROTO_UDP
else:
    print'Capture protocol not selected'
    sys.exit()

# 출력이 장황한지 아닌지 설정한다.

if userArgs.verbose:
    VERBOSE=True
else:
    VERBOSE=False

# 수집 지속 시간을 계산한다.
```

```python
captureDuration=userArgs.minutes * 60

# 수집 지속 시간을 처리하는 시간제한(timeout) 클래스를 만든다.

class myTimeout(Exception):
    pass

# 수집 지속 시간에 도달되었을 때
# 시간제한 이벤트를 발생하는 신호 처리기를 만든다.

def handler(signum, frame):
    print'timeout received', signum
    raise myTimeout()

# NIC에 무차별 모드 사용

ret=os.system("ifconfig eth0 promisc")

if ret == 0:

    oLog.writeLog("INFO",'Promiscious Mode Enabled')
    # INET, 원시 소켓을 만든다.
    # AF_INET에서 IPv4를 지정
    # SOCK_RAW은 네트워크 계층에서 원시 프로토콜을 지정한다.
    # IPPROTO_TCP 또는 UDP는 수집하기 위한 프로토콜을 지정한다.
    try:
        mySocket=socket.socket(socket.AF_INET, socket.SOCK_RAW, PROTOCOL)
        oLog.writeLog("INFO",'Raw Socket Open')
    except:
        # 소켓 열기를 실패한 경우
        oLog.writeLog("ERROR",'Raw Socket Open Failed')
        del oLog
        if VERBOSE:
            print'Error Opening Raw Socket'
        sys.exit()

    # 사용자에 의해 지정된 지속 시간에 신호 처리기를 설정

    signal.signal(signal.SIGALRM, handler)
    signal.alarm(captureDuration)

    # 패킷 수집에서 결과를 보관하기 위한 목록을 만든다.
    # 오로지 프로토콜 소스 IP, 소스 포트, 목적지 IP, 목적지 포트에 이해 관계가 있다.

    ipObservations=[]

    # 지속 시간까지 패킷 수신을 시작하는 것은 내부에 수신되는 반면
    # 루프는 시간 초과까지 실행할 것이다.
```

```
    try:

        while True:
            # 수신을 시도한다(이 호출은 기다릴 것이다).
            recvBuffer, addr=mySocket.recvfrom(255)

            # 수신된 패킷을 해석한다.
            content=decoder.PacketExtractor(recvBuffer, VERBOSE)

            # 출력 목록에 결과를 추가한다.
            ipObservations.append(content)

            # 포렌식 로그 파일에 자세한 정보를 기록한다.
            oLog.writeLog('INFO', \
                          'RECV:'+content[0]+\
                          'SRC :'+content[1]+\
                          'DST :'+content[3])

    except myTimeout:
        pass

# 시간이 만료되면 무차별 모드를 비활성화
ret=os.system("ifconfig eth0 -promisc")
oLog.writeLog("INFO",'Promiscious Mode Diabled')

# 원시 소켓을 닫는다.
mySocket.close()
oLog.writeLog("INFO",'Raw Socket Closed')

# 고유한 정렬된 목록을 만든다.

uniqueSrc=set(map(tuple, ipObservations))
finalList=list(uniqueSrc)
finalList.sort()

# csv 파일에 각각 고유한 정렬된 패킷을 기록한다.
for packet in finalList:
    oCSV.writeCSVRow(packet)

oLog.writeLog('INFO','Program End')

# 로그 및 CSV 객체를 닫는다.
del oLog
del oCSV

else:
    print'Promiscious Mode not Set'
```

decoder.py 소스 코드

```python
# 패킷 추출자 / 복호화 모듈
#

import socket, sys
from struct import *

# 상수
PROTOCOL_TCP=6
PROTOCOL_UDP=17

# 패킷 추출자
#
# 목표: IP, TCP 및 UDP 헤더에서 필드를 추출한다.
#
# 입력: 패킷: socket.recvfrom() 메소드에서 버퍼
#           displaySwitch: True는 자세한 정보 표시, False은 생략한다.
# 출력: 프로토콜, srcIP, srcPort, dstIP, dstPort를 포함하는
#                  결과 목록
#
def PacketExtractor(packet, displaySwitch):

    # IP 헤더에서 처음 20문자를 떼어낸다.
    stripPacket=packet[0:20]

    # 지금 그들을 압축 해제 한다.
    ipHeaderTuple=unpack('!BBHHHBBH4s4s', stripPacket)

    # unpack은 튜플을 반환하고,
    # 이용하기 위해서 각 개별 값을 추출할 것이다.
                                        # 필드 내용
    verLen       =ipHeaderTuple[0]      # Field 0: 버전 및 길이
    dscpECN      =ipHeaderTuple[1]      # Field 1: 서비스 코드 포인트 (DSCP) 및 혼잡
                                        알림 (ECN)
    packetLength =ipHeaderTuple[2]      # Field 2: 패킷 길이
    packetID     =ipHeaderTuple[3]      # Field 3: 신원 확인
    flagFrag     =ipHeaderTuple[4]      # Field 4: 플래그(Flags) / 조각 오프셋(Frag
                                        Offset)
    timeToLive   =ipHeaderTuple[5]      # Field 5: 유효 기간 (TTL)
    protocol     =ipHeaderTuple[6]      # Field 6: 프로토콜 번호
    checkSum     =ipHeaderTuple[7]      # Field 7: 헤더 체크섬
    sourceIP     =ipHeaderTuple[8]      # Field 8: 소스 IP
    destIP       =ipHeaderTuple[9]      # Field 9: 목적지 IP

    # 추출된 값을 계산/변환

    version      =verLen >>4            # 상위 4비트는 버전 번호이다.
```

```
length          =verLen & 0x0F          # 하위 4비트는 크기를 표시한다.
ipHdrLength     =length * 4             # 바이트로 헤더 길이를 계산한다.

# 전형적인 점 표기법 문자열에 소스 및 목적지 주소를 변환한다.

sourceAddress=socket.inet_ntoa(sourceIP);
destinationAddress=socket.inet_ntoa(destIP);

if displaySwitch:
    print'============================'
    print'IP HEADER'
    print'_____'
    print'Version:'          +str(version)
    print'Packet Length:'    +str(packetLength)+'bytes'
    print'Header Length:'    +str(ipHdrLength) +'bytes'
    print'TTL:'              +str(timeToLive)
    print'Protocol:'         +str(protocol)
    print'Checksum:'         +hex(checkSum)
    print'Source IP:'        +str(sourceAddress)
    print'Destination IP:'+str(destinationAddress)

    # _____

if protocol == PROTOCOL_TCP:

    stripTCPHeader=packet[ipHdrLength:ipHdrLength +20]

    # unpack은 튜플을 반환하고, 이용하기 위해서
    # unpack() 함수를 사용하여 각 개별 값을 추출할 것이다.

    tcpHeaderBuffer=unpack('!HHLLBBHHH', stripTCPHeader)

    sourcePort               =tcpHeaderBuffer[0]
    destinationPort          =tcpHeaderBuffer[1]
    sequenceNumber           =tcpHeaderBuffer[2]
    acknowledgement          =tcpHeaderBuffer[3]
    dataOffsetandReserve     =tcpHeaderBuffer[4]
    tcpHeaderLength          =(dataOffsetandReserve >>4) * 4
    tcpChecksum              =tcpHeaderBuffer[7]

    if displaySwitch:
        print
        print'TCP Header'
        print'_____'

        print'Source Port:        '+str(sourcePort)
        print'Destination Port :  '+str(destinationPort)
        print'Sequence Number :   '+str(sequenceNumber)
        print'Acknowledgement :   '+str(acknowledgement)
```

```
            print'TCP Header Length:  '+str(tcpHeaderLength)+
                                'bytes'
            print'TCP Checksum:'+hex(tcpChecksum)
            print

        return(['TCP', sourceAddress, sourcePort, destinationAddress,
        destinationPort])

    elif protocol == PROTOCOL_UDP:

        stripUDPHeader=packet[ipHdrLength:ipHdrLength+8]

        # unpack은 튜플을 반환하고, 이용하기 위해서
        # unpack() 함수를 사용하여 각 개별 값을 추출할 것이다.

        udpHeaderBuffer=unpack('!HHHH', stripUDPHeader)

        sourcePort          =udpHeaderBuffer[0]
        destinationPort     =udpHeaderBuffer[1]
        udpLength           =udpHeaderBuffer[2]
        udpChecksum         =udpHeaderBuffer[3]

        if displaySwitch:
            print
            print'UDP Header'
            print'_____'

            print'Source Port:        '+str(sourcePort)
            print'Destination Port :  '+str(destinationPort)
            print'UDP Length:         '+str(udpLength)+'bytes'
            print'UDP Checksum:       '+hex(udpChecksum)
            print

        return(['UDP', sourceAddress, sourcePort, destinationAddress,
        destinationPort])

    else:
        # 확장 프로토콜 지원

        if displaySwitch:
            print'Found Protocol :'+str(protocol)

        return(['Unsupported',sourceAddress,0, \ destinationAddress,0])
```

commandParser.py

```python
#
# PSNMT 인수 구문 분석
#

import argparse    # 파이썬 표준 라이브러리 – 명령줄 옵션, 인수에 대한 구문 분석
import os          # 표준 라이브러리 os 기능

# 이름: ParseCommand() 함수
#
# 설명: 처리 과정 및 유효성 검사 명령줄 인수는
#        파이썬 표준 라이브러리 모듈 argparse를 사용한다.
#
# 입력: 없음
#
# 행위:
#        명령줄을 처리하기 위해서 표준 라이브러리 argparse를 사용한다.
#
def ParseCommandLine():

    parser=argparse.ArgumentParser('PS-NMT')

    parser.add_argument('-v', '--verbose', help="Display packet
    details", action='store_true')

    # 선택사항이 상호 배타적이고 필요한 그룹을 설정한다.
    group=parser.add_mutually_exclusive_group(required=True)
    group.add_argument('--TCP',  help='TCP   Packet   Capture',
    action='store_true')
    group.add_argument('--UDP',  help='UDP   Packet   Capture',
    action='store_true')
    parser.add_argument('-m','--minutes', help='Capture Duration in minutes',
    type=int)
    parser.add_argument('-p', '--outPath', type=ValidateDirectory,
    required=True, help="Output Directory")

    theArgs=parser.parse_args()

    return theArgs

# 명령줄 구문 분석의 끝 ===========================

def ValidateDirectory(theDir):

    # 경로가 디렉토리인지 유효성 검사
    if not os.path.isdir(theDir):
        raise argparse.ArgumentTypeError('Directory does not exist')
```

스파르탄! 파이썬 포렌식

9 네트워크 포렌식: 2부

```
    # 경로가 쓰기 가능한지 유효성 검사
    if os.access(theDir, os.W_OK):
        return theDir
    else:
        raise argparse.ArgumentTypeError('Directory is not writable')
# ValidateDirectory의 끝 ====================================
```

classLogging.py 소스 코드

```
import logging
#
# 클래스: _ForensicLog
#
# 설명: 포렌식 로깅 작업을 처리
#
# 메소드 constructor: 로거를 초기화
#        writeLog:    로그를 레코드에 기록
#        destructor:  메시지를 기록하고 로거를 종료

class _ForensicLog:

    def __init__(self, logName):
        try:
            # 로깅을 설정한다.
            logging.basicConfig(filename=logName,level=logging.
            DEBUG,format='%(asctime)s %(message)s')
        except:
            print "Forensic Log Initialization Failure . . . Aborting"
            exit(0)

    def writeLog(self, logType, logMessage):
        if logType == "INFO":
            logging.info(logMessage)
        elif logType == "ERROR":
            logging.error(logMessage)
        elif logType == "WARNING":
            logging.warning(logMessage)
        else:
            logging.error(logMessage)
        return

    def __del__(self):
        logging.info("Logging Shutdown")
            logging.shutdown()
```

csvHandler.py 소스 코드

```python
import csv # csv 파일을 위한 파이썬 표준 라이브러리

#
# 클래스: _CSVWriter
#
# 설명: 쉼표로 구분된 값을 조작하는 관련된 모든 메소드를 처리
#
# 메소드 constructor: CSV 파일을 초기화
#        writeCVSRow: csv 파일에 한 줄을 기록한다.
#        writerClose: CSV 파일을 닫는다.

class _CSVWriter:

    def __init__(self, fileName):
        try:
            # 쓰기 객체를 만든 후 머리글 행을 기록한다.
            self.csvFile=open(fileName,'wb')
            self.writer=csv.writer(self.csvFile,   delimiter=',',
            quoting=csv.QUOTE_ALL)
            self.writer.writerow( ('Protocol','Source IP','Source Port',
            'Destination IP','Destination Port') )
        except:
            log.error('CSV File Failure')

    def writeCSVRow(self, row):
            self.writer.writerow( (row[0], row[1], str(row[2]), row
            [3], str(row[4]) ) )

    def __del__(self):
        self.csvFile.close()
```

| 프로그램 실행 및 출력

psnmt 파이썬 응용 프로그램은 명령 줄 응용 프로그램으로 구성되어 있다. 이것은 **cron**(주기적 예약작업)으로 실행될 가능성이 있기 때문에 응용 프로그램의 이러한 유형에 대한 이치에 맞다(예를 들어 특정 시간에 실행되도록 예약).

명령줄에는 다음과 같은 매개변수가 있다:

매개변수	목적 및 사용법
-v	자세한(Verbose): 지정된 경우 표준 출력으로 중간 결과를 기록
-m	분(Minutes): 수집 활동을 수행하는 분의 지속 시간
.TCP | .UDP	프로토콜: 수집하기 위한 응용 프로그램 프로토콜을 정의
-p	결과: 포렌식 로그 및 csv 파일의 출력 디렉토리를 정의

명령줄 예제:

```
sudo Python psnmt -v -TCP -m 60 -p /home/chet/Desktop
```

참고: sudo(필요한 관리권한과 함께 명령어의 실행을 강제하는데 사용된다). 이 명령은 60분 동안 TCP 패킷을 수집하고 자세한 출력을 생성하며 사용자의 데스크탑에 로그 및 csv 파일을 만들 것이다.

그림 9.8 및 9.9는 TCP와 UDP 수집 모두의 견본 실행을 보여준다.

이러한 실행은 csv와 포렌식 로그 파일 및 항목을 모두 만들었다.

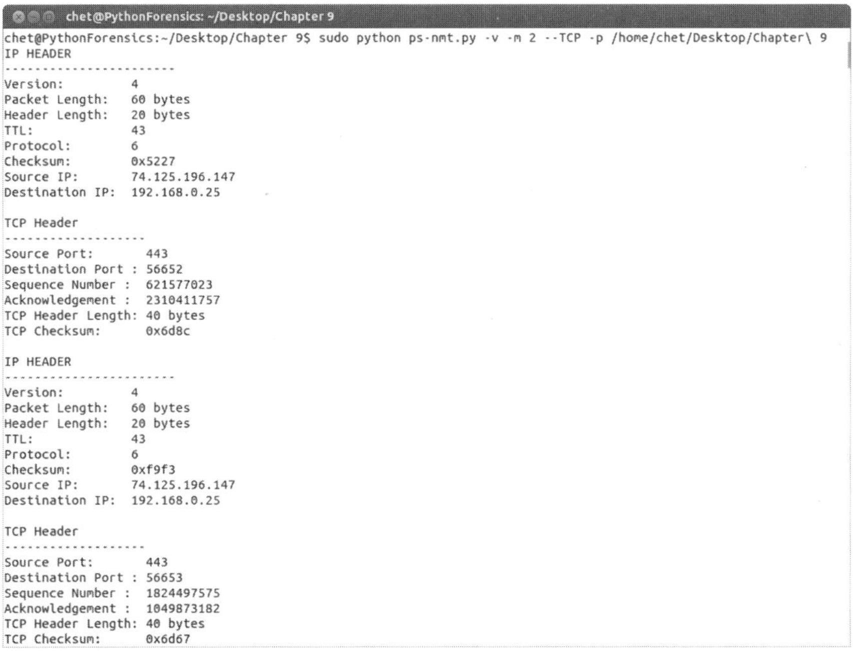

```
chet@PythonForensics:~/Desktop/Chapter 9

chet@PythonForensics:~/Desktop/Chapter 9$ sudo python ps-nmt.py -v -m 2 --TCP -p /home/chet/Desktop/Chapter\ 9
IP HEADER
-----------------------
Version:          4
Packet Length:    60 bytes
Header Length:    20 bytes
TTL:              43
Protocol:         6
Checksum:         0x5227
Source IP:        74.125.196.147
Destination IP:   192.168.0.25

TCP Header
-----------------
Source Port:      443
Destination Port : 56652
Sequence Number :  621577023
Acknowledgement :  2310411757
TCP Header Length: 40 bytes
TCP Checksum:      0x6d8c

IP HEADER
-----------------------
Version:          4
Packet Length:    60 bytes
Header Length:    20 bytes
TTL:              43
Protocol:         6
Checksum:         0xf9f3
Source IP:        74.125.196.147
Destination IP:   192.168.0.25

TCP Header
-----------------
Source Port:      443
Destination Port : 56653
Sequence Number :  1824497575
Acknowledgement :  1049873182
TCP Header Length: 40 bytes
TCP Checksum:      0x6d67
```

그림 9.8 psnmt TCP 견본 실행.

```
chet@PythonForensics: ~/Desktop/Chapter 9

chet@PythonForensics:~/Desktop/Chapter 9$ sudo python psnmt.py -v -m 2 --UDP -p '/home/chet/Desktop/Chapter 9'
IP HEADER
----------------------
Version:          4
Packet Length:    61 bytes
Header Length:    20 bytes
TTL:              64
Protocol:         17
Checksum:         0x98fe
Source IP:        127.0.0.1
Destination IP:   127.0.0.1

UDP Header
------------------
Source Port:      52309
Destination Port : 53
UDP Length:       41 bytes
UDP Checksum:     0xfe3c

IP HEADER
----------------------
Version:          4
Packet Length:    121 bytes
Header Length:    20 bytes
TTL:              58
Protocol:         17
Checksum:         0x86f7
Source IP:        66.153.128.98
Destination IP:   192.168.0.25

UDP Header
------------------
Source Port:      53
Destination Port : 23992
UDP Length:       101 bytes
UDP Checksum:     0x474f

IP HEADER
```

그림 9.9 psnmt UDP 견본 실행.

포렌식 로그

» TCP 수집 예

```
2014-01-19 11:29:51,050 PS-NMT Started
2014-01-19 11:29:51,057 Promiscious Mode Enabled
2014-01-19 11:29:51,057 Raw Socket Open
2014-01-19 11:29:55,525 RECV: TCP SRC :  173.194.45.79 DST : 192.168.0.25
2014-01-19 11:29:55,526 RECV: TCP SRC :  173.194.45.79 DST : 192.168.0.25
2014-01-19 11:29:56,236 RECV: TCP SRC : 74.125.196.147 DST : 192.168.0.25
2014-01-19 11:29:56,270 RECV: TCP SRC : 74.125.196.147 DST : 192.168.0.25
2014-01-19 11:29:56,270 RECV: TCP SRC : 74.125.196.147 DST : 192.168.0.25
2014-01-19 11:29:56,271 RECV: TCP SRC : 74.125.196.147 DST : 192.168.0.25
2014-01-19 11:29:56,527 RECV: TCP SRC : 74.125.196.147 DST : 192.168.0.25
2014-01-19 11:29:56,543 RECV: TCP SRC : 74.125.196.147 DST : 192.168.0.25
2014-01-19 11:29:56,544 RECV: TCP SRC : 74.125.196.147 DST : 192.168.0.25
2014-01-19 11:29:56,546 RECV: TCP SRC : 74.125.196.147 DST : 192.168.0.25
2014-01-19 11:30:37,437 RECV: TCP SRC : 66.153.250.240 DST : 192.168.0.25
2014-01-19 11:30:37,449 RECV: TCP SRC : 66.153.250.240 DST : 192.168.0.25
2014-01-19 11:30:54,546 RECV: TCP SRC :  173.194.45.79 DST : 192.168.0.25
2014-01-19 11:30:55,454 RECV: TCP SRC : 74.125.196.147 DST : 192.168.0.25
```

```
2014-01-19 11:31:35,487 RECV: TCP SRC : 66.153.250.240 DST : 192.168.0.25
2014-01-19 11:31:51,063 Promiscious Mode Diabled
2014-01-19 11:31:51,064 Raw Socket Closed
2014-01-19 11:31:51,064 Program End
2014-01-19 11:31:51,064 Logging Shutdown
```

» UDP 수집 예

```
2014-01-19 13:27:09,366 PS-NMT Started
2014-01-19 13:27:09,371 Promiscious Mode Enabled
2014-01-19 13:27:09,372 Raw Socket Open
2014-01-19 13:27:09,528 Logging Shutdown
2014-01-19 13:36:33,472 PS-NMT Started
2014-01-19 13:36:33,477 Promiscious Mode Enabled
2014-01-19 13:36:33,477 Raw Socket Open
2014-01-19 13:36:45,234 Logging Shutdown
2014-01-19 13:37:51,748 PS-NMT Started
2014-01-19 13:37:51,754 Promiscious Mode Enabled
2014-01-19 13:37:51,754 Raw Socket Open
2014-01-19 13:37:59,534 RECV: UDP SRC : 127.0.0.1 DST : 127.0.0.1
2014-01-19 13:37:59,546 RECV: UDP SRC : 66.153.128.98 DST : 192.168.0.25
2014-01-19 13:37:59,546 RECV: UDP SRC : 127.0.0.1 DST : 127.0.0.1
2014-01-19 13:37:59,549 RECV: UDP SRC : 66.153.162.98 DST : 192.168.0.25
2014-01-19 13:38:09,724 RECV: UDP SRC : 127.0.0.1 DST : 127.0.0.1
2014-01-19 13:38:09,879 RECV: UDP SRC : 66.153.128.98 DST : 192.168.0.25
2014-01-19 13:38:09,880 RECV: UDP SRC : 127.0.0.1 DST : 127.0.0.1
2014-01-19 13:38:10,387 RECV: UDP SRC : 127.0.0.1 DST : 127.0.0.1
2014-01-19 13:38:10,551 RECV: UDP SRC : 66.153.128.98 DST : 192.168.0.25
2014-01-19 13:38:10,551 RECV: UDP SRC : 127.0.0.1 DST : 127.0.0.1
2014-01-19 13:38:45,114 RECV: UDP SRC : 66.153.128.98 DST : 192.168.0.25
2014-01-19 13:38:46,112 RECV: UDP SRC : 66.153.128.98 DST : 192.168.0.25
2014-01-19 13:39:45,410 RECV: UDP SRC : 66.153.128.98 DST : 192.168.0.25
2014-01-19 13:39:51,760 Promiscious Mode Diabled
2014-01-19 13:39:51,761 Raw Socket Closed
2014-01-19 13:39:51,761 Program End
2014-01-19 13:39:51,761 Logging Shutdown
```

CSV 파일 출력 예

그림 9.10 및 9.11은 PSNMT에 의해 생성된 CSV 파일의 견본 출력을 묘사한다.

	A	B	C	D	E
1	Protocol	Source IP	Source Port	Destination IP	Destination Port
2	TCP	127.0.0.1	36480	127.0.0.1	54792
3	TCP	127.0.0.1	54792	127.0.0.1	36480
4	TCP	66.153.25(	443	192.168.0.25	35027
5	TCP	74.125.19(	443	192.168.0.25	56580
6	TCP	74.125.19(	443	192.168.0.25	56581

그림 9.10 엑셀로 보여준 견본 TCP 출력 파일.

	A	B	C	D	E
1	Protocol	Source IP	Source Port	Destination IP	Destination Port
2	UDP	127.0.0.1	53	127.0.0.1	35633
3	UDP	127.0.0.1	53	127.0.0.1	51420
4	UDP	127.0.0.1	53	127.0.0.1	52309
5	UDP	127.0.0.1	35633	127.0.0.1	53
6	UDP	127.0.0.1	51420	127.0.0.1	53
7	UDP	127.0.0.1	52309	127.0.0.1	53
8	UDP	66.153.12{	53	192.168.0.25	11303
9	UDP	66.153.12{	53	192.168.0.25	23992
10	UDP	66.153.12{	53	192.168.0.25	35021
11	UDP	66.153.12{	53	192.168.0.25	43421
12	UDP	66.153.12{	53	192.168.0.25	56857
13	UDP	66.153.12{	53	192.168.0.25	58487
14	UDP	66.153.16?	53	192.168.0.25	23992

그림 9.11 엑셀로 보여준 견본 UDP 출력 파일.

| 복습

이 장에서는 원시 소켓과 네트워크 패킷을 수집하는데 이용될 수 있는 방법을 소개했다. 최근의 네트워크 어댑터의 무차별 모드를 설명했고 이러한 조작을 위해 NIC를 구성하는 방법을 시연했다. 또한 네트워크 활동을 더 빈틈없이 보여주고 감시하기 위해 네트워크 스니핑의 중요성을 논의했다. IPv4, TCP 및 UDP 패킷에서 각 필드를 추출하기 위해 unpack() 함수를 사용했고, 자세한 설명과 버퍼링된 데이터를 적용하는 방법을 묘사했다. 마지막으로, 유일한 소스 IP, 소스 포트, 목적지 IP, 그리고 목적지 포트 조합을 분리하는 TCP 트래픽이나 UDP 트래픽을 수집하고 기록하는 응용 프로그램을 만들었다. 이 파이썬 응용 프로그램은 크론 작업 또는 다른 일정관리 방법을 쉽게 통합하기 위해서 명령줄 인수를 통해서 제어될 수 있다. 명령줄의 일환으로 일정 시간이 경과된 후에 패킷 수집을 중지하는 신호를 나타내는 방법을 사용했다.

| 요약 질문/과제

필자는 이 장에서 단 하나의 질문을 제기하기로 판단했는데, 실제로 더 많은 도전 문제는 다음 단계에서 PSNMT 응용 프로그램을 취급할 것이다.

1. 더 유용한 응용 프로그램을 만들기 위해서, 잘 알려진 서비스에서 포트 번호의 번역은 수집된 패킷으로부터 사용을 결정하거나 추출된 각 IP 주소의 사용자가 판단하기 위해서 필요하다. 예약된 사용 및 잘 알려진 포트 사용 맵은 국제 인터넷 표준화 기구[IETF]에 의해 제공되고 정의되며(또는 /etc/services 읽기에 의해), 각 실행 가능한 로컬 IP 주소 및 서비스 목록을 구분하기 위해 PSNMT 응용 프로그램을 확장한다. 가능하면 포트 사용의 시험을 통해서 각 IP 주소 뒤에 광범위한 운영체제를 분류하는 것을 시도한다(적어도 Windows, 리눅스, 또는 다른 각 IP로 분류).

| 참고 문헌

http://docs.Python.org/2/library/struct.html?highlight=unpack#struct.unpack.

http://www.ietf.org/assignments/service-names-port-numbers/service-names-port-numbers.txt.

포렌식에 다중처리

▶▶ 이 장에서 다루는 내용

| 소개

디지털 증거 및 디지털 범죄의 공간이 넓어지면서, 적절한 시기에 검사를 수행하기 위해서는 긴장감을 늦출 수 없게 되었다. DFI 뉴스에 따르면 "전세계적인 법 집행 기관에서 담당 건수의 잔무는 몇 주에서 몇 달까지 증가했다. 디지털 전문가는 충분히 훈련받을 수 없고 일반적인 범죄에 산더미 같이 쌓이는 디지털 증거를 분석하기 위해 필요한 전문가의 수는 예산 제약을 간단히 넘었다."(DFI, 2013). 오늘날 많은 디지털 조사 도구는 한 번에 하나의 명령을 실행할 수 있는 소프트웨어를 의미하는 단일 스레드이다. 멀티 코어 프로세서가 보편화되기 전에 이러한 도구가 개발되었다. 이 장에서는 일부 일반적인 포렌식 문제에 관련한 파이썬의 다중처리 기능을 소개한다. 11장에서는 이러한 응용 프로그램을 클라우드에 전송하고, 추가 코어에 대한 접근을 확대하고, 클라우드 플랫폼 상에서 포렌식 작업이 수행될 수 있도록 성능을 향상시키는 방법을 시연할 것이다.

| 다중처리란 무엇인가?

간단히 말해서 다중처리는 둘 이상의 중앙처리장치(CPUs) 또는 코어 상에서 프로그램의 동시 실행이다. 상당한 성능 개선을 제공하기 위해서 포렌식 응용 프로그램 개발자는 다음과 같은 특징을 가지는 코드의 영역을 정의해야 한다.

(1) 코드는 집약적인 프로세스이다.

(2) 이것은 병렬로 실행할 수 있는 개별 처리 스레드로 코드를 나누는 것이 가능하다.

(3) 처리와 스레드 사이는 부하 분산될 수 있다. 즉, 목표는 각각의 스레드가 거의 동시에 완료하는 정도로 분산 처리하는 것이다.

여러분이 짐작할 수 있는 바와 같이, 범용 포렌식 도구의 문제는 이것이다: 처음부터 위의 목표를 충족하도록 제작되지 않은 경우, 최신의 멀티-코어 구조로 그것을 조정하는 것은 어려운 것으로 판명될 수 있다. 또한 멀티-코어 또는 클라우드에서 동시에 실행할 수 있는 이러한 기술의 라이선스는 아마도 엄청난 비용이 들것이다. 마지막으로, 사용되는 포렌식 도구의 대부분은 수천 개의 코어에서 동시에 실행하는데 완벽하게 적합하지 않는 윈도우 환경에서 작동한다.

| 파이썬 다중처리 지원

파이썬 표준 라이브러리는 "multiprocessing" 패키지를 포함한다(파이썬 다중처리 모듈). 다중처리를 위한 파이썬 라이브러리 사용은 다중처리를 시작할 수 있는 좋은 환경이고 클라우드를 포함하는 컴퓨팅 플랫폼의 넓은 범위에 걸쳐서 호환성을 보장할 것이다. 여러분은 다중처리 패키지를 가져와서 시작하는 전형적인 방식으로 다중처리 패키지를 사용한다. 패키지를 가져온 후에 세부 사항을 보여주는 도움말(다중처리) 기능을 실행한다. 필자는 도움말에 의해 생성된 일부 관련 없는 데이터를 제거했고, 몇 가지 다중처리 예제를 개발하기 위해 사용될 수 있는 함수와 클래스를 강조했다.

```
import multiprocessing

help(multiprocessing)

# 참고로 이것은 도움말 명령의 출력에서
# 부분적으로 발췌한 것이다.

Help on package multiprocessing:

NAME
    multiprocessing
PACKAGE CONTENTS
    connection
    dummy (package)
    forking
    heap
    managers
    pool
    process
    queues
    reduction
    sharedctypes
    synchronize
    util

CLASSES
    class Process(__builtin__.object)
    | Process objects represent activity that is run in a separate
      process
    |
    | The class is analagous to'threading.Thread'
    |
    | Methods defined here:
    |
```

```
 |  __init__(self, group=None, target=None, name=None, args=(),
 |  kwargs={})
 |
 |  __repr__(self)
 |
 |  is_alive(self)
 |      Return whether process is alive
 |
 |  join(self, timeout=None)
 |      Wait until child process terminates
 |
 |  run(self)
 |      Method to be run in sub-process; can be overridden in
 |      sub-class
 |
 |  start(self)
 |      Start child process
 |
 |  terminate(self)
 |      Terminate process; sends SIGTERM signal or uses
 |      TerminateProcess()
 |
FUNCTIONS
    Array(typecode_or_type, size_or_initializer, **kwds)
        Returns a synchronized shared array

    BoundedSemaphore(value=1)
        Returns a bounded semaphore object

    Condition(lock=None)
        Returns a condition object

    Event()
        Returns an event object

    JoinableQueue(maxsize=0)
        Returns a queue object

    Lock()
        Returns a non-recursive lock object

    Manager()
        Returns a manager associated with a running server process

        The managers methods such as 'Lock()', 'Condition()' and 'Queue()'
        can be used to create shared objects.

    Pipe(duplex=True)
        Returns two connection object connected by a pipe
```

```
Pool(processes=None, initializer=None, initargs=(),
    maxtasksperchild=None) Returns a process pool object

Queue(maxsize=0)
    Returns a queue object

RLock()
    Returns a recursive lock object

RawArray(typecode_or_type, size_or_initializer)
    Returns a shared array

RawValue(typecode_or_type, *args)
    Returns a shared object

Semaphore(value=1)
    Returns a semaphore object

Value(typecode_or_type, *args, **kwds)
    Returns a synchronized shared object

active_children()
    Return list of process objects corresponding to live child
    processes

allow_connection_pickling()
    Install support for sending connections and sockets between
    processes

cpu_count()
    Returns the number of CPUs in the system

current_process()
    Return process object representing the current process

freeze_support()
    Check whether this is a fake forked process in a frozen
    executable. If so then run code specified by commandline
    and exit.

VERSION
    0.70a1
AUTHOR
    R. Oudkerk (r.m.oudkerk@gmail.com)
```

다중처리 패키지 내에서 첫 번째 기능 중에 하나가 cpu_count()이다. 멀티 코어 사이에 처리를 분배하기 전에, 여러분은 접속할 수 있는 코어가 얼마만큼인지를 알아야 한다.

```
import multiprocessing

multiprocessing.cpu_count()

4
```

여러분이 윈도우 노트북에서 볼 수 있듯이, 작업하기 위해 4개의 CPU 코어를 가지고 있다; 파이썬 코드가 코어 중에 하나만을 실행한다면 이것은 아쉬운 일이다. 필자의 알고리즘으로 다중처리 패키지 적용 및 멀티-코어 처리 방법을 설계하지 않는다면, 파이썬 코드는 정확히 하나의 코어에서 실행된다.

일부 포렌식 함축성과 관련성을 가지고 있는 파이썬 프로그램 내에서 다중처리를 적용한 우리의 첫 번째 예제로 이동하자.

| 간단한 다중처리의 예

첫 번째 예제에서 노트북이 가지고 있는 4개의 코어 사용을 극대화할 수 있는 간단한 다중처리 예제를 발하기로 결심했다. 프로그램은 SearchFile()라고 명명된 단일 함수를 가진다. 함수가 취급하는 두 개의 매개변수: (1) 파일 이름과 (2) 파일에서 검색하고자 하는 문자열. 필자는 단어의 사전을 포함하는 검색 대상으로 단순한 텍스트 파일을 사용하고 있다. 파일은 현대의 시스템에서도 일부 입/출력 대기 시간을 만들어야 하는 크기 170MB이다. 두 개의 예제 중 첫 번째는 다중처리를 사용하지 않고 단순히 SearchFile 함수에 4개의 연속적인 호출을 하는 프로그램을 제공한다. 두 번째 예제는 4개의 처리를 생성하고, 4개의 코어 사이에 고르게 처리를 분배한다.

단일 코어 파일 검색 솔루션

```
# 단순 파일 검색 단일 코어 처리

import time

def SearchFile(theFile, theString):
    try:
        fp = open(theFile,'r')
        buffer = fp.read()
        fp.close()
        if theString in buffer:
```

```
                print'File:', theFile,'String:',\
                        theString,'\t','Found'
            else:
                print'File:', theFile,'String:', \
                        theString,'\t','Not Found'
        except:
            print'File processing error'

startTime = time.time()

SearchFile('c:\\TESTDIR\\Dictionary.txt','thought')
SearchFile('c:\\TESTDIR\\Dictionary.txt','exile')
SearchFile('c:\\TESTDIR\\Dictionary.txt','xavier')
SearchFile('c:\\TESTDIR\\Dictionary.txt','$Slllb!')

elapsedTime = time.time() - startTime
print'Duration:', elapsedTime

# 프로그램 출력

File: c:\TESTDIR\Dictionary.txt String: thought    Found
File: c:\TESTDIR\Dictionary.txt String: exile      Found
File: c:\TESTDIR\Dictionary.txt String: xavier     Found
File: c:\TESTDIR\Dictionary.txt String: $Slllb!    Not Found
Duration: 4.3140001297 Seconds
```

다중처리 파일 검색 솔루션

다중처리 솔루션은 아래에 묘사되어 있다. 여러분이 확인할 수 있듯이 성능은 관련된 파일을 열고, 읽고, 닫을 때마다 파일 입/출력 측면을 고려해봐도 실질적으로 더 낫다.

```
# 단순 파일 검색 다중 처리

from multiprocessing import Process
import time

def SearchFile(theFile, theString):
    try:
        fp = open(theFile,'r')
        buffer = fp.read()
        fp.close()
        if theString in buffer:
            print'File:', theFile,'String:', theString,
            '\t','Found'
        else:
```

```
            print'File:', theFile,'String:', theString,
                '\t','Not Found'
        except:
            print'File processing error'

#
# 메인 함수 만들기
#

if __name__ =='__main__':

    startTime = time.time()

    p1 = Process(target=SearchFile,
        \args=('c:\\TESTDIR\\Dictionary.txt','thought') )
    p1.start()

    p2 = Process(target=SearchFile, \
        args=('c:\\TESTDIR\\Dictionary.txt','exile') )
    p2.start()

    p3 = Process(target=SearchFile, \
        args=('c:\\TESTDIR\\Dictionary.txt','xavier') )
    p3.start()

    p4 = Process(target=SearchFile, \
        args=('c:\\TESTDIR\\Dictionary.txt','$S111b') )
    p4.start()

    # 다음으로 모든 처리를 완료할 때까지 대기하는 join을 사용한다.

    p1.join()
    p2.join()
    p3.join()
    p4.join()

    elapsedTime = time.time() - startTime
    print'Duration:', elapsedTime
```

프로그램 출력

```
File: c:\TESTDIR\Dictionary.txt String:        thought     Found
File: c:\TESTDIR\Dictionary.txt String:        exile   Found
File: c:\TESTDIR\Dictionary.txt String:        xavier  Found
File: c:\TESTDIR\Dictionary.txt String:        $S111b  Not Found
Duration: 1.80399990082
```

| 다중처리 파일 해시

물론 가장 자주 사용되는 포렌식 도구 중 하나는 단방향 암호화 해시이다. 여러분이 이미 알고 있는 것처럼 파이썬은 표준 라이브러리의 일부분으로 해싱 라이브러리를 포함하고 있다. 실험으로, 비다중처리 방법을 사용하여 동일한 파일의 4개의 개별 인스턴스의 SHA512 해시를 수행할 예정이다. 단일 스레드 접근을 수행하는데 경과된 시간을 계산할 뿐만 아니라 타이머도 설정할 것이다.

단일 코어 솔루션

```
# 단일 스레드된 파일 조수

import hashlib
import os
import sys
import time

# 로컬 디렉토리에 대한 상수를 만든다.
HASHDIR ='c:\\HASHTEST\\'
# 해시 결과를 저장할 빈 목록을 만든다.
results = []

try:
    # HASHDIR에 파일의 목록을 얻는다.
    listOfFiles = os.listdir(HASHDIR)

    # 메인 루프의 시작 시간을 표시한다.
    startTime = time.time()

    for eachFile in listOfFiles:

        # 파일 열기를 시도한다.
        fp = open(HASHDIR+eachFile,'rb')

        # 그런 다음 버퍼에서 내용을 읽는다.
        fileContents = fp.read()

        # 파일을 닫는다.
        fp.close()

        # sha256 유형의 hasher 객체를 생성한다.
        hasher = hashlib.sha256()
```

303

```
# 버퍼의 내용을 해시한다.
hasher.update(fileContents)

# 결과 목록에 결과를 저장한다.
results.append([eachFile, hasher.hexdigest()])

# hasher 객체를 소멸한다.
del hasher

# 모든 파일이 해시 되었으면 경과된 시간을 계산한다.

elapsedTime = time.time() - startTime

except:

# 예외가 발생하는 경우 사용자에게 알리고 종료

print('File Processing Error')
sys.exit(0)

# 결과를 출력한다.
# 초로 경과된 시간과 파일 이름/해시 결과

print('Elapsed Time:', elapsedTime)
for eachItem in results:
    print eachItem

# 프로그램 출력
# 참고: 각 처리된 파일은 동일하다.
# 크기: 249 MB
```

Elapsed Time: 27.8510000705719 Seconds
['image0.raw',
'41ad70ff71407eae7466eef403cb20100771ca7499cbf1504f8ed67e6d869e5b']
['image1.raw',
'41ad70ff71407eae7466eef403cb20100771ca7499cbf1504f8ed67e6d869e5b']
['image2.raw',
'41ad70ff71407eae7466eef403cb20100771ca7499cbf1504f8ed67e6d869e5b']
['image3.raw',
'41ad70ff71407eae7466eef403cb20100771ca7499cbf1504f8ed67e6d869e5b']

멀티-코어 솔루션 A

다중처리와 관련된 기술의 대부분은 멀티 코어 전역에서 동시에 실행할 수 있는 조각으로 문제를 분해한다. 각 개별 조각이 완료되면 각 조각의 결과는 최종 결과로 병합된다. 일반적으로 만들어지는 가장 큰 실수는 두 가지 중요한 점의 신중한 고려사항에 대한 결핍에서

온다. 멀티-코어 외에도 모든 솔루션을 실행하는 구매 시스템은 반드시 단일 코어 솔루션을 훨씬 더 많이 구매하지 않는다.

기준선으로 단일 솔루션을 사용하여 내 노트북에서 사용할 수 있는 4개의 코어를 활용하는 멀티-코어 솔루션을 만들 것이다. 첫 번째 예를 들면, 각 코어에 대한 개별 프로세스 객체에 대한 사례를 들어 입증할 것이다. 각 프로세스 객체를 생성할 때 제공해야 하는 두 개의 매개 변수: (1) target = 이 경우는 object.start() 메소드가 호출될 때 호출되는 함수의 이름이 된다. (2) args = 함수에 전달되는 인수 튜플이다. 이 예제에서 단지 하나의 인수는 해시하는 파일의 이름이 전달된다. 객체가 인스턴스화 되면, 각 프로세스를 시작하는 object.start() 메소드를 실행한다. 마지막으로 각 객체에 대해 object.join() 메소드를 사용한다; 이는 처리과정이 완료될 때까지 main() 프로세서에서 중단되도록 실행하게 한다. 여러분은 처리에 대한 시간 제한 값을 object.join() 매개 변수로 포함할 수 있다. 예를 들어 object.join(20)은 프로세스를 완료하기 위해 20초를 허용한다.

```python
# 다중처리 파일 Hasher A

import hashlib
import os
import sys
import time
import multiprocessing

# 로컬 디렉토리에 대한 상수를 만든다.
HASHDIR ='c:\\HASHTEST\\'

#
# 다중처리를 위해 설계된 hashFile 함수
#
# 입력: 해시하기 위한 파일의 전체 경로이름
#
#

def hashFile(fileName):

    try:

        fp = open(fileName,'rb')

        # 그런 다음 버퍼 내에 내용을 읽는다.
        fileContents = fp.read()

        # 파일을 닫는다.
```

```
            fp.close()

            # sha256 타입의 hasher 객체를 생성한다.
            hasher = hashlib.sha256()

            # 버퍼의 내용을 해시한다.
            hasher.update(fileContents)

            print(fileName, hasher.hexdigest())

            # hasher 객체를 소멸한다.
            del hasher

    except:
        # 예외가 발생한 경우 사용자에게 알리고 종료
        print('File Processing Error')
        sys.exit(0)

    return True

#
# 메인 함수 만들기
#

if __name__ =='__main__':

    # HASHDIR에 있는 파일의 목록을 얻는다.
    listOfFiles = os.listdir(HASHDIR)

    # 메인 루프의 시작 시간을 표시한다.
    startTime = time.time()

    # 이 시험의 각 코어의 작업을 수행하기 위해
    # 4개의 하위 처리를 생성한다.

    # 각 프로세스에 포함:
    #       대상 함수 hashFile()의 예제
    #       파일이름: os.listdir()에 의해 생성된 목록에서 선택
    #                 다시 한번 249MB 파일의 인스턴스가 사용된다.
    #
    # 다음으로 여러분은 각각의 프로세스를 시작한다.

    coreOne = multiprocessing.Process(target=hashFile,
                        args=(HASHDIR+listOfFiles[0],) )
    coreOne.start()

    coreTwo = multiprocessing.Process(target=hashFile,
                        args=(HASHDIR+listOfFiles[1],) )
    coreTwo.start()
```

```
coreThree = multiprocessing.Process(target=hashFile,
                             args=(HASHDIR+listOfFiles[2],))
coreThree.start()

coreFour = multiprocessing.Process(target=hashFile,
                            args=(HASHDIR+listOfFiles[3],))
coreFour.start()
```

예제에서 처리의 분배를 최대화하기 위해서 응용 프로그램을 실행하고 하드웨어의 지식을 활용하였다. 파이썬 다중처리 라이브러리는 이용될 수 있는 코어로 자동적으로 처리의 분배를 처리할 것이다. 또한 이후로 사용하여(multiprocessing.cpu_count()) 이용 가능한 코어의 수를 결정할 수 있다. 또한 처리를 수동으로 분배하는 정보를 사용할 수 있다.

```
# 다음으로 여러분은 모든 프로세스가 완료될 때까지 대기하는 join을 사용한다.

coreOne.join()
coreTwo.join()
coreThree.join()
coreFour.join()

# 모든 프로세스가 완료되고 파일이 해쉬 되어 결과를 출력하면
# 경과된 시간을 계산한다.

elapsedTime = time.time() - startTime

print('Elapsed Time:', elapsedTime)
```

```
# 프로그램 출력
# 참고: 처리된 각 파일은 동일하다.
# 크기: 249 MB

c:\\HASHTEST\\image2.raw 41ad70ff71407eae7466eef403cb20100771ca-
7499cbf1504f8ed67e6d869e5b
c:\\HASHTEST\\image1.raw 41ad70ff71407eae7466eef403cb20100771ca-
7499cbf1504f8ed67e6d869e5b
c:\\HASHTEST\\image3.raw 41ad70ff71407eae7466eef403cb20100771ca-
7499cbf1504f8ed67e6d869e5b
c:\\HASHTEST\\image0.raw 41ad70ff71407eae7466eef403cb20100771ca-
7499cbf1504f8ed67e6d869e5b
Elapsed Time: 8.40999984741211 Seconds
```

여러분이 보는 바와 같이 4개의 코어에 걸쳐 분산 처리하여 해싱 동작의 성능을 상당히 개선함으로써 원하는 결과를 생산했다.

멀티-코어 솔루션 B

여기에 멀티-코어 솔루션 A의 작은 성능 개선을 산출할 수 있는 여러 개의 코어 중에 처리를 분배하는 다른 선택권이 있고, 이는 다른 매개변수를 이용하여 동일한 함수를 호출할 때 추가적으로 훨씬 더 깔끔한 구현을 제공한다. 여러분이 포렌식 응용 프로그램에 대한 여러분의 설계를 고려한 경우, 이것은 가능한 시나리오이다. 추가적으로 이 솔루션은 단일 클래스의 사용이 필요하다. 전체 코드 한 줄로 멀티-코어 처리 동작을 처리할 수 있는 연합(pool)이다. 아래의 간단한 구현을 강조했다.

```
# 다중처리 파일 Hasher B

import hashlib
import os
import sys
import time
import multiprocessing

# 로컬 디렉토리에 대한 상수를 만든다.
HASHDIR ='c:\\HASHTEST\\'

#
# 다중처리를 위해 설계된 hashFile 함수
#
# 입력: 해시하기 위한 파일의 전체 경로이름
#
#

def hashFile(fileName):

    try:

        fp = open(fileName,'rb')

        # 그런 다음 버퍼에 내용을 읽는다.
        fileContents = fp.read()

        # 파일을 닫는다.
        fp.close()

        # sha256 유형의 hasher 객체를 생성한다.
        hasher = hashlib.sha256()

        # 버퍼의 내용을 해시한다.
        hasher.update(fileContents)
```

```python
        print(fileName, hasher.hexdigest())

        # hasher 객체를 소멸한다.
        del hasher

    except:
        # 예외가 발생하는 경우, 사용자에게 알리고 종료
        print('File Processing Error')
        sys.exit(0)

    return True

#
# 메인 함수 만들기
#

if __name__ =='__main__':

    # hashFile 함수에 corePool을 보여준다.
    listOfFiles = os.listdir(HASHDIR)

    # 메인 루프의 시작 시간을 표시한다.
    startTime = time.time()

    # 내 노트북에 4개의 코어에 4개의 프로세스 매핑과 같이
    # 프로세스 풀을 만든다.

    corePool = multiprocessing.Pool(processes=4)

    # hashFile 함수에 corePool을 보여준다.
    results = corePool.map(hashFile, (HASHDIR+listOfFiles[0],\
                                      HASHDIR+listOfFiles[1],\
                                      HASHDIR+listOfFiles[2],\
                                      HASHDIR+listOfFiles[3],))

    # 모든 파일이 해시 되고 결과가 출력됐다면,
    # 경과된 시간을 계산한다.

    elapsedTime = time.time() - startTime

    print('Elapsed Time:', elapsedTime,'Seconds')

# 프로그램 출력
# 참고: 처리된 각 파일은 동일하다.
# 크기: 249 MB

Elapsed Time: , 8.138000085830688, Seconds
c:\\HASHTEST\\image0.raw, 41ad70ff71407eae7466eef403cb20100771ca-
7499cbf1504f8ed67e6d869e5b
```

```
c:\\HASHTEST\\image2.raw, 41ad70ff71407eae7466eef403cb20100771ca-
7499cbf1504f8ed67e6d869e5b
c:\\HASHTEST\\image1.raw, 41ad70ff71407eae7466eef403cb20100771ca-
7499cbf1504f8ed67e6d869e5b
c:\\HASHTEST\\image3.raw, 41ad70ff71407eae7466eef403cb20100771ca-
7499cbf1504f8ed67e6d869e5b
```

여러분이 다음에 찾을 세 가지 구현에 대한 결과를 검토:

구현	처리 시간	MB(s)	참고
단일 코어 솔루션	27.851	35.76	일반적인 구현은 오늘날 순서대로 각 파일을 처리
멀티-코어 솔루션 A	8.409	118.44	start 및 join 메소드와 함께 process 클래스를 사용
멀티-코어 솔루션 B	8.138	122.39	약간 더 나은 성능을 산출하는 공통 기능 처리를 위한 구현을 단순화하는 Pool 클래스 사용

| 다중처리 해시 테이블 생성

레인보우 테이블은 꽤 많은 시간 동안 있어 왔고, 가능한 암호와 동등하게 알려진 해시 값을 변환하는 방법을 제공한다. 즉 이들은 해시 값을 검색하는 방법을 제공하고 해시 값을 생성할 문자열로 해시 값을 연관 짓는다. 해시 알고리즘은 단방향이므로, 모두 실제적인 목적을 위해 두 문자열은 동일한 해시 값을 생성하지 않는다. 그들은 상당히 충돌-방지한다. 레인보우 테이블은 운영체제, 보호된 문서, 네트워크 사용자 로그인 암호를 해독하기 위해 사용된다.

최근에 새로운 테이블은 염제 값이 변경될 때 생성되는 것으로 해시의 염제하는 과정은 덜 효과적인 레인보우 테이블을 만들어왔다. 각각의 암호가 동일한 과정을 사용하여 해시 되었기 때문에 이러한 해시 테이블은 작동한다. 즉 두 개의 동일한 암호가 동일한 해시 값을 가질 것이다.

오늘날 이것은 무작위로 해시된 암호에 의해 예방되고, 사용자가 동일한 암호를 사용하는 경우라도 해시 값은 상이할 것이다. 이것은 해싱하기 전에 암호에 염제라고 불려지는 임의의 문자열을 추가하여 일반적으로 수행된다.

Password = "letMeIn"

Salt = '&*6542Jk'

Combined Data to be Hashed : "&*6542JkletMeIn"

비밀을 목적으로 보관할 필요가 없는 염제는 레인보우 또는 조회 테이블의 적용을 방해한다.

이것은 여러분이 동적 조회 테이블을 생성하는데 빠른 방법이 필요하다는 것을 의미한다. 이것은 다중처리를 지원할 수 있는 분야이다. 파이썬은 실제로 개발자를 도와주는 언어에 직접 내장된 순열 및 조합의 생성을 지원하는 고유한 언어 매커니즘을 가지고 있다. 찾고 있는 무차별 암호의 집합을 생성하는 `itertools` 표준 라이브러리(파이썬 `itertools` 모듈)를 사용할 것이다. `itertools` 모듈은 고성능으로 그 위에 메모리에 최적화된 툴킷을 사용하여 다수의 비슷한 반복 구성 요소를 구현한다. 순열, 조합 또는 산출기반 대수학을 개발하는 대신에 라이브러리는 여러분을 위해 이것을 제공한다.

첫 번째, 단일 코어 솔루션을 사용하여 간단한 레인보우 테이블 생성기를 만들 것이다.

단일 코어 암호 생성기 코드

```
# 단일 코어 암호 테이블 생성기

# 표준 라이브러리를 가져온다.

import hashlib        # 결과를 해싱하기
import time           # 작업 타이밍
import itertools      # 통제되는 조합 만들기

#
# 암호 테이블에 포함하는
# 소문자, 대문자, 숫자, 그리고 특수 문자의 목록을 만든다.
#

lowerCase = ['a','b','c','d','e','f','g','h']
upperCase = ['G','H','I','J','K','L']
numbers = ['0','1','2','3']
special = ['!','@','#','$']

# 최종 목록을 만들기 위해 결합
allCharacters = []
allCharacters = lowerCase + upperCase + numbers + special

# 암호 파일에 대한 디렉토리 경로를 정의

DIR ='C:\\PW\\'

# 가상의 SALT 값을 정의
SALT =''&45Bvx9''
```

311

```python
# 암호 길이의 허용 범위를 정의
PW_LOW = 2
PW_HIGH = 6

# 시작 시간을 표시
startTime = time.time()

# 최종 암호를 보관하기 위해 빈 목록을 만든다.
pwList = []

# 허용 범위 내에서
# 모든 암호를 포함하는 반복 루프를 만든다.

for r in range(PW_LOW, PW_HIGH):
    # 표준 라이브러리 interator 적용
    # interator는 PW_LOW에서 PW_HIGH의 범위에 대한
    # 모든 문자 반복을 위해 평행 제품을 생성할 것이다.
    for s in itertools.product(allCharacters, repeat=r):
        # 최종 목록에 생성된 각 암호를
        # 추가한다.
        pwList.append(''.join(s))

# 생성 목록에서 각 암호를 위해
# 한 줄당 하나의 해시, 암호 쌍을 포함하는
# 파일을 생성한다.

try:
    # 출력 파일을 연다.
    fp = open(DIR+'all','w')

    # 각 생성된 암호를 처리한다.

    for pw in pwList:
        # 암호의 해싱을 수행한다.
        md5Hash = hashlib.md5()
        md5Hash.update(SALT+pw)
        md5Digest = md5Hash.hexdigest()
        # 파일에 해시, 암호 쌍을 기록한다.
        fp.write(md5Digest +''+ pw +'\n')
        del md5Hash
except:
    print'File Processing Error'
    fp.close()

# 이제 쉽게 조회하기 위해서
# 해시, 암호 쌍을 보관하는 사전을 만든다.

pwDict = {}
```

```
try:
    # 각 출력 파일을 연다.
    fp = open(DIR+'all','r')
    # 키, 값 쌍을 포함하는 파일에
    # 각 행을 처리한다.
    for line in fp:
        # 키, 값 쌍을 추출하고
        # 디렉토리를 갱신한다.
        pairs = line.split()
        pwDict.update({pairs[0] : pairs[1]})
    fp.close()
except:
    print'File Handling Error'
    fp.close()

# 완료되면 경과된 시간을 계산한다.

elapsedTime = time.time() - startTime
print'Elapsed Time:', elapsedTime
print'Passwords Generated:', len(pwDict)
print

# 예제로 사전 항목 중의 몇몇을 출력한다.

cnt = 0
for key,value in (pwDict.items()):
    print key, value
    cnt += 1
    if cnt > 10:
        break;

print

# 알려진 해시를 사용하여 암호를 조회하기 위해 사전의 사용을 보여준다.
# 해시 값을 조회

pw = pwDict.get('c6f1d6b1d33bcc787c2385c19c29c208')
print'Hash Value Tested = c6f1d6b1d33bcc787c2385c19c29c208'
print'Associated Password='+ pw

# 프로그램 출력

Elapsed Time: 89.117000103
Passwords Generated: 5399020

3e47ac3f51daffdbe46ab671c76b44fb K23IH
a5a3614f49da18486c900bd04675d7bc $@fL1
372da5744b1ab1f99376f8d726cd2b7c hGfdd
aa0865a47331df5de01296bbaaf4996a 21ILG
```

313

```
c6f1d6b1d33bcc787c2385c19c29c208 #I#$$
c3c4246114ee80e9c454603645c9a416 #$b$g
6ca0e4d8f183c6c8b0a032b09861c95a L1H21
fd86ec2191f415cdb6c305da5e59eb7a HJg@h
335ef773e663807eb21d100e06b8c53e a$HbH
d1bae7cd5ae09903886d413884e22628 ba21H
a2a53248ed641bbd22af9bf36b422321 GHcda

Hash Value Tested = 2bca9b23eb8419728fdeca3345b344fc
Associated Password= #I#$$
```

여러분이 볼 수 있듯이 코드는 매우 간결하고 간단하며, 이것은 itertools과 무차별 목록을 생성하는 해싱 라이브러리를 활용한다. 결과는 90초 안에 염제된 암호의 5,300,000 이상의 참조 가능한 목록이다.

멀티-코어 암호 생성기

이제 암호 조합을 생성하는 모델을 성공적으로 생성하고 키/값 쌍을 결과로 하는 사전을 만들었으므로, 확장 가능한 솔루션을 생성하기 위해서 다중처리를 다시 적용하고자 한다. 여러분이 단일 코어 솔루션에서 볼 수 있듯이, 이것은 5,300,000쌍 보다 조금 더 생성하는 데 90초가 필요했다. 우리 세대에 포함할 수 있는 문자의 수가 확장되고 5이상 암호를 허용하는 크기가 확장됨에 따라, 조합의 수는 기하 급수적으로 증가한다. 앞서 언급한 바와 같이 다중처리에 적합한 접근을 설정하는 것이 핵심이다. 이제 멀티-코어 솔루션을 검토하여 실제로 크기를 잘 조정하는 방법을 조사해보자.

멀티-코어 암호 생성기 코드

```
# 멀티-코어 암호 테이블 생성기

# 표준 라이브러리 가져오기

import hashlib          # 결과를 해싱한다
import time             # 작업하는 타이밍
import itertools        # 통제된 조합을 만들기
import multiprocessing  # 다중처리 라이브러리

#
# 암호 테이블 안에 포함할
# 소문자, 대문자, 숫자, 그리고 특수 문자의 목록을 만들기
#
```

```
lowerCase = ['a','b','c','d','e','f','g','h']
upperCase = ['G','H','I','J','K','L']
numbers = ['0','1','2','3']
special = ['!','@','#','$']

# 최종 목록을 만들기 위해 결합
allCharacters = []
allCharacters = lowerCase + upperCase + numbers + special

# 암호 파일에 대한 디렉토리 경로 정의
DIR ='C:\\PW\\'

# 가상의 SALT 값 정의
SALT =''&45Bvx9''

# 암호 길이의 허용 길이를 정의

PW_LOW = 2
PW_HIGH = 6

def pwGenerator(size):

    pwList = []

    # 문자 3~5 길이로
    # 모든 암호를 포함하는 반복 루프 만들기

    for r in range(size, size+1):
        # 표준 라이브러리 itertools 적용
        for s in itertools.product(allCharacters, repeat=r):
            # 최종 목록에 생성된 각각의 암호를 추가
            pwList.append(''.join(s))

    # 목록에 각 암호와 연관된 md5 해시를 생성하고
    # 키로 해시를 사용

    try:
        # 출력 파일을 연다.
        fp = open(DIR+str(size),'w')

        # 생성된 각각의 암호를 처리한다.

        for pw in pwList:
            # 암호에 대해 해싱을 수행한다.
            md5Hash = hashlib.md5()
            md5Hash.update(SALT+pw)
            md5Digest = md5Hash.hexdigest()
            # 파일에 해시, 암호 쌍을 기록한다.
            fp.write(md5Digest +''+ pw +'\n')
```

```
                del md5Hash
        except:
            print'File Processing Error'

        finally:
            fp.close()

#
# 메인 함수 만들기
#

if __name__ =='__main__':

    # 메인 루프의 시작을 표시한다.
    startTime = time.time()

    # 4개의 프로세스로 프로세스 풀을 만든다
    corePool = multiprocessing.Pool(processes=4)

    # Pool 처리하는 corPool을 보여준다.
    results = corePool.map(pwGenerator, (2, 3, 4, 5))

    # 쉽게 조회하기 위해 사전을 만든다.
    pwDict = {}

    # 각 파일에 대해

    for i in range(PW_LOW, PW_HIGH):
        try:
            # 각 출력 파일을 연다
            fp = open(DIR+str(i),'r')
            # 키, 값 쌍을 포함하는
            # 파일에 각 행을 처리한다.
            for line in fp:
                # 키, 값 쌍을 추출하고
                # 사전을 갱신한다.
                pairs = line.split()
                pwDict.update({pairs[0] : pairs[1]})
            fp.close()
        except:
            print'File Handling Error'
            fp.close()

    # 모든 파일에 해시 됐으면
    # 경과 시간을 계산한다.

    elapsedTime = time.time() - startTime
    print'Elapsed Time:',.elapsedTime,'Seconds'
```

316

```
# 예제에 사전 항목의 중에 몇몇을 출력한다.
print'Passwords Generated:', len(pwDict)
print
cnt = 0
for key,value in (pwDict.items()):
    print key, value
    cnt += 1
    if cnt > 10:
        break;

print

# 알려진 해시 값을 사용하여
# 암호를 조회하기 위해 사전의 사용을 보여준다.

pw = pwDict.get('c6f1d6b1d33bcc787c2385c19c29c208')
print'Hash Value Tested = \ 2bca9b23eb8419728fdeca3345b344fc'

print'Associated Password='+ pw
```

```
# 프로그램 출력

Elapsed Time: 50.504999876 Seconds
Passwords Generated: 5399020

3e47ac3f51daffdbe46ab671c76b44fb K23IH
a5a3614f49da18486c900bd04675d7bc $@fL1
372da5744b1ab1f99376f8d726cd2b7c hGfdd
aa0865a47331df5de01296bbaaf4996a 21ILG
c6f1d6b1d33bcc787c2385c19c29c208 #I#$$
c3c4246114ee80e9c454603645c9a416 #$b$g
6ca0e4d8f183c6c8b0a032b09861c95a L1H21
fd86ec2191f415cdb6c305da5e59eb7a HJg@h
335ef773e663807eb21d100e06b8c53e a$HbH
d1bae7cd5ae09903886d413884e22628 ba21H
a2a53248ed641bbd22af9bf36b422321 GHcda

Hash Value Tested = 2bca9b23eb8419728fdeca3345b344fc
Associated Password= #I#$$
```

예상한 바와 같이 멀티-코어 접근 방식은 성능을 향상시키고 솔루션은 여전히 간단하고 읽기 용이하다.

다음 레인보우 테이블의 단일 그리고 멀티-코어 구현의 결과를 살펴보면, 여러분은 다음을 찾을 수 있다.

레인보우 생성기 구현	처리시간(s)	초당 암호	참고
단일 코어 솔루션	89.11	~60 K	단일 코어를 사용하여 현재 처리하는 일반적인 구현
멀티-코어 솔루션	50.50	~106 K	구현을 단순화하는 `Pool` 클래스의 사용

성능 결과에 부가하여, 생성된 키 값 쌍의 출력(MD5 해시와 관련된 암호는 파일에 기록)과 큰 저장 송의 일부로 나중에 사용될 수 있다. 출력은 간단한 텍스트 파일이기 때문에 그림 10.1에서 보여준 바와 같이 그것들은 쉽게 읽을 수 있다.

```
SALTED Password MD5 HASH           Associated Password
17ae80e34251ad4e2a61bc81d28b5a09   aa
9e6e21b8664f1590323ecaae3447ebae   ab
e708b3b343cfbc6b0104c60597fff773   ac
dcea12b90e71b523db8929cf6d86e39d   ad
70a3c3c78c79437dfc626ff12605ccb3   ae
41afc8d925b0b94996035b4ef25346ec   af
14b45c3a22caf6c2d5ed2e3daae152ee   ag
3c4493267b90a86303c1d30784b8f33b   ah
5cbba376bbb10688ece346cbfa9b8c28   aG
ffad7a79a9b2c646ef440d1447e18ebe   aH
...
eba8905561738d699d47bd6f62e3341c   eeg2
13605b276258b214fdafccac0835fc67   eeg3
0e3a4e8aded5858c94997d9f593c4fa3   eeg!
a6ab3da0c0cc7dc22d2a4cfe629ba0f2   eeg@
8f005cf0ea4b2bf064da85e1b2405c00   eeg#
60c797433e1f1ff9175a93373cf1a6ff   eeg$
e847612d8cab3184caa4d120c212afec   eeha
75cc13015bd40e2a6da4609458bfbe01   eehb
```

그림 10.1 평문 레이보우 테이블 출력 초본.

| 복습

이 장에서 여러분의 데스크탑 또는 노트북에서 이미 이용할 수 있는 코어를 활용함으로써 파이썬을 사용하여 멀티코어 처리를 다루는 과정을 시작했다. 다중처리하는 두 개의 서로 다른 접근 방식을 소개하고 파이썬 표준 라이브러리 다중처리의 개요를 제공한다. 또한 다중처리에서 혜택을 누릴 수 있는 두 가지 일반적인 디지털 조사 중추 기능을 조사했다: (1) 파일 해싱 (2) 레인보우 테이블 생성.

11장에서는 클라우드 접근 방식과 데이크탑에서 클라우드에 다중처리의 수평을 확장하기 위해 10, 50, 100, 또는 1000 코어를 제공할 수 있는 클라우드 서비스를 활용하는 방법을 보여줄 것이다.

| 요약 질문/과제

1. 다른 디지털 수사 또는 포렌식 응용 프로그램 수행으로 여러분이 다중처리에서 누릴 수 있는 혜택은 무엇인가?

2. 다중처리 솔루션을 설계할 때 몇 가지 핵심 요소는 무엇인가?

3. 레인보우 테이블 기반 암호 공격에 맞서는 오늘날 최선의 방어는 무엇인가?

4. 레인보우 테이블 예제는 자원에 의해 제한되고, 프로그램 메모리가 부족할 때 실패할 것이다. 메모리 제한의 직면으로 암호/해시 조합을 계속 생성할 수 있도록 프로그램을 어떻게 수정할 수 있는가?

| 참고 문헌

http://www.net-security.org/article.php?id=1932&p=1.

http://docs.python.org/2/library/itertools.html#module-itertools.

http://docs.python.org/3.4/library/multiprocessing.html#module-multiprocessing.

클라우드 안의 레인보우

▶▶ 이 장에서 다루는 내용

소개

작업하기 위해 클라우드 설치하기

클라우드 옵션

클라우드에서 레인보우 만들기

암호 생성 계산

복습

요약 질문/과제

참고 문헌

| 소개

파이썬에서 응용 프로그램 구축의 중요한 장점 중 하나는 클라우드를 포함해서 모든 가상화 플랫폼 상에서 응용 프로그램을 배포할 수 있는 기능이다(그림 11.1). 이것은 클라우드 서버에서 파이썬을 실행할 수 있다는 것을 의미할 뿐만 아니라 여러분이 핸디(handy), 데스크톱, 노트북, 태블릿 또는 스마트폰 등 가지고 있는 모든 기기에서 그것들을 시작할 수도 있다는 것을 뜻한다.

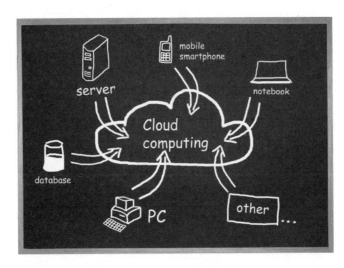

그림 11.1 일반적인 클라우드 구성.

| 작업하기 위해 클라우드 설치하기

10장에서 특정 단어에 대한 사전을 검색하는 간단한 응용 프로그램을 만들었다. 또한 여러 개의 코어를 활용하여 하나의 핵심 응용 프로그램을 만들었다.

그림 11.2에서 볼 수 있듯이, 간단한 사전 검색 프로그램을 수행하는 두 개의 프로그램을 실행했다. 클라우드에서 실행하는 응용 프로그램과 함께 내 아이패드(iPad)로 그것들을 실행했다. 이 코드는 10장에서 생성된 버전에서 변경하지 않는다:

　　sp.py는 단일 처리 버전이다.

　　mp.py는 멀티 처리 버전이다.

그림 11.3에서는 내 데스크톱 브라우저에서 간단한 단일 코어와 멀티-코어 응용프로그램을 모두 실행한다. 여러분이 볼 수 있듯이 멀티-코어는 Python Anywhere에서 두 개의 코어 클라우드 컴퓨터에 다중처리 응용 프로그램을 실행하고 있더라도 조금 더 빠르게 실행된다.

참고로 이러한 예제에서 클라우드에 파이썬 코드를 실행하는 코드의 행은 변경되지 않았다. 코드가 표준 파이썬 해석 프로그램에 의해 실행되고 파이썬 표준 라이브러리를 사용했기 때문에 코드는 실행된다. 타사 라이브러리를 활용하는 경우 여러분은 클라우드 기반 파이썬 설치(이것은 수행하는 것이 불가능하지 않다)에 추가된 것들을 얻을 수 있다. 그러나 이것은 표준 라이브러리와 함께 있는 경우 훨씬 더 쉽다. 필자는 Python Anywhere 또는 그림 11.4과 같이 www.pythonanwhere.com을 사용하고 있다. Python Anywhere는 클라우드에서 파이썬 응용 프로그램으로 시험을 시작하기에 훌륭한 장소이다. 회원가입 및 여러분의 프로그램에 대한 코어 및 스토리지에 몇 개의 접근을 제공하는 최소한의 계정은 무료이다. 매월 12달러를 내면 스토리의 500GB를 제공하고 하루에 20,000CPU 초를 허용한다. 초는 CPU 시간의 초 — 모든 프로세서는 언제든지 여러분의 코드에 작업을 소비하는 것으로, 이것은 내부적으로 나노초로 측정된다. 대부분의 온라인 클라우드 서비스는 아마존 정의를 참조한다: "1.0–1.2 GHz 2007 옵테론의 동등한 CPU 기능 또는 2007 제온(Xeon) 64비트 프로세서"

ㅣ 클라우드 옵션

많은 클라우드 옵션은 적은 수의 2와 무려 1000 코어나 되는 실행에 접근을 허용하는 것이 있다. 표 11.1은 더 나아가서 조사할 수 있는 몇 가지의 개요를 제공한다(참고로 일부는 파이썬 코드를 실행하도록 준비되어 있고, 그 밖의 것은 자신의 파이썬 환경을 설정할 것을 요구한다). 또한 일부는 다중처리를 위해 사용해야 하는 사용자 지정 응용 프로그램 인터페이스 또는 응용 프로그램 인터페이스(API)가 있는 반면 그 밖의 것은 기본 접근 방식을 사용한다.

그림 11.2 아이패드(iPad)에서 클라우드 실행.

그림 11.3 클라우드에서 실행하는, 간단하게 다중처리하는 파이썬 응용 프로그램의 테스크톱 실행.

그림 11.4 Python Anywhere 홈페이지.

표 11.1 소수의 파이썬 클라우드 옵션

클라우드 서비스	URL	참고
[PythonAnywhere]	pythonanywhere.com	그림 11.5의 버전 2.6, 2.7, 3.3에 대한 본래의 파이썬 코드를 실행한다
[PiCloud]	picloud.com	본래의 파이썬 코드를 실행하지만, 다중처리를 위한 클라우드 모듈을 가져오는 것을 요구한다. 그림 11.5 및 11.7 참조
[Digital Ocean]	digitalocean.com	환경 및 응용 프로그램에 대한 파이썬 패키지를 설치해야 한다. 그림 11.8 및 11.9 참조
그 밖의 것	아마존, 구글, AT & T, IBM, 랙스페이스는 몇 가지를 언급	응용 프로그램이 확장됨에 따라 이러한 서비스는 다양한 솔루션을 제공한다.

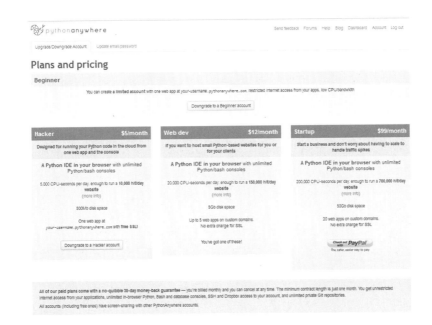

그림 11.5 Python Anywhere 배치도.

325

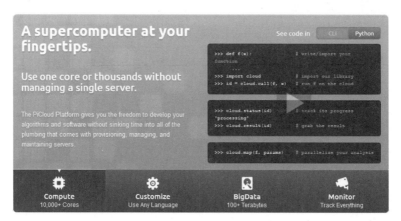

그림 11.6 PiCloud 홈페이지.

그림 11.7 PICloud 배치도.

그림 11.8 Digital Ocean 홈페이지.

Monthly	Hourly	Memory	CPU	Storage	Transfer	Get Started
$160	$0.238	16GB	8 Cores	160GB SSD	6TB	Sign Up
$320	$0.476	32GB	12 Cores	320GB SSD	7TB	Sign Up
$480	$0.705	48GB	16 Cores	480GB SSD	8TB	Sign Up
$640	$0.941	64GB	20 Cores	640GB SSD	9TB	Sign Up
$960	$1.411	96GB	24 Cores	960GB SSD	10TB	Sign Up

그림 11.9 Digital Ocean 배치도.

| 클라우드에서 레인보우 만들기

고성능 파이썬 기반 조사 플랫폼을 만들기 위해 사용할 수 있는 중요한 장단점 및 옵션이 있다. 클라우드 실행에 꼭 맞는 흥미로운 응용 프로그램 중의 하나는 10장에서 논의 및 실험된 레인보우 테이블의 생성이다. 클라우드에 이 응용 프로그램의 단일 및 다중처리 버전을 모두 동작하는 것은 몇 가지 고려사항이 필요하다. 첫 번째, 이 기능을 시연하기 위해 Python Anywhere을 사용하기로 결정했다. 앞서 언급한 바와 같이 버전 2.6, 2.7, 3.3에 대한 본래의 파이썬 응용 프로그램을 실행하는 환경이기 때문에, 클라우드에서 시작하는 것은 좋은 방법이다. Python Anywhere로 표준 라이브러리 모듈과 핵심 언어 요소, 이식성을 사용하도록 만들었기 때문에 클라우드는 매우 간단하다. 하지만 10장에서 개발된 실험적인 코드에 중요한 변화를 몇 가지 만들려고 한다:

(1) 목록 및 사전의 사용을 제거함으로써 프로그램 내부에 메모리 사용을 최소화한다.

(2) 적당한 암호 생성 결과를 유지하는데 사용된 문자를 간소화한다.

(3) 4 ~ 8개의 문자 암호 길이로 생성된 암호를 확장한다.

단일 및 다중처리 버전 모두에 대한 결과 코드 목록은 여기에 표시된다:

단일 코어 레인보우

```
# 단일 코어 암호 테이블 생성기

# 표준 라이브러리 가져오기

import hashlib          # 결과를 해싱한다.
import time             # 작업하는 타이밍
import sys
import os
import itertools        # 통제된 조합을 만들기

#
# 암호 생성에 포함할
# 문자의 목록을 만든다.
#

chars = ['a','b','c','d','e','f','g','h']

# 가상의 SALT 값을 정의
SALT="&45Bvx9"
# 암호 길이의 허용 범위를 정의
PW_LOW=4
PW_HIGH=8

print'Processing Single Core'
print os.getcwd()
print'Password Character Set:', chars
print'Password Lenghts:', str(PW_LOW),'-', str(PW_HIGH)

# 시작 시간을 표시
startTime=time.time()

# 결과를 기록하기 위한 파일을 연다.

try:
    # 출력 파일을 연다.
    fp=open('PW-ALL','w')
```

```
except:
print'File Processing Error'
sys.exit(0)

# 허용 범위 내에서
# 모든 암호를 포함하기 위한 반복 루프를 만든다.

pwCount=0

for r in range(PW_LOW, PW_HIGH+1):

    # 표준 라이브러리 itertools를 적용한다
    for s in itertools.product(chars, repeat=r):

        # 생성되는 것들로 각각의 새로운 암호를 해시한다.

        pw=''.join(s)
        try:
            md5Hash=hashlib.md5()
            md5Hash.update(SALT+pw)
            md5Digest=md5Hash.hexdigest()

            # 파일에 해시, 암호 쌍을 기록한다.
            fp.write(md5Digest+''+pw+'\n')
            pwCount+= 1
            del md5Hash
        except:
            print'File Processing Error'

# 완료되면 출력 파일을 닫는다.
fp.close()

# 완료되면 경과된 시간을 계산한다.
elapsedTime=time.time() - startTime
print'Single Core Rainbow Complete'
print'Elapsed Time:', elapsedTime
print'Passwords Generated:', pwCount
print
```

멀티-코어 레인보우

```
# 멀티-코어 암호 테이블 생성기

    # 표준 라이브러리 가져오기

    import hashlib                    # 결과를 해싱한다.
```

```
import time              # 작업하는 타이밍
import os
import itertools          # 통제된 조합을 만들기
import multiprocessing    # 다중처리 라이브러리

#
# 암호 생성에 포함할
# 문자의 목록을 만든다.
#

chars=['a','b','c','d','e','f','g','h']

# 가상의 SALT 값을 정의
SALT="&45Bvx9"

# 암호 길이의 허용 범위를 정의

PW_LOW=4
PW_HIGH=8


def pwGenerator(size):

    pwCount=0
    # 지정된 범위 내에서
    # 모든 암호를 포함하도록 반복 루프를 만든다.

    try:

        # 결과를 기록하기 위한 파일을 연다.
        fp=open('PW-'+str(size),'w')

        for r in range(size, size+1):

            # 표준 라이브러리 itertools를 적용한다.

            for s in itertools.product(chars, repeat=r):
                # 생성된 것으로 각 암호를 처리한다.
                pw=''.join(s)

                # 암호에 대한 해시를 수행한다.
                md5Hash=hashlib.md5()
                md5Hash.update(SALT+pw)
                md5Digest=md5Hash.hexdigest()

                # 파일에 해시, 암호를 기록한다.
                fp.write(md5Digest+''+pw+'\n')
                pwCount+= 1
                del md5Hash
```

```
        except:
            print'File/Hash Processing Error'
        finally:
                fp.close()
                print str(size),'Passwords Processed=', pwCount

#
# 메인 함수를 만든다.
#

if __name__ =='__main__':

    print'Processing Multi-Core'
    print os.getcwd()
    print'Password string:', chars
    print'Password Lengths:', str(PW_LOW),'-', str(PW_HIGH)

    # 메인 루프의 시작 시간을 표기한다.
    startTime=time.time()

    # 5개의 프로세스로 프로세스 풀(Pool)을 만든다.
    corePool=multiprocessing.Pool(processes=5)

    # 풀 프로세스에 corePool을 보여준다.
    results=corePool.map(pwGenerator, (4, 5, 6, 7, 8))

    elapsedTime=time.time() - startTime

    # 완료되면 경과된 시간을 계산한다.

    elapsedTime=time.time() - startTime
    print'Multi-Core Rainbow Complete'
    print'Elapsed Time:', elapsedTime
    print'Passwords Generated:', pwCount
    print
```

여러분은 그림 11.10과 11.11에서 각각, Python Anywhere 클라우드 상에서 단일 코어 및 멀티-코어 솔루션 모두의 실행에 대한 결과를 확인할 수 있다. 또한 그림 11.12에는 나의 리눅스에서 실행을 포함했다. 실제 성능은 많은 요인에 따라 다를 것이다. 리눅스 전용이고 3.0 GHz에서 쿼드-코어 프로세서를 실행하기 때문에 이것은 클라우드 서비스를 능가한다. 단일 코어 및 멀티-코어 결과는 예상한 대로 단일 코어 솔루션을 능가하는 멀티-코어 솔루션으로 비례한 결과를 보여준다(표 11.2 참조).

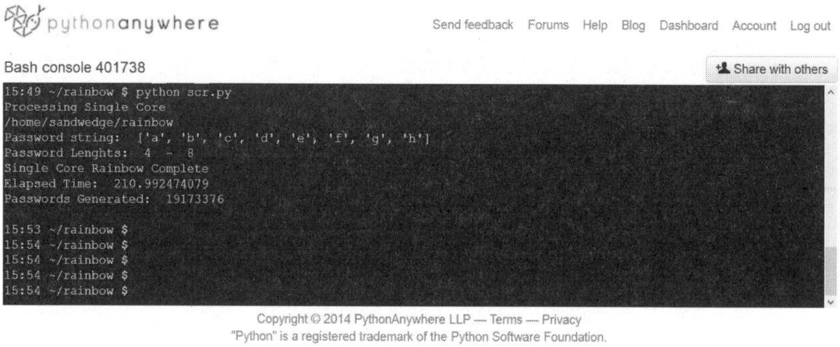

그림 11.10 Python Anywhere 단일 코어 실행 결과.

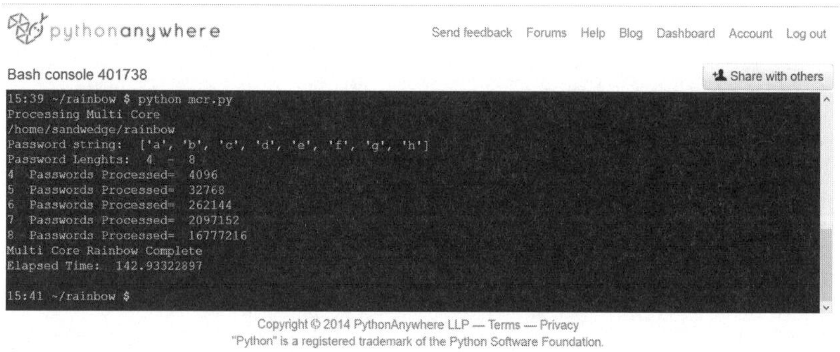

그림 11.11 Python Anywhere 멀티-코어 실행 결과.

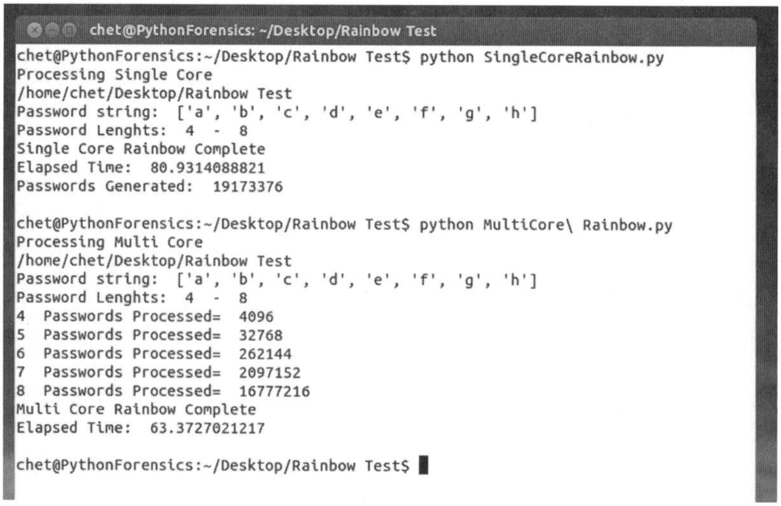

그림 11.12 독립형 리눅스 단일/멀티-코어 실행 결과.

표 11.2 실행 결과의 요약

실행 구성	생성 및 처리된 암호	처리 시간(s)	초당 암호
독립형 쿼드 코어 리눅스			
단일 코어	19,173,376	80.93	236,913
멀티-코어	19,173,376	63.37	302,562
Python Anywhere			
단일 코어	19,173,376	210.99	90,873
멀티-코어	19,173,376	142.93	134,145

| 암호 생성 계산

이 시점에서 요구될 수 있는 하나의 질문은 이러한 암호의 고유한 조합이 얼마나 많은가? 이다. 합리성을 위해 단지 소문자만을 사용하여 가능한 8문자 암호의 수를 시작해보자. 해답은 elPassword에 의해 계산된 그림 11.13에서 보여준다. 그림 11.14에서, elPassword는 대문자, 소문자, 숫자, 그리고 특수 문자를 사용하여 고유한 8문자 암호의 수를 계산한다.

그림 11.13 소문자의 8문자를 조합한 elPassword.

elPassword
Combinations and Password
2,724,905,250,390,62
5
4B{h@W/:
8
No. of characters
With numbers
With letters
+ Special characters
Upper and lower case

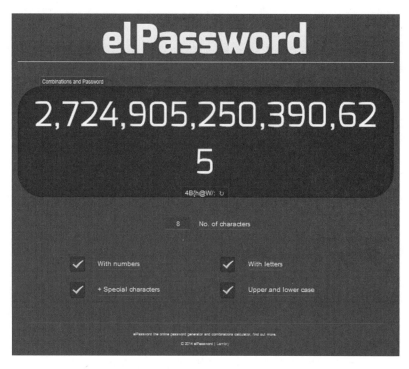

그림 11.14 8 문자 전체 아스키 문자를 설정한 elPassword

초당 암호 302,000개의 최상의 성능과 함께 LastBit으로부터 온라인 자원을 사용하여, 여러분은 무차별 공격에 대한 필요한 시간의 길이를 계산할 수 있다. 그림 11.15~11.18에서 네 개의 개별 실행을 수행했다. 처음 두 개는 1대와 100대의 컴퓨터로 소문자를 사용하고, 마지막 두 개는 100대와 10,000대 컴퓨터로 전체 아스키를 사용한다. 여러분도 이를 시도해 보자.

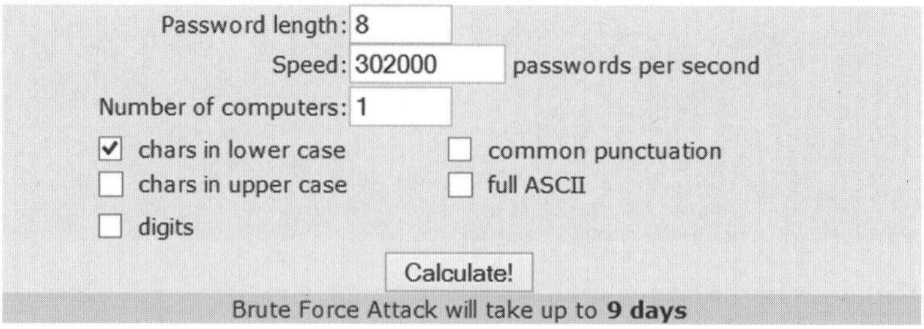

Password length: 8
Speed: 302000 passwords per second
Number of computers: 1
chars in lower case
chars in upper case
digits
common punctuation
full ASCII
Calculate!
Brute Force Attack will take up to 9 days

그림 11.15 컴퓨터 1대를 사용하여 소문자를 계산한 LastBit

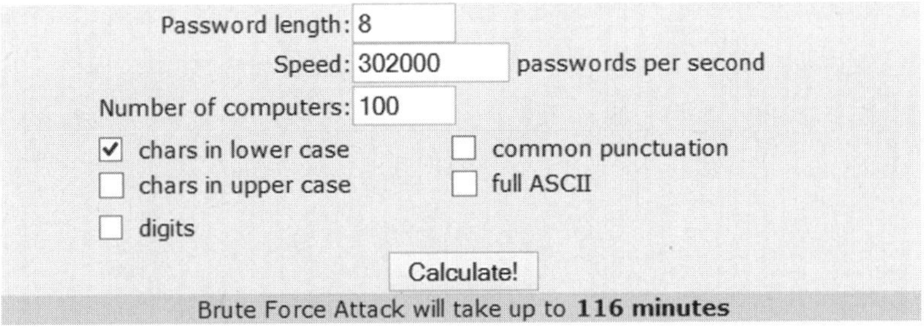

그림 11.16 컴퓨터 100대를 사용하여 소문자를 계산한 LastBit

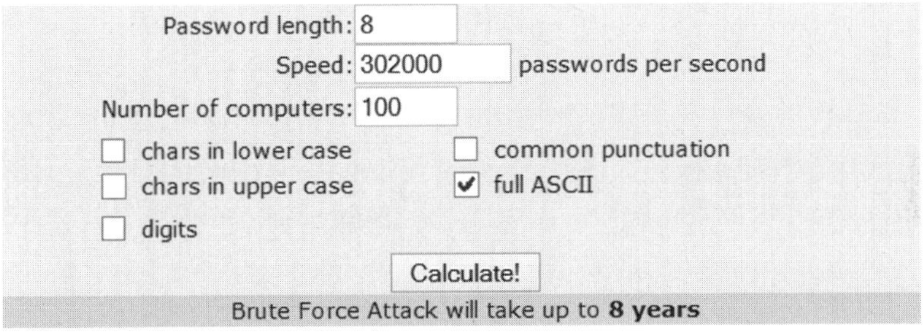

그림 11.17 컴퓨터 100대를 사용하여 아스키 문자를 계산한 LastBit

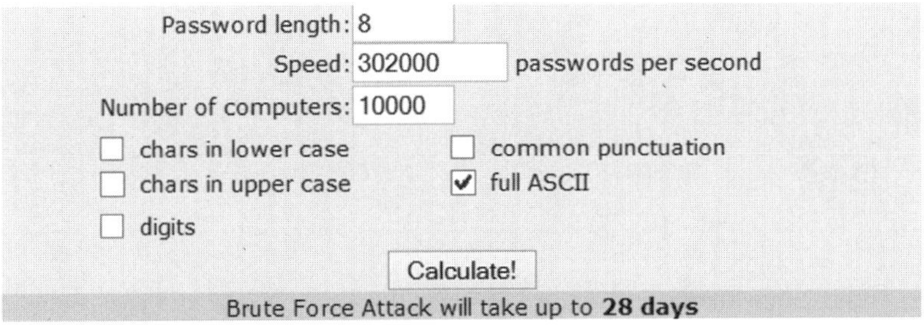

그림 11.18 컴퓨터 10,000대를 사용하여 아스키 문자를 계산한 LastBit

| 복습

이 장에서는 클라우드 본래의 파이썬 코드를 실행하는 클라우드 서비스 Python Anywhere 를 소개했다. 여러 플랫폼에서 클라우드 본래의 파이썬 코드를 실행하기 위해 간단한 방법 을 보여 주었다. 그 다음 메모리 사용을 최소화하기 위해 레인보우 테이블 암호 생성기를

335

수정했고 문자를 감소했으며 4자에서 8자 솔루션의 암호 길이를 포함하도록 생성을 확장했다. 그 다음 고성능 리눅스 플랫폼과 클라우드에서 모두 얼마 동안 처리할 수 있는지를 알아내기 위해서 각각의 결과에 대한 성능을 조사했다. 8문자 암호를 합리적으로 해독하기 위해 필요한 시간과 컴퓨터를 알아내기 위해서 그것들을 기반으로 추정했고 결과를 발표했다.

┃ 요약 질문/과제

1. 포렌식 및 수사 조직에 혜택을 줄 수 있는 클라우드 환경 내에서 유용하게 실행할 수 있는 다른 응용 프로그램은 무엇인가?

2. 이 글을 쓰고 있는 현재, 인텔과 AMD는 16, 32, 64, 그리고 96 코어의 수를 단일 프로세서로 실험하고 있다. 앞으로 몇 후에 1000코어 CPU의 달성을 기대하는 것도 가능할 것이다. 해시 암호, 암호 해독, 또는 검색 데이터를 생성하기 위한 우리의 기능을 어떻게 변경할 것인가?

3. 여러분의 데스크톱 환경에서 자신의 멀티-코어 솔루션을 개발하고 시험한다. 그러한 것들의 설계는 Python Anywhere 같은 클라우드 플랫폼에서 쉽게 개발될 수 있다. Python Anywhere에 무료 계정을 설정하고 여러분의 단일 및 멀티-코어 솔루션과 함께 실험한다.

┃ 참고 문헌

http://www.pythonanywhere.com.

http://www.picloud.com.

http://www.digitalocean.com.

http://projects.lambry.com/elpassword/.

http://lastbit.com/pswcalc.asp.

앞서서 보기

▸▸ **이 장에서 다루는 내용**

소개
앞으로 어떻게 하면 좋을까?
결론
참고 문헌

| 소개

디지털 수사 및 컴퓨터 포렌식 세계의 연혁이 25년 정도 되어가고 있다. 필자는 컴퓨터에서 성공적으로 증거를 수집하고 범죄행위에 관련된 사람들의 유죄를 증명하는 것을 사용할 수 있게 한 초기 개척자 중의 하나이자 미국 내에서 최초의 주 경찰관 중의 하나였던 뉴욕주 경찰 론 스티븐스(Ron Stevens)와 함께 작업할 수 있는 특권을 가졌었다. "기술 범죄에 의해 제기된 위협에 대응하는 최초의 법 집행 기관의 하나로, 뉴욕주 경찰은 1992년에 컴퓨터 범죄 구성 단위를 출시했다"(스티븐스, 2001).

또한 1998년에는 공군 연구소에 의해 후원되었던 최초의 디지털 포렌식 연구에 주 연구자로 활동하는 특권을 가졌었다. 이와 관련한 노력의 결과는 미 공군 연구소의 조 지오다노(Joe Giordano)와 존 펠드만(John Feldman)에 의해 고안되었다. 결과의 제목: 포렌식 정보 전쟁 요구사항 및 분야 발전을 위한 일련의 요구사항을 설명한 종합 보고서 결과(FIW 보고서, 1999).

하지만 그것을 디지털 수사, 사이버 범죄 수사, 또는 컴퓨터 포렌식과 같이 오늘날의 성숙한 과학분야로 생각하는 것은 잘못 생각하는 것이다. 다음은 2001년에 첫 번째 디지털 포렌식 연구 워크숍에서 필자가 발표한 것에서 발췌한 것이다(DFRWS, 2001).

» 디지털 증거의 기초

- 디지털 증거는 광대하고 복잡하며, 쉽게 조작되고 은폐되어 삭제되거나 발견되지 않을 수 있다.
- 연결 점은 힘든 과정과 불확실성을 내포하고 있고, 많은 경우 결론에 이르지 못한다.
- 사이버 범죄 및 사이버 테러의 분포 특성은 가해자, 피해자, 어려운 공격 또는 범죄 실행에 사용되는 기술을 추적한다.
- 우리의 결과는 아마도 부결되고, 무시되고, 잘못 인식되며, 끊임없이 의문을 제기하는 도전을 받을 것이다.

» 사이버 포렌식 기술에 있어야 하는 것:

- 신뢰성
- 정확성

- 평판적이지 않은
- 사용의 용이성
- 안전성
- 보안성
- 유연성
- 이질성
- 분산
- 자동화
- 무료 또는 저렴한 비용

» 근본적인 질문 — 사이버 포렌식 기술

- 누가 디지털 증거를 수집했는가?
- 어떤 도구 또는 기술을 가지고 있는가?
- 어떤 표준 또는 관행에 기반한 것인가?
- 관행 감사 및 유효성 검사는 누가 하는가?
- 디지털 증거를 만드는 디지털 수사관의 신원 증명의 방법은?
- 일단 확인되면 어떻게 증거가 처리되었는가?
- 증거는 누구에 의해 어떻게 검증되었는가?
- 증거는 얼마 동안 유효한가?
- 증거가 어떻게 저장되고 보안되는가?
- 디지털 증거의 무결성이 어떻게 보증되는가?
- 디지털 증거를 보증하기 위해 사용된 기술은 무엇인가?
- 도구 또는 기술을 신뢰하는 이유는?
  - 누가 개발했는가?
  - 어떤 전제 조건에 따라 개발되었는가?
  - 기본적인 소프트웨어와 하드웨어 기술이 의존하는 것은 무엇인가?

- 누가 기술과 프로세스의 유효성을 검증 또는 공인했는가?

  - 어떤 버전(들)이 인증받았는가?

  - 정규 교육을 받고 인가된 사용자는 누구인가?

- 증거는 독특한가?

- 증거는 특권을 가지고 있는가?

- 증거가 입증되었는가?

  - 언제 파일이 생성되고, 수정 또는 파괴되었는가?

  - 언제 처리가 실행되었는가?

  - 언제 메시지가 송신 또는 수신되었는가?

  - 언제 바이러스나 웜이 시작되었는가?

  - 언제 사이버 공격이 시작되었는가?

  - 정찰 단계가 완료되고 나서 얼마 후에 공격이 개시되었는가?

  - 어떤 표준 시간대에?

  - 어떤 지점에서 시스템 로그가 여전히 유효한가?

  - 용의자가 범죄를 저지를 수 있는 기회가 있었나?

» 근본적인 질문

- 사이버 공간에서 용의자는 어디에 있는가?

- 그 또는 그녀의 움직임을 어떻게 추적할 수 있는가?

  - 기술적

  - 법률적

- 그들이 다음 공격할 목표는 어디인가?

- 공범자 또는 내부자와 함께 일하고 있나?

- 그들이 처리하는 능력은 무엇인가?

  - 대역폭

  - 컴퓨팅 동력

- 지식

- 자원

- 여러분은 이전에 그들을 본적이 있는가?

- 그들은 지금 1년 전보다 더 정교해졌는가?

- 누가 그들의 공범자인가?

» 요약

- 디지털 포렌식 및 디지털 증거의 중요한 기본 요소를 식별하고 다루는 것에 대해 우리는 관심을 집중해야 한다.

- 기본 요소를 둘러싼 문제를 다루는 기술을 구축하기 위해 함께 작업해야 한다.

- 우리의 목표는 사이버 범죄 및 테러를 둘러싼 어려운 질문에 대한 답에 도움을 주는 포렌식의 과학을 사용하기 위해 연구를 수행하는 것이다.

- 그들의 위치 선정, 정교함, 가능성 있는 다음 목표

- 그것들을 중지하기 위해 무엇을 해야 하는가?

- 그것들에 대비하여 우리의 방어 시설을 어떻게 개선해야 하는가?

기억을 더듬어 가는 짧은 여행에 대한 두려움은 오늘날 우리가 당면한 문제에 관련된 것이다. 심각한 문제는 우리는 어디로 가는가, 이고 파이썬 포렌식이 어떻게 역할을 담당할 것인가? 이다.

┃ 앞으로 어떻게 하면 좋을까?

이 책은 파이썬 언어와 핵심 과제의 문제를 결합할 때, 새로운 솔루션의 연구 및 개발이 가능한 핵심 영역을 확인했다. 그것은 이러한 과제에 대한 가능한 솔루션을 제작할 수 있다는 것을 확실하게 주장할 수 있다. 하지만 질문은 다음과 같다:

- 이러한 대체 솔루션은 공개 소스 및 무료가 될 것인가?

- 그것들은 공통적으로 이용 가능한 플랫폼(윈도우, 맥, 리눅스, 모바일, 클라우드)이 준비될 수 있는가?

- 누구나 접근할 수 있고 읽을 수 있는가?

- 전 세계적으로 지원해 줄 수 있는가?

- 그것들은 이 분야에 새로운 컴퓨터 과학자, 사회 과학자, 법 집행 전문가, 또는 학생을 위한 진입로를 제공할 수 있는 협업환경을 지원하는가?

필자의 관점에서 그 다음의 큰 단계는 다음과 같다:

(1) 사람들이 정보(어려운 문제, 아이디어, 솔루션)를 공유할 수 있는 진정한 협업 환경의 창조.

(2) 기술과 같은 비위협적인 지원을 받을 수 있는 새로운 조사 과제의 지원으로 진행된다.

(3) 실제 단어 문제, 확장, 개선에 적용되고 다운로드할 수 있는 프로그램 및 스크립트 저장소의 개발.

(4) 파이썬과 포렌식의 핵심 영역으로 깊이 있게 들어가기 위한 주문형 교육 과정과의 통합.

(5) 타사 조직(예: NIST 등)이 파이썬의 유효성을 검증할 수 있도록 법 집행 기관에 의해 검증/인증 절차를 사용하기 위한 솔루션을 공급했다. 검증되면 그것들은 실제 사례에 안전하게 사용될 수 있다. 절차가 만들어지면 대부분의 검증 작업은 검증 절차를 가속화하기 위해 표준화된 포렌식 시험 이미지를 사용하여 자동화될 수 있다.

(6) 응용 프로그램 인터페이스를 제공할 수 있는 공급 업체는 기존의 포렌식 기술에 새로운 파이썬 기반 솔루션을 통합할 수 있는 가능성을 연다. 이것은 실제로 공급 업체 솔루션의 기능을 개선할 수 있고, 더 적절한 시기에 새로운 문제를 다룰 수 있으며 시장에서 그들의 제품을 더 가치있게 한다.

(7) 클라우드 기반의 실험 플랫폼의 생성은 계산적으로 어려운 문제를 해결하기 위해 적용되고 이용될 수 있는 수천(또는 수십만) 프로세스 코어, 페타 바이트의 스토리지, 그리고 테라바이트의 메모리를 가지고 있다. 또한 이 환경은 빠르게 교실 문제를 진전시키기 위해서 학계 및 학생들에게 열려있을 것이다. 환경은 새로운 혁신을 위한 경쟁 표면을 제공할 수 있고 팀은 국내 및 국제 무대에서 경쟁할 수 있다. 특정 솔루션 유형에 대한 기준점(Benchmark)은 다양한 솔루션의 성능 특성을 이해하기 위해서 만들어질 수 있다.

(8) 고려사항을 위한 핵심 도전 문제: 이 책 전반에 걸쳐 몇 가지 핵심 영역에 대한 파이썬 기반의 예제를 제공했다. 이러한 예제는 기초를 제공하지만 훨씬 더 많은 작업이 필요하다. 필자는 일부 추가 작업과 초점을 필요로 하는 핵심 과제를 확인했다.

a. 고급 검색 및 색인: 검색 및 색인은 분명히 모든 조사를 하는 내내 핵심 요소이다. 그러나 검색 및 색인의 속도, 정확성 및 연관성을 개선하는 것이 필요하다. 연구자는 다음과 같이 적시에 제공할 수 있는 솔루션이 필요하다:

i. 검색 및 색인 결과는 그들의 상황에 관련이 있는 정보를 제공한다. 풍부한 검색/색인 기능은 현재의 기술로 분명하지 않거나 놓칠 수 있는 정보를 발견해야 한다. 예를 들어, 명백한 관점으로 시간과 공간 연결을 포함하는 결과를 검색할 수 있다.

ii. 검색 및 색인 결과는 이전에 연결되지 않았던 여러 상황과 함께, 공범자 사이에 연결을 확인하고, 인터넷, 전화, 시간, 위치, 그리고 행동 분석으로부터 정보를 연결한다.

b. 메타데이터 추출: 이미지 및 멀티미디어 콘텐츠는 시간, 날짜, 그것들이 만들어진 장치, 위치정보, 제목 내용, 그리고 훨씬 더 제한되지 않는 많은 메타데이터를 포함한다. 이러한 정보에 대한 추출, 연결, 그리고 추론은 현재 연구자에게 남아 있다. 새로운 혁신은 범죄 현장의 더 넓고 포괄적인 관점을 제공하기 위해서 이러한 정보를 빠르게 추출하고 연결하는 가능성을 이끈다.

c. 이벤트 동기화: 2013년에 Statistic Brain(2014)에 따르면, 트위터 사용자로 등록된 6억 4천 5백만 이상의 사람들은 하루에 평균 5800만의 트윗을 작성했다. 또한 2013년 동안 하루에 59억 명이 구글(Google) 검색과 2조 이상의 검색을 기록하였다(Statistic Brain, 2014). 이것은 매일 그리고 매년 발생하는 전체 인터넷 이벤트의 일부이다. 동기화할 수 있는 능력 및 이벤트에 대한 추론은 인터넷, 기업 네트워크나 개인 데스크톱인지의 여부에 대한 상상을 초월한 것처럼 보일 수 있다. 여러분은 분별, 분리할 수 있는 새로운 혁신을 개발해야 하고, 행위와 이벤트에 대한 결정적인 증거를 제공해야 한다.

d. 자연 언어: 인터넷은 분명히 경계를 세분화했고, 상호작용 및 전 세계에 걸쳐 즉시 의사소통을 제공한다. 7장에서 자연어 처리(NLP)의 겉면을 다룸으로써, 여러분은 언어를 처리할 수 있는 잠재적인 에너지를 확인할 수 있었다. 의미, 원작자 판별, 의도 해석의 추출을 위한 NLP에 대한 응용 프로그램은 모두 우리의 손 안에 있다. 언어, 연역적 추론을 개선하고 추출하는 사람, 장소 및 사물,

지난 가능성 평가, 현재 또는 미래 행동의 넓은 범위를 처리할 수 있는 기술의 확장이 가능하다.

e. 파이썬에서 발전: 이 책에서 제공하는 출력된 예제와 소스 코드는 컴퓨팅 플랫폼에서 폭 넓은 호환성을 보장하기 위해 파이썬 2.7.x에 적합하게 개발되었다. 모든 예제는 2.7.x 및 3.3.x에 대한 솔루션을 온라인에서 다운로드하여 사용할 수 있다.

파이썬 및 타사 파이썬 라이브러리는 인터넷의 속도로 계속해서 확장한다. 심지어 일부는 파이썬이 여러분이 배워야 할 마지막 프로그래밍 언어가 될 것이라고 주장한다. 필자는 이것이 조금 과장된 것이라고 생각하지만, 언어의 속 중에 일부는 미래 언어에 기초할 것이다. 정확히 말하자면 이 글을 쓰는 2014년 2월 9일 즈음하여, 파이썬 버전 3.4가 배포되었다. 파이썬 프로그래밍 언어 공식 웹 (www.python.org)에 따르면 주요 언어 개선을 포함한다:

1. 객체지향 파일 시스템 경로를 제공하는 "pathlib" 모듈

2. 표준화된 "enum" 모듈

3. built-ins에 대한 내성 정보 생성에 도움이 되는 빌드 향상

4. 객체 최종 승인에 대한 개선된 의미

5. 표준 라이브러리에 단일 발송 일반적인 기능을 추가

6. 사용자 정의 메모리 할당자를 구현하기 위한 새로운 C API

7. 하부 프로세스에 기본적으로 상속할 수 없도록 파일 서술자를 변경

8. 새로운 "statistics" 모듈

9. 파이썬의 system 모듈을 가져오기 위한 모듈 메타데이터를 표준화

10. 핍(pip) 패키지 관리자를 위한 번들 설치

11. 파이썬 메모리 할당을 추적하기 위한 새로운 "tracemalloc" 모듈

12. 파이썬 문자열 및 이진 데이터에 대한 새로운 해시 알고리즘

13. 염제된 객체를 위한 새롭고 개선된 프로토콜

14. 비동기 방식의 입/출력에 대한 새로운 프레임워크, "asyncio" 모듈

여러분이 확인할 수 있듯이 언어의 진화는 포렌식 및 디지털 조사 도구 가속화에 도움이 되는 새롭고 개선된 타사 파이썬 라이브러리의 개발과 함께 활발한 속도로

계속된다. 많은 타사 라이브러리 및 도구가 있고, 필자는 상위 10개를 나열하기로 했다.

1. Pillow. 디지털 이미지를 처리하고 검사하는 처리 과정을 위한 전통적인 파이썬 이미지 라이브러를 분리하여 만들어진 새로운 라이브러리.

2. wxPython. 크로스 플랫폼 그래픽 사용자 인터페이스를 구축할 필요가 있는 사람들이 선호하는 툴킷.

3. Requests. 최고의 HTTP 인터페이스 라이브러리 중의 하나

4. Scrapy. 여러분의 포렌식 조사가 웹 스크랩을 수행하는 것을 필요로 하는 경우, 이 라이브러리는 새롭고 혁신적인 접근 방식을 구축할 수 있도록 도와준다.

5. Twisted. 비동기식 네트워크 응용 프로그램을 개발할 필요가 있는 사람들을 위한 도구.

6. Scapy. 패킷 스니핑 및 분석을 수행하는 사람들을 위해, scapy는 여러분의 개발을 빠르게 할 수 있는 기능의 호스트를 제공한다.

7. NLTK. 자연어 툴킷 — 이 툴킷은 광대한 텍스트와 언어 구조를 조사하는 사람들을 위해 필수적이다.

8. IPython. 새로운 언어 요소, 라이브러리 또는 모듈로 실험할 때 고급 파이썬 셸은 여러분의 작업과 노력의 모든 측면에 도움을 줄 것이다.

9. WingIDE. 이것은 라이브러리가 아니지만, 통합된 개발 환경은 최고의 IDE를 위해 내게 제안하게 한다. 전문가 버전은 그들이 필요로 하는 도구와 함께 가장 잘 아는 연구원도 제공한다.

10. Googlemaps. 대부분의 포렌식 응용 프로그램은 지리적으로 태그 정보를 수집하고, 이 패키지는 여러분이 구글 매핑 시스템으로 쉽게 통합할 수 있다.

    f. **다중처리**: 이러한 영역 중의 하나를 효과적으로 공격하기 위해, 최신 프로세서와 클라우드 기반 솔루션의 동력에 접근하는 기능이 필수적이다(그림 12.1). "2011년 반도체 국제 기술 로드맵"은 전 세계 반도체 회사에서 전문가에 의해 작성된 반도체 개발을 예측하는 로드맵으로 2015년에서 2020년까지 약 1500개의 코어에 상승, 약 450개의 프로세싱 코어와 함께 전자 제품이 있을 것으로 전망했다(Heath).

두 개의 주요 프로세서 제품에서 오늘날 이용할 수 있는, 인텔® 및 AMD®는 그

림 12.2와 12.3에 묘사되어 있다. 1천 달러 이하의 프로세서를 소유할 수 있고, 3천 달러 이하에서 두 개의 프로세서가 20~32 코어, 64MB 메모리 및 몇 개의 테라바이트 스토리지와 함께 시스템을 구축할 수 있다. 이것은 분명히 멀티 코어 및 다중 처리 솔루션을 향한 단계이고, 잘 설계된 멀티 코어 파이썬 응용 프로그램과 결합될 때 최첨단의 진보를 향한 거대한 조치를 취할 수 있다. 이러한 생산 솔루션이 단일 프로세서에서 64, 128, 256, 그리고 1024 코어를 만들어 낸다면 세계는 다시 한번 바뀔 것이다.

그림 12.1 클라우드에서 다중 처리.

그림 12.2 AMD 6300 시리즈 16 코어 프로세서.

그림 12.3 인텔 제온 E7 시리즈 10 코어 20 스레드 프로세서.

| 결론

디지털 조사 및 포렌식 응용 프로그램에 파이썬 언어를 적용하는 것은 큰 효과가 있다. 필요한 것은 협업 커뮤니티에 포함시키는 것이다: 실무자, 연구자, 개발자, 교수, 학생, 연구자, 심사관, 형사, 변호사, 검사, 판사, 공급 업체, 정부 및 연구 기관. 또한 메모리 수천 개의 코어, 페타 바이트의 스토리지 및 테라 바이트 클라우드 기반의 컴퓨팅 플랫폼이 필요하다.

필자는 여러분이 참여할 것을 감히 요구한다. 이 책을 읽는 모든 사람이 하나의 아이디어, 어려운 문제 또는 솔루션을 제안한다면, 그것은 엄청난 시작이 될 것이다. 시작하려면 Python-Forensics.Org을 방문하시길. 여러분의 의견을 듣고자 한다!

| 참고 문헌

Fighting Cyber Crime hearing before the subcommittee on Crime of the Committee on the Judiciary, http://commdocs.house.gov/committees/judiciary/hju72616.000/hju72616_0f.htm; 2001.

Forensic Information Warfare Requirements Study F30602-98-C-0243. Final technical report, February 2, 1999, Prepared by WetStone Technologies, Inc.

A road map for digital forensic research, Utica, New York, http://www.dfrws.org/2001/dfrwsrm-final.pdf; August 7-8, 2001.

January 1, 2014, http://www.statisticbrain.com/twitter-statistics/.

Cracking the 1,000-core processor power challenge. Nick Heath, http://www.zdnet.com/cracking-the-1000-core-processor-power-challenge-7000015554/.

찾아보기

찾아보기

철통보안 시리즈 **025**

스파르타! 파이썬 포렌식
: 쉽고, 빠르고, 강력한 무기

초판 1쇄 발행   2015년 4월 24일

지은이	쳇 호스머
옮긴이	이은희
발행인	김범준
편집디자인	이가희
교정/교열	이정화
발행처	비제이퍼블릭
출판신고	2009년 05월 01일 제300-2009-38호
주소	경기도 고양시 덕양구 통일로 140 삼송테크노밸리 B동 229호
주문/문의 전화	02-739-0739 **팩 스** 02-6442-0739
홈페이지	http://bjpublic.co.kr **이메일** bjpublic@bjpublic.co.kr
가격	28,000원
ISBN	978-89-94774-94-7

한국어판 © 2015 비제이퍼블릭